Rolf Löther   Der unvollkommene Mensch

Rolf Löther

Der unvollkommene Mensch

Philosophische Anthropologie
und biologische Evolutionstheorie

Dietz Verlag Berlin

Löther, Rolf: Der unvollkommene Mensch : Philosophische
Anthropologie und biologische Evolutionstheorie /
Rolf Löther. – Berlin : Dietz Verl. GmbH, 1992. – 303 S.

ISBN 3-320-01772-1

© Dietz Verlag Berlin GmbH 1992
Umschlag: Michaela Barthel
Typographie: Brigitte Bachmann
Printed in Germany
Gesamtherstellung: Graphischer Großbetrieb Pößneck GmbH
Ein Mohndruck-Betrieb

Inhalt

Einführung 7

Der Mensch — Zufall oder Ziel der Evolution . . . 24
Laplacescher Dämon, Wärmetod des Weltalls und Darwinismus 32
Pierre Teilhard de Chardin:
Von Alpha zu Omega 40
Jacques Monod:
Zufall ohne Notwendigkeit 52
Selbstorganisation und Organismenevolution 61
Höherentwicklung ohne Ziel 72

Hominisation durch Evolution 89
Hominoiden – Hominiden – Homininen 91
Vom Homo habilis zum Homo sapiens 96
Punktualismus, Gradualismus und Anthropogenese . . 106
Faktoren der Menschwerdung 116
Soziogenese im Tierreich und Anthropo-Soziogenese . . 120
Die Evolution der Individualentwicklung 128
Intelligenz und Kultur 136

Von Nullwertahnen, Mängelwesen und Mörderaffen . 151
Stammen die Affen vom Menschen ab? 153
Der Mensch als Mängelwesen 163
Haeckel, Darwin und der Sozialdarwinismus 179
Entstellte Ahnen 195

Biopsychosoziale Einheit Mensch 203
Mensch und Determinismus 203
Dimensionen menschlicher Gesundheit und Krankheit . 222
Soziale und psychische Dimensionen des Gesundheitszustandes 232
Menschliche Reproduktion im Übergang 241
Was sind Menschenrassen? 252
Populationskonzept gegen Rassismus 261

Menschheit und Biosphäre 267
Globale Probleme und ökologische Krise 268
Aus der Geschichte des ökologischen Denkens 273
Das jüngste Evolutionsstadium der Biosphäre 283
Die ökologische Krise, die Nachtigallen und die Wölfe . 288

Einführung

Wenn die Menschen wach sind, führen sie ihr Leben bewußt. Dazu gehört, daß sie in ihrem Bewußtsein die Situation überschreiten, in der sie sich gerade befinden. Aufgrund ihres Wissens, ihrer Bedürfnisse, Interessen, Wünsche und Hoffnungen machen sie einen Entwurf der Zukunft und ihres Platzes in ihr. Daran orientieren sie ihre bewußte Lebenstätigkeit, ihr Verhalten. Dabei ergeben sich nicht nur Fragen, die die Welt betreffen, in der die Menschen leben, sondern auch Fragen, die den Menschen selbst betreffen — nicht nur den einzelnen, sondern letztlich die ganze Spezies Homo sapiens, wie die Biologen, die menschliche Gattung, wie Philosophen zu sagen pflegen. Es sind Fragen, wie sie der Philosoph Immanuel Kant, der Naturforscher Thomas Henry Huxley, der Künstler Paul Gauguin formulierten.

Kant brachte um 1782 das ganze Feld der Philosophie auf vier Fragen: »1. Was kann ich wissen?
         2. Was soll ich thun?
         3. Was darf ich hoffen?
         4. Was ist der Mensch?«[1]

---

1 I. Kant: Logik. In: Kant's gesammelte Schriften, Bd. IX, Berlin/Leipzig 1923, S. 25.

Dazu vermerkte er, daß die vierte Frage im Grunde die drei anderen einbeziehe.

»Die Frage aller Fragen für die Menschheit – das Problem, welches allen übrigen zugrunde liegt und welches tiefer interessiert als irgendein anderes –, ist die Bestimmung der Stellung, welche der Mensch in der Natur einnimmt, und seiner Beziehungen zu der Gesamtheit der Dinge. Woher unser Stamm gekommen ist, welches die Grenzen unserer Gewalt über die Natur und der Natur Gewalt über uns sind, auf welches Ziel wir hinstreben: das sind Probleme, welche sich von Neuem und mit unvermindertem Interesse jedem zur Welt geborenen Menschen darbieten«, schrieb Huxley.[2]

Und Gauguin malte 1897 ein Bild, dem er den Titel gab: »Woher kommen wir? Was sind wir? Wohin gehen wir?«[3]

Auf dem menschlichen Lebensweg kommen unweigerlich Anstöße zu solchen Fragen vor. Um Antworten bemühen sich die verschiedenen religiösen und philosophischen Weltanschauungen. Aus der Entwicklung der Beziehungen der Menschen untereinander und zur umgebenden Natur sowie dem damit verbundenen Zuwachs an Kenntnissen und Vorstellungen über Natur, Mensch und Gesellschaft ergeben sich neue Gesichtspunkte und Probleme. Deren Konsequenzen für die Auffassung vom Menschen werden in weltanschaulichen Kontroversen errungen. Sie sind nicht zuletzt Ausdruck unterschiedlicher gesellschaftlicher Interessen daran, als was sich der Mensch begreift. In den Stellungnahmen zur weltan-

---

2 Th. H. Huxley: Zeugnisse für die Stellung des Menschen in der Natur, Braunschweig 1863, S. 64.
3 Vgl. P. Gauguin: Briefe, Berlin 1961, S. 93 ff.

schaulichen Problematik des Menschen, in den Menschenbildern der verschiedenen Zeiten an verschiedenen Orten zeichnet sich insgesamt der geschichtliche Prozeß gesellschaftlich vollzogener Selbsterkenntnis und Selbstverständigung der Menschen über die Probleme ihrer Existenz und ihres Wesens ab. Sie äußert sich nicht nur in der Form weltanschaulich-theoretischer Konzeptionen, sondern wesentlich und geschichtlich früher auch in Mythologie und Kunst. In ihnen finden sich die ursprünglichen, schwierig zu deutenden Versuche, Wesenszüge des Menschen und seinen Platz in der Welt zu bestimmen.[4]

Die philosophischen Auffassungen über den Menschen, die Menschenbilder der verschiedenen Philosophien, sind im systematischen Gefüge ihrer Aussagen enthalten. »Die philosophische Weltanschauung hat ... gewissermaßen zwei Ausgangspunkte: einerseits die Welt als außerhalb und unabhängig vom Menschen Existierendes und andererseits den Menschen selbst, der nicht außerhalb der Welt existiert und sie nur deshalb als Außenwelt ansieht, weil er sie als unabhängig von ihm existierende Wirklichkeit unterscheidet, wobei er sich selbst als Teil dieser Welt, und zwar als besonderer Teil bewußt ist, der denkt, erlebt und begreift, daß die Welt im Unterschied von ihm unendlich, ewig, unzerstörbar

---

4 Vgl. H Biedermann: Höhlenkunst der Eiszeit, Köln 1984. – G. Bosinski: Gravierungen und figürliche Kunst im Paläolithikum. In: Religion und Kult in ur- und frühgeschichtlicher Zeit, hrsg. von F. Schlette und D. Kaufmann, Berlin 1989. – R. Drößler: Kunst der Eiszeit, Leipzig 1980. – D. Evers: Felsbilder-Botschaften der Vorzeit, Leipzig 1991. – B. A. Frolow: Der Mensch in der alten Kunst. In: Wissenschaft und Menschheit, Bd. 24, Moskau und Leipzig/Jena/Berlin 1989. – Wie sie sich sahen – Das Menschenbild in der Kunst ferner Völker, hrsg. vom Staatlichen Museum für Völkerkunde Dresden, Dresden 1976.

usw. ist. Aus dieser Beziehung des Menschen zur Welt bildet sich auch jene grundlegende Besonderheit der philosophischen Weltanschauung, die als *Bipolarität* definiert werden kann. Es geht nicht nur um die objektive, sondern auch um die subjektive Beziehung ...«, konstatiert der Philosoph Teodor I. Oiserman.[5]

Er folgert, »daß Philosophie als spezielle Art der Weltanschauung in gleichem Maße eine Konzeption der Welt und eine Konzeption des Menschen, Wissen von diesem und jenem sowie eine besondere Verallgemeinerungsmethode dieses Wissens ist, die die Bedeutung einer sozialen, moralischen und theoretischen Orientierung in der Welt außer uns und in unserer eigenen Welt hat«.[6]

Eine philosophische Weltanschauung ist ein System von Aussagen, mit dem die Fragen der Menschen nach dem Wesen von Natur und Gesellschaft und dem Platz des Menschen in ihnen, nach den Quellen des Wissens, den Bestimmungen und Möglichkeiten des Handelns und dem Sinn des menschlichen Lebens beantwortet werden. Im Menschenbild werden jene weltanschaulichen Fragen hervorgehoben und aufgegliedert sowie die Antworten darauf theoretisch ausgeführt, die sich auf das Wesen des Menschen, seine Stellung in der Welt, in Natur und Gesellschaft, seine Herkunft und Zukunft, die Bedingungen und Bestimmungen seiner bewußten Lebenstätigkeit (die Möglichkeiten seines Erkennens und Handelns), den Sinn seines Lebens und die Bedingungen sinnerfüllten Lebens beziehen.

Philosophische Beschäftigung mit dem Menschen fällt

---

[5] T. I. Oiserman: Probleme der Philosophie und der Philosophiegeschichte, Berlin 1972, S. 194.
[6] Ebenda, S. 195.

mit unter den Oberbegriff »Anthropologie« (Lehre vom Menschen, Menschenkunde).[7] Er hielt im 16. Jahrhundert im Zusammenhang mit dem in der Zeit der Renaissance erwachten Interesse für den Menschen und sein Verhältnis zur übrigen Welt in den wissenschaftlichen Sprachgebrauch Einzug. Eingeführt wurde er von dem Leipziger Gelehrten Magnus Hundt d. Ä. (1449–1519), der 1501 ein Werk »Anthropologium de hominis dignitate, natura et proprietatibus, de elementis, partibus et membris humani corpori etc., de spiritu humano ..., de anima humana et ipsius appendiciis« (Anthropologie über die Würde des Menschen, über seine Natur und Eigentümlichkeiten, über Elemente, Teile und Glieder des menschlichen Körpers usw., über den menschlichen Geist, ... die menschliche Seele und die damit zusammenhängenden Gegenstände) veröffentlichte. Hundt ging es darin um ein Gesamtbild des Menschen, sowohl um Anatomie, Physiologie und Psychologie des Menschen als auch um seine »dignitas« (Würde), begründet aus Naturphilosophie und Moralphilosophie.

Auf diese Weise bezog sich »Anthropologie« anfangs in undifferenzierter Einheit auf das Ganze des Menschen und die Gesamtheit des Erfahrungswissens und der philosophischen und theologischen Reflexionen über den Menschen. Unter ihrem Dach vollzogen sich die Anhäufung empirischen Wissens über den Menschen und die Aufgliederung dieses Wissens in Spezialgebiete. Kant be-

---

[7] Vgl. u. a. K. Lorenz: Einführung in die philosophische Anthropologie, Darmstadt 1990. – H. Paetzold: Der Mensch. In: Philosophie, hrsg. von E. Martens und H. Schnädelbach, Reinbek 1985 sowie die Artikel »Anthropologie« (von W. Rügemer), »Mensch« (von W. Jantzen) und »Menschenbild« (von H. Kuhn), in: Europäische Enzyklopädie zu Philosophie und Wissenschaften, hrsg. von H. J. Sandkühler, Hamburg 1990.

merkte in der Vorrede seiner »Anthropologie in pragmatischer Hinsicht« (1789), eine »Lehre von der Kenntnis des Menschen systematisch abgefaßt (Anthropologie)« könne dies entweder in »physiologischer« oder in »pragmatischer« Hinsicht sein: »Die physiologische Menschenkenntnis geht auf die Erforschung dessen, was die *Natur* aus dem Menschen macht; die pragmatische auf das, was *er* als frei handelndes Wesen aus sich selber macht oder machen kann und soll.«[8] Damit zeigte Kant eine Differenzierung an, mit der sich später naturwissenschaftlich orientierte und geisteswissenschaftlich orientierte Erkundung des Menschen etablierten. Mit naturwissenschaftlich-biologischer Anthropologie, Psychologie, Völkerkunde, Sprachwissenschaft und anderen verselbständigten sich in der Wissenschaft des 19. Jahrhunderts anthropologische Teilgebiete, von denen weitere Differenzierungen und Spezialisierungen ausgingen.

Während im anglo-amerikanischen Sprachgebrauch »anthropology« immer noch die Gesamtheit dieser Spezialwissenschaften meint, hat »Anthropologie« im deutschen Sprachraum seine Funktion als Dachbegriff für die Gesamtheit der Aussagen über den Menschen eingebüßt. Innerhalb dieses weiten und komplexen Gebietes wird der Terminus für die unterschiedlichsten Teilgebiete verwendet. Was den Leser in einem mit diesem Terminus überschriebenen Text erwartet, dafür erhält er nur den vagen Anhaltspunkt, daß der Text in irgendeiner Hinsicht vom Menschen handelt. Auch zusammengesetzte Ausdrücke wie »Theoretische Anthropologie«, »Basale Anthropologie«, »Sozialanthropologie«, »Soziologische An-

---

8 I. Kant: Anthropologie in pragmatischer Hinsicht. In: Kant's gesammelte Schriften, Bd. VII, Berlin/Leipzig 1907, S. 119.

thropologie«, »Pädagogische Anthropologie« und nicht zuletzt »Philosophische Anthropologie« entbehren einer verbindlichen Eindeutigkeit und Allgemeingültigkeit. Was jeweils unter »Anthropologie« und mit diesem Wort gebildeten zusammengesetzten Ausdrücken verstanden wird, läßt sich nur jedesmal wieder aus Definition und Kontext ermitteln. Das resultiert nicht nur aus der Ausgedehntheit des Wissens über den Menschen, sondern auch und vor allem aus der Widersprüchlichkeit der Standpunkte und der Mannigfaltigkeit der Zugänge zum Problem des Menschen sowie der sich anschließenden Lösungswege.

Bei der philosophischen Anthropologie ist dies hauptsächlich ein Aspekt der generellen Pluralität der Philosopie, an der die in den Philosophien enthaltenen Menschenbilder teilhaben. Geistige Arbeit an diesen Menschenbildern leisten heißt philosophische Anthropologie betreiben. Auch die Ergebnisse dieser Arbeit, die philosophischen Lehren vom Menschen, werden so bezeichnet. »Philosophische Anthropologie« als Bezeichnung solcher Ergebnisse geistiger Arbeit und »philosophisches Menschenbild« sind Synonyme. In diesem Sinne gibt es beispielsweise eine platonische, eine aristotelische und eine epikureische, eine existentialistische und eine marxistische Anthropologie. Zu letzterer äußert Reinhard Mocek treffend: »Was der Mensch ist, mit dem sämtliche Parteien, zumal die kommunistischen, ihre menschheitsbefreiende Politik stützen, war vor allem den kommunistischen Parteien keiner extra wissenschaftlichen Prüfung wert. Die ganze neuere Geschichte des in diesen Parteien vertretenen Marxismus als Theorie ist eine Geschichte des Niedergangs eines in marxistischer Tradition bearbeiteten wissenschaftlichen Menschenbildes.«[9]

In den zwanziger Jahren des 20. Jahrhunderts begann sich philosophische Anthropologie in Deutschland als eigene Disziplin systematischer Philosophie zu konstituieren. Sie entstand im Ergebnis einer vorwiegend aus der romantisch-lebensphilosophischen Tradition kommenden philosophischen Bewegung, die die Frage nach dem Menschen in das Zentrum philosophischer Reflexion stellte. Konzeptionell unterschiedlich leiteten Max Scheler mit »Die Stellung des Menschen im Kosmos« und Helmuth Plessner mit »Die Stufen des Organischen und der Mensch« – beide Werke erschienen 1928 – diese disziplinäre philosophische Anthropologie ein. Als philosophische und damit auch geisteswissenschaftliche Disziplin, deren Gegenstand der Mensch ist, befindet sie sich im Spannungsfeld zwischen Naturwissenschaft (sowie empirischer Erforschung des Menschen mit in der Naturwissenschaft entwickelten Methoden) auf der einen und Geisteswissenschaften auf der anderen Seite.

Das signalisierte der Biologe Max Hartmann wenige Jahre nach dem Erscheinen der Werke Schelers und Plessners. Sich gegen die Anwendung der phänomenologischen Methode Edmund Husserls auf seinem Fachgebiet wendend, erklärte der namhafte Biologe: »Die phänomenologische Methode, die Wesensschau, führt hier zu einem leeren Generalisieren und Formalisieren, da jede kausalanalytische Theorienbildung ausscheidet, und sie tritt mit überheblichem Anspruch auf, echte synthetische Theorienbildung zu sein. Schelers ›Stellung des Men-

---

[9] R. Mocek: Vom Patriarchensozialismus zur sozialistischen Demokratie. In: Initial 1(1990) 1, S. 12.

schen im Kosmos‹ und die ›Stufen des Organischen‹ von Plessner mit ihren an mittelalterliche Scholastik erinnernden Klassifikationen biologischer Sachverhalte scheinen mir drastische Beispiele dafür zu sein. Wenn die neuere deutsche Philosophie auf diesen Wegen weiterschreitet – und es sieht in bedenklicher Weise so aus – dann wird das wiederum, wie schon einmal vor 100 Jahren zur Zeit Hegels zu einem völligen Bruch, einer völligen Entfremdung zwischen Philosophie und Naturwissenschaften führen. Den Schaden wird in erster Linie die Philosophie zu tragen haben.«[10]

Das Verhältnis der philosophisch-anthropologischen Menschenbild-Entwürfe seit Scheler und Plessner zur Naturwissenschaft und empirischen Erforschung des Menschen weist in der Tat Parallelen zum Verhältnis der deutschen Naturphilosophie in den ersten Jahrzehnten des 19. Jahrhunderts zur empirischen Naturforschung auf. Allerdings ist bei diesem Vergleich vorauszusetzen, daß jene Naturphilosophie nicht einfach empiristisch und positivistisch verworfen wird, sondern auch die für beide Seiten produktiven Beziehungen gesehen werden, was Hartmann nicht berücksichtigt hat. Bisher ist die Einflußsphäre der philosophischen Anthropologie sehr weitgehend auf die Geisteswissenschaften begrenzt. Ob sich das ändern wird, hängt nicht zuletzt davon ab, wie sich die philosophische Anthropologie entwickelt und sich dem Dialog auch mit den Naturwissenschaften unvoreingenommen öffnet.

Im Zusammenhang von Wissenschaftsentwicklung und Menschenbild verweisen die Fragen, die im Menschen-

---

10 M. Hartmann: Die Welt des Organischen. In: L. R. Grote et al.: Das Weltbild der Naturwissenschaften, Stuttgart 1931, S. 46.

bild weltanschaulich beantwortet werden, auf die Gesamtheit der wissenschaftlichen Kenntnisse von Natur, Mensch, Gesellschaft und Kultur und deren Entwicklung. Keine Wissenschaft kann von vornherein ausgeschlossen werden, wenn es darum geht, wo sich für das Menschenbild bedeutsame Erkenntnisse ergeben können. Resultieren doch letztlich aus allen Wissenschaften Schlußfolgerungen über den Menschen, seine Herkunft, Zukunft und Stellung in der Welt. Das gilt für Einsichten in die kosmische Evolution und für die Physik der Selbstorganisation und Evolution wie für die Entschlüsselung des genetischen Kodes, die Kartierung des menschlichen Genoms oder das Vordringen der Neurobiologie zu den elementaren Strukturen und Prozessen des Gehirns und den Grundlagen des menschlichen Bewußtseins, für Fossilfunde aus der Stammesgeschichte des Menschen, verhaltensbiologische Auskünfte über Tiersozietäten oder für die Modellierung von Ökosystemen. Keine Auseinandersetzung um die weltanschaulichen Konsequenzen wissenschaftlicher Errungenschaften hat das Menschenbild unberührt gelassen, vielfach ging es primär darum. Das zeigt sich in den Kontroversen um das kopernikanische Weltbild ebenso wie in denen um die Evolutionslehre Darwins, um die Marxsche Philosophie und Gesellschaftstheorie, die Psychoanalyse Sigmund Freuds, die Relativitätstheorie Albert Einsteins oder die von Gregor Mendel begründete Vererbungswissenschaft.

Der philosophischen Beschäftigung mit dem Menschen stehen die Wissenschaften vom Leben (Biowissenschaften) und die Wissenschaften vom Menschen (Humanwissenschaften oder anthropologische Wissenschaften) im Hinblick auf den Inhalt ihrer Aussagen besonders nahe. Der Komplex der Biowissenschaften wird durch die

Grundlagenwissenschaft Biologie, die sich während des 19. Jahrhunderts herausgebildet hat, und die an sie anschließenden, an der Erforschung des Lebenden und an der Anwendung der dabei gewonnenen Erkenntnisse beteiligten Disziplinen aus den Bereichen der Humanmedizin, Veterinärmedizin, Agrarwissenschaft, Forstwissenschaft, Technikwissenschaft und anderen gebildet. Die Humanwissenschaften gehören ihren naturwissenschaftlichen Grundlagen nach zu den Biowissenschaften, ohne insgesamt in ihnen aufzugehen.[11] Sie erforschen den Menschen, der in der Einheit und Wechselwirkung von menschlicher Natur und sozialer Daseinsweise existiert und dessen Lebenstätigkeit biotische, psychische und soziale Dimensionen aufweist.

Beim Menschen sind Biotisches, Psychisches und Soziales in innerer Einheit verbunden und in den menschlichen Individuen in jeweils einmaliger Konstellation ausgeformt. Das vielschichtige Besondere und Allgemeine der menschlichen Individuen, seine Struktur und Entwicklung, seine natürliche und sozio-kulturelle Bedingtheit und Bestimmtheit bilden den komplexen Forschungsgegenstand der Wissenschaften vom Menschen. Zu ihnen gehören unter anderem die (als »naturwissenschaftliche« oder »biologische« oder »physische« spezifizierte) Anthropologie, die Psychologie und die humanmedizinische Wissenschaft.

Die weltanschauliche Selbsterkenntnis und Selbstverständigung der Menschheit ist bei weitem älter als die fachwissenschaftliche Erforschung des Menschen. Deren

---

11 Vgl. B. G. Ananjew: Der Mensch als Gegenstand der Erkenntnis, Berlin 1974. – J. Piaget: Erkenntnistheorie der Wissenschaften vom Menschen, Frankfurt a. M./Berlin/Wien 1973.

Entstehung hatte bestimmte Auffassungen darüber, was der Mensch sei und wie er zu erkennen sei, in der Weltanschauung des aufstrebenden Bürgertums zur Voraussetzung, wie zum Beispiel die Entstehung und Entwicklung der naturwissenschaftlich-medizinischen Erforschung des Menschen in der Renaissance bezeugt. Die Fachwissenschaften vom Menschen erübrigen durch ihre Entwicklung das weltanschauliche Menschenbild nicht, sondern verbinden sich mit ihm. Wechselseitige Beziehungen zwischen Menschenbild und Humanwissenschaften bilden sich heraus, die in der Darstellung des Menschen im Weltbild der Wissenschaften Ausdruck finden. Der Zusammenhang zwischen Humanwissenschaften und Menschenbild beruht einerseits darauf, daß fachwissenschaftliche Konzeptionen im Verhältnis zum Ganzen von Erscheinung und Wesen des Menschen partiellen, ausschnitthaften Charakter besitzen und ohne übergreifende Konzeptionen vom Ganzen nicht zustande kommen – Entwürfe vom Menschen, die eben als weltanschauliche Menschenbilder gegeben sind. Andererseits aber betreffen weltanschauliche Schlußfolgerungen aus Befunden der Humanwissenschaften vor allem diese Entwürfe, lassen sich in ihnen verarbeiten oder sind mit ihren Prinzipien unvereinbar.

Die fachwissenschaftlichen Kenntnisse und weltanschaulichen Auffassungen vom Menschen haben eine besondere Bedeutung: Im Unterschied beispielsweise zu den Auffassungen der Menschen über die Sterne, die keinerlei Einfluß auf die Bewegung der Sterne haben, beeinflussen die Auffassungen der Menschen über sich und ihresgleichen ihre Bewegung, ihr Verhalten. Menschen sind sowohl Subjekt als auch Objekt ihrer Erkenntnis und Praxis. Daher ist das Menschenbild nicht nur Abbild des

Menschen und eine wesentliche weltanschaulich-methodologische Grundlage seiner fachwissenschaftlichen Erforschung, sondern führt auch zu Idealen und Leitbildern des praktischen Verhaltens. In dieser Hinsicht ist es weltanschauliche Grundlage der Wertung des Menschen in sozialer, moralischer, rechtlicher und ästhetischer Hinsicht, mit der der Mensch in die axiologische Wertordnung der Güter des gesellschaftlichen Lebens einbezogen wird.

Eine wesentliche Ausformung dieser Seite weltanschaulicher Menschenbilder in der wertenden Einstellung zum Menschen ist der Humanismus. Allgemeines Kennzeichen dieser traditionsreichen und differenzierten Geistesströmung ist, daß sie den Menschen, sein Wohl und die Entwicklung seiner Individualität als höchstes Gut bestimmt. Differenzierungen innerhalb des humanistischen Denkens in seiner Entwicklung vom Altertum bis zur Gegenwart ergeben sich aus unterschiedlichen Auffassungen vom Wesen des Menschen und seiner Stellung in Natur und Gesellschaft, vom System der Werte, das die Einstellung und das Verhalten der Menschen orientieren und formen soll, und von den Methoden, mittels derer jene Ziele des menschlichen Handelns erreicht werden sollen, die von einem gegebenen System von Werten bestimmt werden. Davon hängt auch ab, was konkret unter Humanität, unter Menschlichkeit, als Art und Weise des Verhaltens zum Nebenmenschen, das dem Wesen des Menschen entspricht, verstanden wird. Speziell geht es um die Einstellung und das praktische Verhalten zu den Problemen und Schwierigkeiten menschlicher Existenz in ihren sozialen Beziehungen, die aus humanistischer Gesittung erwächst.

Humanistische Ideale und Vorstellungen von der

Würde des Menschen, der Gleichberechtigung und Brüderlichkeit der Menschen, ihrer ursprünglichen Vernunft und Güte und ihrer freien Entwicklung gibt es, seitdem sich die Menschheit in Klassen gespalten hat. Zur Zeit der demokratischen Polis im alten Griechenland, während der Renaissance, der bürgerlichen Aufklärung in England und Frankreich und der bürgerlichen Klassik in Deutschland ergaben sich Höhepunkte in der Entwicklung der humanistischen Bestrebungen. Aus den humanistischen Idealen der antifeudalen Opposition erwuchsen die bürgerlichen Proklamationen der Menschenrechte und, nicht zuletzt angesichts der Erfahrungen kapitalistischer Gesellschaftsentwicklung, die sozialen Utopien sozialistischer und kommunistischer Gesellschaften. Seit dem Altertum wurden humanistische Ideale zu Leitmotiven von Aufständen Ausgebeuteter und Unterdrückter gegen herrschende Klassen, von Befreiungskämpfen unterdrückter Völker und von sozialen Reformen und Revolutionen. Verwirklicht wurden solche Ideale bestenfalls partiell und zeitweilig in kleinen Gruppen von Menschen und niemals für alle Mitglieder auch nur einer Menschengesellschaft. Somit bleibt die Frage, was der Mensch ist, mit der Frage nach den Möglichkeiten und Bedingungen seiner Emanzipation verbunden. Daß das so ist, bestätigt auf negative Weise jenes Zerrbild vom Menschen, über das der Historiker Reinhard Kühnl schreibt: »Indem der Mensch als ein Wesen definiert wird, dem eine biologisch gegebene und damit erbgenetisch fixierte Triebstruktur mit einer besonders starken Ausprägung des Aggressionstriebes eigen sei, wird die Demokratie als die politische Form der freien Entfaltung der Selbstbestimmung des Menschen als geradezu selbstmörderisch und die autoritäre Herrschaft zur

Bändigung der Massen als geradezu lebensnotwendig dargestellt.«[12]

Wesentlich mit der Leitbildfunktion von Menschenbildern und dem Humanismusproblem verbunden ist des weiteren die komplexe Problematik der Orientierung und Bewertung des wissenschaftlich-technischen Fortschritts. Humanistische Orientierung und Bewertung der Entwicklung und Nutzung von Wissenschaft und Technik verlangt, den wissenschaftlich-technischen Fortschritt in seinen Beziehungen zum Menschen zu sehen, nicht als Selbstzweck und autonomen Wert. Ihre humane Bestimmung besteht darin, ein wesentlicher Ausdruck und ein wesentliches Mittel menschlicher Selbstverwirklichung zu sein, dessen Ergebnisse den Menschen dienen, das heißt, die den Mißbrauch von Wissenschaft und Technik für menschenfeindliche Zwecke verhindern und negative Folgen aus der Anwendung wissenschaftlicher Kenntnisse verhüten. Auch deshalb ist philosophische Anthropologie voranzubringen.

»Das Spektrum anschaulicher und damit unmittelbar zugänglicher Menschenbilder im Glauben und Denken abendländischer Kulturgeschichte reicht vom Abbild Gottes, von der Krone der Schöpfung, vom Zielpunkt Omega kosmischer Evolution, vom Maß aller Dinge über den janusköpfigen Wanderer zwischen zwei Welten, die komplizierteste Reflexmaschine bis zum willenlosen Spielball der Götter oder zum verlorenen Staubkorn in einem gottlosen All, um nur einige kennzeichnende Metaphern anzusprechen. Kaum weniger suggestiv, freilich zumeist erheblich prosaischer, ist die Palette biologisch orientierter

---

12 R. Kühnl: Die geistige Krise der kapitalistischen Gesellschaft, Köln 1976, S. 18.

›Visionen‹ vom Menschen: Man nannte ihn ein Mängelwesen von Natur, ein durch sich selbst domestiziertes Säugetier, eine physiologische Frühgeburt, einen fetalisierten oder auch nackten Affen, den ›sich selbst kennenden‹ Homo sapiens, den Homo faber, Homo creator, Homo ludens usw. Auch solche Projektionen sind nicht reines Produkt empirischer Wissenschaft, an ihnen haben ohne Frage außerwissenschaftliche Ideen mitgewirkt«, schreibt der Anthropologe Christian Vogel.[13]

Die Aufzählung ist natürlich nicht vollständig, und jedes der aufgeführten älteren und jüngeren Menschenbilder hat seine zeitgenössischen Vertreter, die sich auch mit Vertretern anderer Auffassungen streiten. Wollten Besucher von einem anderen Himmelskörper allein aus der auf der Erde vorliegenden, von Menschen verfaßten Literatur erfahren, was der Mensch ist, würden sie vermutlich in erster Näherung zu der Ansicht kommen, daß der Mensch ein umstrittenes Wesen ist, und zwar das von den Menschen selbst umstrittene Wesen.

Daß die Menschen darüber streiten, was sie sind, schließt ein, daß sie Bewußtsein über sich haben und die Gesamtheit der Aussagen über den Menschen Selbstbewußtsein der Menschheit, Ausdruck ihres Strebens nach Selbsterkenntnis ist. Die Auflösung von Widersprüchen in diesem Bewußtsein durch Annäherungen an die Wahrheit kann nicht in der isolierenden Beschränkung auf dieses Bewußtsein erfolgen, sondern nur durch die außerhalb seiner liegenden Quellen der Erfahrung.» ›Der Mensch‹ ist immer eine Spukgestalt, solange er nicht an dem empi-

---

13 C. Vogel: Zum biologischen Selbstverständnis des Menschen. In: Naturwissenschaftliche Rundschau 30 (1977) 7, S. 241.

rischen Menschen seine Basis hat«, bemerkte Friedrich Engels treffend.[14]

Der »empirische Mensch« ist gewiß mehr als der sinnlich wahrnehmbare Mensch. Er ist vor allem auch der Mensch, wie er sich im mit wissenschaftlichen Methoden gewonnenen empirischen und darauf fußenden theoretischen Wissen darstellt. Dazu gehört wesentlich die theoretisch erschlossene Wirklichkeit der Evolution des Menschen. Auf sie ist verwiesen, wer die für jedes Menschenbild konstitutive Frage nach der Herkunft des Menschen wissenschaftlich beantworten und daraus Konsequenzen ziehen will. »Will der Mensch Einfluß auf das Überleben der Art *Homo sapiens* nehmen, dann muß er die Bedingungen des Lebens und des Handelns seiner Art kennen; diese kann er aber nicht erfassen, wenn ihm die biologischen Voraussetzungen seiner Spezies als einer von Millionen Arten auf dieser Erde nicht wenigstens so weit bekannt sind, wie das möglich ist. Der Gelehrte, und gerade der Geisteswissenschaftler, muß sich der Herkunft seiner Art bewußt sein oder bewußt werden, wenn er ihr in seinem Versuch, menschliches Wesen und menschliche Werke zu verstehen, gerecht werden will«, schreibt der Biologe Hans Querner.[15] Dieser Problematik wollen wir uns nun zuwenden.

---

14 Engels an Marx, 19. November 1844. In: K. Marx/F. Engels: Werke, Bd. 27, S. 12.
15 H. Querner: Stammesgeschichte des Menschen, Stuttgart/Berlin/Köln/Mainz 1968, S. 8.

Der Mensch — Zufall oder Ziel der Evolution?

»Der Freund des Bestehenden hat nur wenig von demjenigen zu befürchten, dessen Vernunft die Dienerin seiner Leidenschaften ist; wohl auf der Hut aber möge er vor demjenigen sein, bei dem die Vernunft zur gewaltigsten und furchtbarsten der Leidenschaften geworden ist. Diese Art Leute sind die Zertrümmerer abgelebter Reiche und Kulturen, sind Zweifler, Auflöser, Gottesmörder. In der Vergangenheit sind das zumeist Männer wie Voltaire, Bentham, Thales, Marx, höchstwahrscheinlich auch der göttliche Julius gewesen; aber ich glaube, daß Darwin ein Beispiel liefert für die gleiche Unbarmherzigkeit der Vernunft auf dem Felde der Wissenschaft«, bemerkte der Biologe John B. S. Haldane.[1]

Seit den sechziger Jahren des 19. Jahrhunderts muß sich jede philosophische Anthropologie der Darwinschen Herausforderung stellen, die die Herkunft des Menschen und seine Stellung in der Welt betrifft. War doch im Jahre 1859 Darwins Werk »Die Entstehung der Arten durch natürliche Zuchtwahl« erschienen. Es enthält zwei bedeutsame und wesentlich miteinander verbundene geistige Er-

---

[1] J. B. S. Haldane: Daedalus oder Wissenschaft und Zukunft, München 1925, S. 66.

rungenschaften, die die Biologie und das Naturbild der Wissenschaften revolutionierten: die Deszendenztheorie und die Evolutionstheorie.[2]

Die *Deszendenztheorie* besagt, daß die gradweise abgestufte Mannigfaltigkeit der heute auf der Erde lebenden Organismen, einschließlich der Spezies Homo sapiens, das Ergebnis der stammesgeschichtlichen Entwicklung (Evolution) ihrer Vorfahren auf sich verzweigenden Wegen aus primitiven Ausgangsformen im Verlauf der Erdgeschichte ist. In ihrem Licht zeigt sich das organismische Leben als aus der Vergangenheit in die Gegenwart hineinreichendes verzweigtes Kontinuum entlang der Zeitrichtung, dessen einzelne Zweige teils (meistenteils) blind enden, teils an die gradweise abgestufte Mannigfaltigkeit der rezenten Organismen heranführen, die so als Querschnitt durch dieses Kontinuum im Zeithorizont der Gegenwart erscheint. Damit erschließt sich die historische Dimension, die Geschichtlichkeit des Lebens, die für sein wissenschaftliches Begreifen unverzichtbar ist. Mit Hilfe dieser Theorie konnte Darwin erstmals die abgestufte homologe Ähnlichkeit der Lebewesen, ihre gegenwärtige differenzierte Verbreitung auf der Erde und die Verteilung der Fossilien in der Schichtenfolge der Erdrinde (als Spuren der Evolution des Lebens in der Vergangenheit) erklären.

Gegenstand der *Evolutionstheorie*, deren Fundament Darwin gelegt hat, sind die Faktoren, bewegenden Kräfte und Gesetzmäßigkeiten der Evolution. Diese Theorie dient dazu, das durch die Deszendenztheorie dem Erken-

---

[2] Vgl. D. J. Futuyma: Evolutionsbiologie, Basel/Boston/Berlin 1990. – R. Löther: Das Werden des Lebendigen, Leipzig/Jena/Berlin 1983. – F. M. Wuketits: Grundriß der Evolutionstheorie, Darmstadt 1989.

nen zugänglich gewordene Evolutionsgeschehen zu erklären. Mit der natürlichen Selektion, die im Zusammenwirken von Vererbung, erblicher Variabilität und dem Ringen der Lebewesen um ihre Existenz stattfindet, entdeckte Darwin in den vielfältigen Beziehungen zwischen den verschiedenartigen Lebewesen und ihren Umwelten den gesetzmäßigen Zusammenhang, in dem sich die Lebewesen in der Aufeinanderfolge ihrer Generationen an ihre Lebensumstände anpassen und der zu ihrer Evolution führt. Die Deszendenztheorie begreift die gegenwärtigen Lebewesen als naturhistorisch geworden, die Evolutionstheorie – zunächst von Darwin als Variabilität-Selektionstheorie konzipiert – dieses Werden als naturgesetzlichen Vorgang.

Die von Darwin begründete Abstammungslehre oder biologische Evolutionslehre, die auch »Darwinismus« genannt wird, umfaßt die Deszendenztheorie, den theoretisch geführten Nachweis der Evolution als geschichtliche Wirklichkeit und deren auf Darwins Variabilität-Selektionstheorie fußende vielfältig präzisierte und ergänzte theoretische Erklärung. Zur darwinistischen Lehre gehört als ihr innewohnende Konsequenz, daß auch der Mensch als ein Ergebnis der Organismenevolution entstanden ist, daß er in physischer und psychischer Hinsicht von tierlichen, genauer: von äffischen Vorfahren abstammt. »Sobald ich im Jahre 1837 oder 1838 überzeugt worden war, daß Arten veränderliche Produkte sind, konnte ich die Annahme nicht vermeiden, daß auch der Mensch unter dasselbe Gesetz fallen müsse«, berichtet Darwin in seiner Autobiographie.[3] In »Die Entstehung der Arten« hatte er nur

---

3 Ch. Darwin: Erinnerungen an die Entwicklung meines Geistes und Charakters (Autobiographie) 1876–1881/Tagebuch des Lebens und Schaffens (Journal)

angedeutet: »Licht wird auch fallen auf den Menschen und seine Geschichte.«[4] Doch wenige Jahre später, es war 1863, erschienen unabhängig voneinander eine Reihe von Schriften, die die Gültigkeit der Abstammungslehre für die Herkunft des Menschen ausführlich nachwiesen und Vorstellungen über seine Stammesgeschichte darlegten. Huxleys »Zeugnisse für die Stellung des Menschen in der Natur« gehörten dazu, ferner unter anderem »Das Alter des Menschengeschlechts und der Ursprung der Arten durch Abänderung« von dem englischen Geologen Charles Lyell und von dem deutschen Zoologen Carl Vogt »Vorlesungen über den Menschen, seine Stellung in der Schöpfung und in der Geschichte der Erde«.

Ernst Haeckel fußte nicht zuletzt auf diesen Schriften, als er im September desselben Jahres auf der Versammlung deutscher Naturforscher und Ärzte seinen aufsehenerregenden Vortrag »Über die Entwicklungstheorie Darwins« hielt. Darin ordnete er den Menschen in die stammesgeschichtliche Entwicklung der Säugetiere ein, »welche endlich in der Ausbildung der menschenähnlichen Affen und zuletzt der Menschen selbst ihre höchste Stufe erreichen«. Der Mensch sei nicht »als ein erwachsener sündenfreier Adam aus der Hand des Schöpfers hervorgegangen«, sondern habe sich »nur äußerst langsam und allmählich aus dem primitiven Zustande tierischer Roheit zu den ersten Anfängen der Kultur emporgearbeitet«.[5]

1838 bis 1881 / Francis Darwin: Erinnerungen aus meines Vaters täglichem Leben 1887, Leipzig/Jena/Berlin 1982, S. 152.
4 Ch. Darwin: Die Entstehung der Arten durch natürliche Zuchtwahl, Leipzig 1990, S. 537.
5 E. Haeckel: Der Kampf um den Entwicklungsgedanken, Leipzig 1967, S. 37/38.

Das Jahr 1863 gilt als Gründungsjahr der menschlichen Abstammungslehre. Seitdem werden der Weg, die Bedingungen und die bewegenden Kräfte der Evolution zum Menschen in fortschreitend tatsachengestützter und um theoretische Erklärungsmöglichkeiten bereicherter Erkenntnisentwicklung aufgestellt. Darwin selbst trug mit seinen Werken »Die Abstammung des Menschen und die geschlechtliche Zuchtwahl« (1871) und »Der Ausdruck der Gemütsbewegungen bei Menschen und Tieren« (1872) dazu bei und begründete die Abkunft des Menschen von äffischen Ahnen so detailliert, wie es damals möglich war. »... da der Mensch vom genealogischen Standpunkt aus zu den Catarhinen oder dem altweltlichen Stamme (der Affen – R. L.) gehört, so müssen wir daraus schließen (wie sehr dieser Schluß unseren Stolz auch empören mag), daß unsere frühesten Vorfahren mit Recht jenen zugezählt werden müssen. Wir dürfen allerdings dabei nicht in den Irrtum verfallen, daß der früheste Vorfahr des ganzen Simiadenstammes (lat. *simia* = Affe – R. L.), den Menschen mit einbegriffen, mit einem der jetzt existierenden Affen identisch oder ihm auch nur sehr ähnlich gewesen sei«, erklärte er.[6]

Binnen weniger Jahre nach dem Erscheinen von Darwins »Entstehung der Arten« vollzog sich die Wende in der Biologie, mit der die Evolutionslehre, insbesondere die Deszendenztheorie, zur theoretischen Grundlage und Forschungskonzeption dieser Naturwissenschaft wurde. Die gleichzeitig ausgebrochenen weltanschaulichen Auseinandersetzungen um die Alternative »Schöpfung oder

---

6 Ch. Darwin: Die Abstammung des Menschen und die geschlechtliche Zuchtwahl, Leipzig 1952, S. 163. – Vgl. A. Ellegard: Darwin and the general reader, Chicago/London 1990, S. 293 ff.

Entwicklung? – Moses oder Darwin?« hingegen wurden jahrzehntelang umfangreich und emotionsgeladen ausgetragen und kommen bis heute von Zeit zu Zeit wieder in Gang. In hohem Maße konzentriert sich die Kontroverse um den Ursprung des Menschen.

Besonders heftig wurde Haeckel als streitbarer Evolutionist und Vorkämpfer der menschlichen Abstammungslehre von Vertretern der damals vorherrschenden Theologie und Philosophie angegriffen. »Affenprofessor« und »Pestilenz von Jena« sind nur zwei Kostproben aus ihren wortreichen und an Argumenten armen Schimpfreden. Seine »Anthropogenie« (1874) wurde zum Beispiel in einer Schrift des Philosophen Friedrich Michelis als »Attentat auf die Wahrheit der Offenbarung, auf die Grundlage der Religion und auf die Bedingung der Sittlichkeit« und »eine Schmach und ein Schandfleck für Deutschland« apostrophiert.[7] Noch 1899 meinte der Berliner Philosoph Adolf Lasson in einer Rezension von Haeckels populärem Buch »Die Welträtsel« (1899), er würde die Verwandtschaft zwischen Menschen und Menschenaffen erst anerkennen, »wenn einmal ein besonders geschickter Menschenaffe an meiner Stelle aufs Katheder gestiegen wäre und so vernünftig geredet hätte, wie ich selbst«[8]. Dergleichen geht fließend in das Niveau der Debatte um Abstammungslehre und Menschenbild über, auf das sich Wilhelm Busch bezog, als er reimte:

»Sie stritten sich beim Wein herum,
Was das nun wieder wäre;
Das mit dem Darwin wär gar zu dumm
Und wider die menschliche Ehre.

---

7 F. Michelis: Haeckelogonie, Bonn 1875, S. 74.
8 Zit. nach H. Schmidt: Der Kampf um die »Welträtsel«. Bonn 1900, S. 6.

>Sie tranken manchen Humpen aus,
Sie stolperten aus den Türen,
Sie grunzten vernehmlich und kamen zu Haus
Gekrochen auf allen vieren.«

Mit Bestrebungen, die Wirklichkeit der Evolution einfach zu bestreiten oder wenigstens den Menschen aus dem Gültigkeitsbereich der Deszendenztheorie herauszuhalten, mit erkenntnis- und wissenschaftstheoretischen Bemühungen, die Abstammungslehre als unbewiesene und unbeweisbare Hypothese abzutun, und mit idealistisch-finalistischen Evolutionsdeutungen sowie ihrer naturphilosophischen Versöhnung mit modernisierter Schöpfungslehre wurde philosophisch und theologisch auf den Darwinismus reagiert. Doch er hat alle gegen ihn vorgebrachten Argumentationen und Unterstellungen ebenso wie die gegen seine Verbreitung eingesetzten Repressalien überstanden. Zwar wird über seine Wahrheit und seine Konsequenzen für Weltanschauung und Menschenbild immer noch gestritten. In Publikationen aus der zweiten Hälfte des 20. Jahrhunderts kann man immer noch so ziemlich alles finden, was seit 1859 gegen ihn vorgebracht wurde. Doch hat sich die Situation der Auseinandersetzung seit Darwins und Haeckels Zeiten insgesamt erheblich verändert. Aus der damaligen antievolutionistisch-antidarwinistischen Konfliktpartei sind Stimmen aus der »Hinterwelt« geworden, um die »Hinterwäldler« und »Unterwelt« assoziierende Begriffsbildung des Kybernetikers Karl Steinbuch zu verwenden. Mag beispielsweise der Arzt und Schriftsteller Peter Bamm die Rückkehr zum im ersten Buch Mose überlieferten Schöpfungsmythos sowie zum Essentialismus der mittelalterlichen Scholastik für zeitgemäß halten und sich darüber mokieren, daß es »noch heute Forscher gibt, die mit einer Naivität, welche nur noch schwer zu verstehen ist, verkünden, die Abstammung des Menschen vom Affen sei als Faktum festgestellt«[9] – derartige Äußerungen vermögen nur die Verwunderung der Sachkundigen darüber auszulösen, welch geistige Wirrnis in manchen Kreisen Halbgebildeter herrscht, wohl auch Besorgnis darüber, daß sie seit etlichen Jahren wieder einmal zunimmt.

Aber die Realität der Evolution, einschließlich der evolutiven Entstehung des Menschen, ist kein seriöses Diskussionsthema mehr in einer Wissenschaft, die inzwischen gar nicht mehr anders kann, als ihre Einzelbefunde auch sub specie evolutionis zu sehen, wenn sie diese zu einem logisch geordneten Aussagensystem verarbeiten will. Biologische Diskussionen zur Evolution gehen vielmehr um konkrete stammesgeschichtliche Abläufe, materielle Faktoren evolutionärer Prozesse und methodologische Probleme der Evolutionsforschung. Dabei bezieht man sich auf die von Darwin als Variabilität-Selektionstheorie begründete, seither beträchtlich weiterentwickelte und für neue Erkenntnisse offene biologische Evolutionstheorie.

Ursprünglich stützte sich der Darwinismus hauptsächlich auf die natürliche Systematik der Lebewesen, auf vergleichende Anatomie und Embryologie sowie Erfahrungen aus der Züchtung von Haustieren und Kulturpflanzen. Zur Vererbung und erblichen Variabilität in der Generationsfolge der Lebewesen gab es nur eine Reihe mehr oder weniger geistreicher Spekulationen. Ende der zwanziger, Anfang der dreißiger Jahre unseres Jahrhunderts kam es dann vermittels der Populationsgenetik zur innigen Verbindung der Darwinschen Variabilität-Selektions-

---

9 B. Bamm: Adam und der Affe, München/Zürich 1972, S. 10.

theorie der Evolution mit der von Gregor Mendel begründeten Vererbungswissenschaft, der durch August Weismanns »Neodarwinismus« der Weg bereitet wurde.[10] Daraus erwuchs die Synthetische Theorie der Evolution, die heute noch grundlegend für das wissenschaftliche Begreifen der Organismenevolution ist, während sich gleichzeitig darüber hinausgehende, die Synthese weiterführende theoretische Entwicklungen abzeichnen.[11]

Laplacescher Dämon, Wärmetod des Weltalls und Darwinismus

»Zwei große Kränkungen ihrer naiven Eigenliebe hat die Menschheit im Laufe der Zeiten von der Wissenschaft erdulden müssen. Die erste, als sie erfuhr, daß unsere Erde nicht der Mittelpunkt des Weltalls ist, sondern ein winziges Teilchen eines in seiner Größe kaum vorstellbaren Weltsystems. Sie knüpft sich für uns an den Namen *Kopernikus*, obwohl schon die alexandrinische Wissenschaft ähnliches verkündet hatte. Die zweite dann, als die biologische Forschung das angebliche Schöpfungsvorrecht des Menschen zunichte machte, ihn auf die Abstammung aus dem Tierreich und die Unvertilgbarkeit seiner animalischen Natur verwies. Diese Umwertung hat sich in unseren Tagen unter dem Einfluß von Ch. *Darwin, Wallace* und ihren Vorgängern nicht ohne das heftigste Sträuben

---

10 Vgl. R. Löther: Wegbereiter der Genetik — Gregor Johann Mendel und August Weismann, Leipzig/Jena/Berlin 1989, Frankfurt a. M. 1990.
11 Vgl. R. Löther: Entwicklungsprobleme der biologischen Evolutionstheorie. In: Biologie in der Schule 37 (1988) 12.

der Zeitgenossen vollzogen. Die dritte und empfindlichste Kränkung aber soll die menschliche Größensucht durch die heutige psychologische Forschung erfahren, welche dem Ich nachweisen will, daß es nicht einmal Herr ist im eigenen Hause, sondern auf kärgliche Nachrichten angewiesen bleibt von dem, was unbewußt in seinem Seelenleben vorgeht«, sagte Sigmund Freud in seinen in der Zeit des Ersten Weltkrieges gehaltenen »Vorlesungen zur Einführung in die Psychoanalyse«.[12]

Ein gut Teil der Kontroversen um Darwinismus, Menschenbild und Weltanschauung ist sicherlich Ausdruck solcher Demontage menschlicher Selbstapologetik, doch spielt das gewiß nicht allein eine Rolle. Der Darwinismus führte auch zu schwerwiegenden Widersprüchen und Problemen im Theoriengebäude der Naturwissenschaft und im philosophischen Denken. Das betraf vor allem einmal das Verhältnis von Darwinscher Variabilität-Selektionstheorie und der Auffassung von der Bedingtheit und Bestimmtheit der Vorgänge und Ereignisse in der Welt, die sich mit der klassischen Physik und der von ihr begriffenen Naturgesetzlichkeit seit Isaac Newtons Begründung herausgebildet hatte, dem mechanischen oder Laplaceschen Determinismus. Zum anderen aber betraf es das Verhältnis zwischen biologischer Evolutionslehre und Thermodynamik, speziell deren II. Hauptsatz (Entropiesatz).

Für den mechanischen Determinismus war alles Geschehen notwendig, vorherbestimmt und vorhersagbar. »Alle Ereignisse, selbst jene, welche wegen ihrer Geringfügigkeit scheinbar nichts mit den großen Naturgesetzen

---

12 S. Freud: Vorlesungen zur Einführung in die Psychoanalyse (Gesammelte Werke, Bd. XI), Frankfurt a. M. 1961, S. 294/295.

zu tun haben, folgen aus diesen mit derselben Notwendigkeit wie die Umläufe der Sonne. In Unkenntnis ihres Zusammenhanges mit dem Weltganzen ließ man sie, je nachdem sie mit Regelmäßigkeit oder ohne sichtbare Ordnung eintraten und aufeinanderfolgten, entweder von Endzwecken oder vom Zufall abhängen; aber diese vermeintlichen Ursachen wurden in dem Maße zurückgedrängt, wie die Schranken unserer Kenntnis sich erweiterten, und sie verschwinden völlig vor der gesunden Philosophie, welche in ihnen nichts als den Ausdruck unserer Unkenntnis der wahren Ursachen sieht«, schrieb der Mathematiker und Physiker Pierre-Simon Laplace. Mit der Vorstellung des »Laplaceschen Dämons« als anzustrebendem, aber nie zu erreichendem, übermenschlichem Ideal menschlicher Wahrheitssuche illustrierte er diese Determinismuskonzeption: »Eine Intelligenz, welche für einen gegebenen Augenblick alle in der Natur wirkenden Kräfte sowie die gegenseitige Lage der sie zusammensetzenden Elemente kennte, und überdies umfassend genug wäre, um diese gegebenen Größen der Analysis zu unterwerfen, würde in derselben Formel die Bewegungen der größten Weltkörper wie des leichtesten Atoms umschließen; nichts würde ihr ungewiß sein und Zukunft wie Vergangenheit würden ihr offen vor Augen liegen.«[13]

Die Variabilität der organismischen Individuen in Darwins Evolutionstheorie aber, die von nicht wenigen verständnislosen Kritikern bis heute als »Zufallstheorie« gescholten wird, war eine Erscheinung zufälligen Charakters, und zwar einer Zufälligkeit objektiven Charakters, also durch keinerlei Wissenszuwachs zu beseitigen. Mit

---

[13] P. S. de Laplace (1814): Philosophischer Versuch über die Wahrscheinlichkeit, Leipzig 1932, S. 1/2.

Darwin hielt eine Betrachtungsweise in die Naturwissenschaft Einzug, mit der später auch Gregor Mendel die Genetik und Ludwig Boltzmann und Josiah W. Gibbs die statistische Mechanik in der Physik begründeten. Dieser Betrachtungsweise wohnt inne, daß die Objektivität des Zufalls als Charakteristikum von Ereignissen und Prozessen sowie die dialektische Einheit von Zufall und Notwendigkeit vorausgesetzt wurden. »Die gesamte Evolutionstheorie fußt auf den Gesetzen der großen Zahlen. Nicht daß Darwin etwa von komplizierten mathematischen Verfahren Gebrauch gemacht hätte, um die Variationen der Populationen zu analysieren; er begnügte sich mit der Intuition und dem gesunden Menschenverstand. Um die Transformation in Betracht zu ziehen, beachtet er nur diejenigen Fluktuationen, die in großen Populationen immer vorkommen und die man in der Statistik als die Verteilungsenden bezeichnet. Er nimmt bereits die Vorstellungen der statistischen Analyse vorweg, die den kleinen Vorteil, der einigen Wesen durch eine leichte Verbesserung der Überlebens- und Fortpflanzungschancen gegeben wurde, in einen starren Mechanismus mit unausweichlichen Konsequenzen verwandeln wird«, vermerkte der Molekularbiologe François Jacob.[14]

Zum Widerspruch zwischen mechanischem Determinismus und Darwinismus gesellte sich im Hinblick auf die Richtung des Naturgeschehens der Widerspruch zwischen Darwinismus und Thermodynamik. Während Arbeiten der Physiker Rudolf Clausius und William Thomson (seit 1892 Lord Kelvin) aus den fünfziger und sechziger Jahren des 19. Jahrhunderts zum II. Hauptsatz der Thermodynamik eine Zunahme der Entropie und damit der

---

14 F. Jacob: Die Logik des Lebenden, Frankfurt a. M. 1972, S. 182.

Unordnung in abgeschlossenen Systemen lehrten, wies der Darwinismus nach, daß Lebewesen in der Evolution fortschreitend höhere Organisationsgrade erreicht haben. Der Physiker Werner Ebeling spricht vom über 100 Jahre offenen »Grundwiderspruch der Naturwissenschaften zwischen dem II. Hauptsatz der Wärmelehre nach Clausius und dem hohen Grad der Strukturiertheit der uns umgebenden Welt«, der im Widerspruch zwischen dem II. Hauptsatz und der Evolutionstheorie Darwins besonders kraß in Erscheinung trat.[15]

Unter der Voraussetzung, daß das Weltall als ein thermodynamisch abgeschlossenes System betrachtet werden kann, führte der II. Hauptsatz in letzter Konsequenz zur Annahme vom »Wärmetod des Weltalls«, wie sie zuerst der Physiologe und Physiker Hermann von Helmholtz aussprach: »... wenn das Weltall ungestört dem Ablauf seiner physikalischen Prozesse überlassen wird, so muß endlich aller Kraftvorrat in Wärme übergehen und alle Wärme in das Gleichgewicht der Temperatur kommen. Dann ist jede Möglichkeit einer weiteren Veränderung erschöpft; dann muß vollständiger Stillstand aller Naturprozesse von jeder nur möglichen Art eintreten. Auch das Leben von Pflanzen, Tieren und Menschen kann nicht weiter bestehen, wenn die Sonne ihre höhere Temperatur und damit ihr Licht verloren hat und wenn sämtliche Bestandteile der Erdoberfläche die chemischen Verbindungen geschlossen haben, welche ihre Verwandtschaftskräfte fordern. Kurz, das Weltall wird von da an zur ewigen Ruhe verurteilt sein.«[16]

---

15 W. Ebeling: Strukturbildung bei irreversiblen Prozessen, Leipzig 1976, S. 7.
16 H. v. Helmholtz: über die Wechselwirkung der Naturkräfte (1854). In: H. v. Helmholtz: Natur und Naturwissenschaft, München 1925, S. 51/52. – Vgl.

Ein relativ frühes Beispiel dafür, wie mit dem II. Hauptsatz und der Wärmetod-Hypothese gegen die biologische Evolutionstheorie (und den philosophischen Materialismus) argumentiert wurde, bietet eine antidarwinistische Schrift des bayerischen Philosophen Johannes Huber.[17] Er folgerte

1., daß das Weltsystem nicht anfangslos, sondern seine bisherige Dauer eine begrenzte und endliche sei, da es nach Ablauf einer bestimmten, wenn auch noch so langen Zeit in einen Gleichgewichtszustand seiner Kräfte zurückkehren müsse, dem es sich immer mehr und sicher annähere, und

2., daß der Bestand des Weltsystems nicht eine Produktion der Materie selbst sein könne, sondern für seine Erklärung ein über die Materie hinausliegendes, sie beherrschendes Prinzip fordere, da er auf einer Störung des Gleichgewichts der physikalischen Kräfte beruhe, diese Störung aber nicht aus der sich selbst überlassenen Materie hervorgehen könne, die nur nach Ausgleichung dieser Störung strebe.

Auf diese Weise begründete Huber, daß eine »rein physikalische Weltanschauung« durch die mechanische Physik selbst abgewiesen werde. Also sei irgendeine Theorie von der Entwicklung der organischen Welt, die für deren Erklärung mit rein physikalischen Kräften auskommen zu können meine, wie dies bei Darwin und seinen Anhängern der Fall ist, schon von vornherein ohne Fundament. Nur durch das harmonische Zusammenwirken der universalen Kräfte, nur im und durch das Weltsystem, das ohne

---

W. Schreier (Hrsg.): Geschichte der Physik, Berlin 1988, S. 244 ff. – K. Simonyi: Kulturgeschichte der Physik, Leipzig/Jena/Berlin 1990, S. 369 ff.
17 J. Huber: Die Lehre Darwin's kritisch betrachtet, München 1871, S. 182 ff.

den in ihm waltenden Geist nicht möglich sei, werde die Schöpfung der ersten organischen Formen möglich. Unter Berufung auf die Thermodynamik sowie an die Philosophien von Aristoteles, Schelling und Hegel anknüpfend, kam Huber zu dem Schluß, die Naturentwicklung von der Gestaltung des Sternensystems bis herauf zum Menschen sei die stufenweise fortschreitende Verwirklichung eines dem Weltsystem immanenten geistig-göttlichen Weltgrundes. Nicht in den blinden Kräften der Materie, sondern im absoluten Geist habe der menschliche Geist seinen Ursprung. Hubers Fazit lautet: »Indem auf solche Weise die ganze dem Menschen vorausgehende Natur nur mit seiner Erzeugung beschäftigt erscheint und ihre gewaltige Geschichte zugleich auch als die seinige sich darstellt, wird seine hohe Würde und Weltstellung nicht nur nicht negiert, sondern nur tiefer begründet und erst recht offenbar.«[18]

Hubers Konzeption eines idealistisch-finalistischen Evolutionismus ist ein Exempel für die vielfältigen Bemühungen, die von Freud diagnostizierte »Darwinsche Kränkung« der menschlichen Eigenliebe mit Hilfe der Thermodynamik zu kurieren. Später wurde in theologischen Kreisen sogar ein »entropologischer Gottesbeweis« erwogen.[19] Auch in der zweiten Hälfte des 20. Jahrhunderts setzte sich die Kontroverse über darwinistische Evolutionstheorie und II. Hauptsatz der Thermodynamik ebenso wie die über Laplaceschen Determinismus, Zufall und Evolution fort. Das fand besonders im Kontext der erdweiten Diskussionen statt, die zwei französische Wissenschaftler in Gang gebracht hatten: der Geologe und

---

18 Ebenda, S. 290.
19 Vgl. J. Schnippenkötter: Der entropologische Gottesbeweis, Bonn 1920.

Wirbeltierpaläontologe, Theologe und Philosoph Pater Pierre Teilhard de Chardin S. J. und der Biochemiker Jacques Monod, einer der Nobelpreisträger für Physiologie und Medizin des Jahres 1965 und langjähriger Mitarbeiter sowie späterer Direktor des weltbekannten Pariser Institut Pasteur. Diese Diskussionen verlaufen schon lange nicht mehr so spektakulär wie zu den Zeiten, als Teilhards »Le Phénomène humain« (1955) und Monods »Le hasard et la nécessite« (1970) frisch auf den Büchermarkt gekommen waren, aber im Gespräch sind die Autoren und ihre Werke nach wie vor.

»... meines Erachtens gibt es für das denkende Wesen keinen entscheidenderen Augenblick als den, wo ihm gleichsam die Schuppen von den Augen fallen und es entdeckt, daß es nicht einsam in den Einöden des Weltalls verloren ist, sondern daß ein universeller Lebenswille in ihm zusammenströmt und sich in ihm vermenschlicht.

Der Mensch ist nicht, wie er so lange geglaubt hat, fester Weltmittelpunkt, sondern Achse und Spitze der Entwicklung – und das ist viel schöner«, antwortete Teilhard auf die Frage nach der Stellung des Menschen im Kosmos.[20]

Ganz anders lautete die Antwort Monods: »Die moderne Naturwissenschaft kennt keine notwendige Vorherbestimmtheit. Das Schicksal zeigt sich in dem Maße, wie es sich vollendet – nicht im voraus. Unsere Bestimmung war nicht ausgemacht, bevor nicht die menschliche Art hervortrat ... Das Universum trug weder das Leben, noch trug die Biosphäre den Menschen in sich. Unsere ›Losnummer‹ kam beim Glücksspiel heraus. Ist es da verwunderlich, daß wir unser Dasein als sonderbar empfinden –

---

20 P. Teilhard de Chardin: Der Mensch im Kosmos, Berlin 1966, S. 22.

wie jemand, der im Glücksspiel eine Milliarde gewonnen hat?«[21] Wenn der Mensch die Botschaft der Wissenschaft, respektive Monods, in ihrer vollen Bedeutung aufnehme, dann müsse er »endlich aus seinem tausendjährigen Traum erwachen und seine totale Verlassenheit, seine radikale Fremdheit erkennen. Er weiß nun, daß er seinen Platz wie ein Zigeuner am Rande des Universums hat, das für seine Musik taub ist und gleichgültig gegen seine Hoffnungen, Leiden oder Verbrechen.«[22]

Somit erscheinen Teilhard und Monod als Antipoden im Verständnis der Evolution und der evolutiven Entstehung des Menschen. Für beide war nicht fraglich, daß es die Evolution gibt und daß die Menschheit singulär im Weltall sei. Was sie unterscheidet und worüber von ihnen erneut Entscheidung herausgefordert wurde, war ihre Antwort auf die Frage, ob der Mensch durch puren Zufall in die Welt gekommen ist oder ob die Evolution der Organismen, ja die kosmische Evolution von vornherein darauf gerichtet war, seinesgleichen hervorzubringen. Während Teilhard die »Darwinsche Kränkung« aufzuheben trachtete, wurde sie von Monod noch übertrumpft.

Pierre Teilhard de Chardin:
Von Alpha zu Omega

»Das ist doch endlich etwas anderes als die nie abbrechende schwarze Buchserie von Philosophen und Romanciers über die Absurdität des Lebens, über das Verhängnis der Technik, über die Tragik aller Kulturentwicklung

---

21 J. Monod: Zufall und Notwendigkeit, München 1971, S. 179.
22 Ebenda, S. 211.

und über die angeborene, unheilbare Unfähigkeit des Menschen, eine glückliche Gemeinschaft auf einer friedlichen Gesamtordnung aufzubauen. Bei Teilhard ist kein sentimentaler Optimismus, sondern ein konkreter, konstruktiver, auf die Arbeitsmethode des Universums selber sich stützender Optimismus am Werk. Gott hat die Welt dem Menschen nicht gegeben, daß er sie verachte, sondern daß er sie liebe, erforsche und mit jeder neuen Erkenntnis mehr vollenden helfe, indem er den endlich erkannten Strom des Weltwerdens, der auf ein göttliches Geheimnis zutreibt, in seinen christlichen Glauben und christlichen Willen aufnimmt. Und in diesem enthüllt sich das sakrale kosmische Geheimnis zuletzt als Geheimnis des Logos«, schrieb, Teilhards Philosophie charakterisierend, der katholische Theologe Karl Pfleger.[23]

Mit dieser Philosophie setzte sich Teilhard in krassen Gegensatz zur offiziellen katholischen Theologie und Philosophie. Er versuchte, seine Kirche und christliche Religiosität auf der einen Seite und die moderne Naturwissenschaft auf der anderen Seite durch eine idealistische Evolutionsphilosophie zu versöhnen. Wegen seiner ketzerischen Ansichten wurde der Jesuitenpater von Ordensoberen viele Jahrzehnte aus Frankreich verbannt. Zeit seines Lebens wurde ihm die kirchliche Druckerlaubnis für seine philosophisch-theologischen Schriften verweigert. Als sie nach seinem Tode im Jahre 1955 ohne diese erschienen, wurde Teilhard zu einem der meistbeachteten und umstrittensten Denker der Gegenwart.[24]

---

23 K. Pfleger: Die verwegenen Christozentriker, Freiburg i. Br. 1964, S. 153.
24 Vgl. J. Babossow: Geistiges Drama eines Naturforschers und Theologen. In: Gesellschaftswissenschaften (Moskau), 1981, H. 4. – T. Breza: Nelly. In: T. Breza: Nelly – Essays, Erinnerungen, Berlin/Weimar 1975. – G. Schiwy:

Positiven Widerhall rief die Philosophie Teilhards durch ihre Abkehr vom Dogmatismus der offiziellen Kirchenlehre zugunsten eines enthusiastischen Bekenntnisses zum Entwicklungsgedanken und entschiedener Fortschrittsbejahung hervor. Konservative Kirchenmänner gingen so weit, sie als trojanisches Pferd des dialektischen Materialismus im katholischen Denken zu verdächtigen, während andere kirchliche Kreise hofften, daß der Teilhardismus eine Brücke zwischen naturwissenschaftlichem Entwicklungsdenken und katholischer Glaubenslehre schlage. Auch in den achtziger Jahren schieden sich die Geister in der Kirche weiterhin an Teilhard – bis ins Kardinalskollegium. So erklärte Franz Kardinal König: »Teilhard de Chardin hat das Verdienst, den scheinbar kaum aufzulösenden Gegensatz von Evolutionstheorie und Schöpfungsglauben überwunden zu haben.«[25] Joseph Kardinal Ratzinger hingegen äußerte über die »Intuitionen Teilhards«: »Eine letzte Antwort konnten sie nicht sein, weil seine naturwissenschaftlichen Grundlagen sich im wesentlichen auf den anatomischen und morphologischen Bereich (unter Ausklammerung der genetischen Prozesse) beschränkten, aber auch die philosophische und theologische Begriffsbildung unbefriedigend blieb.«[26] Nicht wenige weltzugewandte Katholiken aber empfanden diese Philosophie als Befreiung von lebensfremder Scholastik und verstanden sie mit Teilhard selbst als Aufforderung zur praktischen Zusammenarbeit mit al-

---

Pierre Teilhard de Chardin (1881–1955). In: G. Böhme (Hrsg.): Klassiker der Naturphilosophie, München 1989.
25 F. Kardinal König: Einführung – Verschiedene Wege zu Gott. In: R. J. Riedl/F. Kreuzer (Hrsg.): Evolution und Menschenbild, Hamburg 1983, S. 18.
26 J. Card. Ratzinger: Geleitwort. In: R. Spaemann/R. Löw/P. Koslowski (Hrsg.): Evolutionismus und Christentum, Weinheim 1986, S. VII.

len Menschen guten Willens, atheistische Marxisten eingeschlossen, für Frieden zwischen den Völkern und ihr soziales Vorankommen.

Teilhard bejahte die Idee einer zum Höheren fortschreitenden Entwicklung von Natur und Menschheit mit schwärmerischer Inbrunst. Er verklärte sie poetisch, versah sie mit einem spirituellen Antrieb, umgab sie mit einer mystischen Hülle und krönte sie theologisch. »Die Evolution sollte nichts als eine Theorie, ein System, eine Hypothese sein? Keineswegs! Sie ist viel mehr! Sie ist die allgemeine Bedingung, der künftig alle Theorien, alle Hypothesen, alle Systeme entsprechen und gerecht werden müssen, sofern sie denkbar und richtig sein wollen. Ein Licht, das alle Tatsachen erleuchtet, eine Kurve, der alle Linien folgen müssen: das ist die Evolution!« erklärte er.[27] In einer grandiosen Vision ließ er die Evolution aus den Tiefen des korpuskulären Weltstoffes emporsteigen, der sich in Sternennebeln und Sonnen konzentriert. Auf dem Planeten Erde verfolgte er sie über die Entstehung der organischen Makromoleküle zur Entstehung des Lebens. Er ging der Evolution der Organismen bis zur Anthropogenese nach und sah mit dem Auftreten des Menschen ein neues Zeitalter in der Erdgeschichte beginnen, das durch die Ausbildung einer neuen Hülle der Erde charakterisiert ist: Die »Noosphäre«, von ihm verstanden als Schicht durch die menschliche Denktätigkeit freigesetzter »geistiger Energie«, breitet sich über der Biosphäre aus. Den Fortschritt von Wissenschaft und Technik, der die Ausbreitung der Noosphäre voranbringe, befürwortete Teilhard optimistisch, lehnte Individualismus und Rassismus ab und trat für eine friedliche Entwicklung ein. »We-

---

27 P. Teilhard de Chardin: Der Mensch im Kosmos, S. 272/273.

niger Aufwand für Forschung im Jahr in der Welt als für einen Panzerkreuzer! Werden unsere Urenkel nicht mit Recht behaupten, wir seien Barbaren gewesen?«, schrieb er während des Zweiten Weltkrieges.[28]

Teilhard beteuerte, er bleibe bei den Erscheinungen stehen, betreibe eine bloße Phänomenologie des Kosmos, die für eine theologisch-metaphysische Vertiefung noch offen sei. Er beschrieb die Erscheinungen aber in ihrer Bewegung und ihrem genetischen Zusammenhang derart, daß ein Schöpfergott bei ihm nicht vorkommt und auch kein Platz für ihn bleibt. Jedoch wird der im Konflikt zwischen Naturwissenschaft und Schöpfungsglauben zum Ausdruck kommende Widerspruch zwischen naturwissenschaftlichem Weltbild und der religiösen Vorstellungswelt auf höherem Niveau im Teilhardismus selbst reproduziert. Um Religion, Wissenschaft und Humanismus zu vereinen – »die Materie zu christifizieren«, wie Teilhard sagte –, verband er naturwissenschaftliche Einsichten in die Entwicklung der materiellen Welt mit Teleologie, Mystik und naturphilosophischer Spekulation. Die kosmische Entwicklung wird finalistisch als Bewegung zu einem »Punkt Omega«, zu »Gott-Omega«, zu Christus gedeutet und damit insgesamt zur Heilsgeschichte verklärt, die damit zugleich pantheistische Züge bekommt. In der Offenbarung des Johannes (1,8) im Neuen Testament der Bibel steht das Schlüsselwort für Teilhards »Christifizierung der Materie«: »Ich bin das Alpha und das Omega, spricht Gott der Herr, der ist und der war und der kommen wird, er, der Herrscher des Alls.«

Teilhard verfolgte sein Anliegen mittels einer von ihm erdachten »Energetik des Geistes«, in der die Begriffe des

---

28 Ebenda, S. 355.

Bewußtseins, des Psychischen, des Lebens und der Energie ineinander zerfließen und die mit ihnen bezeichneten Gegebenheiten identisch werden. So versicherte er: »... der Kosmos kann nicht als ein Staub unbewußter Elemente verstanden werden, auf denen in unbegreiflicher Weise das Leben aufblüht – als ein Zufall oder eine Schimmelbildung. Vielmehr ist er *grundlegend und primär* lebendig; und seine ganze Geschichte ist im Grund nur eine unermeßliche psychische Angelegenheit: die langsame, aber fortschreitende Sammlung eines verstreuten Bewußtseins – das schrittweise den ›materiellen‹ Bedingungen entgeht, mit denen es *sekundär* einen Anfangszustand äußerster Pluralität verschleiert.«[29]

Für die Entwicklung von den Elementarteilchen aufwärts postulierte Teilhard ein »Gesetz der ›zunehmenden Verflechtung‹ (Komplexifikation)«. Unterhalb der Elementarteilchen nahm er eine einheitliche »biologische Schicht« an, die sich bei den Elementarteilchen in zwei Komponenten teile, in eine »tangentiale Energie«, die Energie, die die Naturwissenschaft kenne, und dazu eine »radiale Energie«, die psychische »Innenseite« der Dinge. Erstere stelle den Zusammenhalt materieller Komplexe her, letztere ziehe sie zu immer komplexeren Zuständen und damit zu wachsender Konzentration des Psychischen vor- und aufwärts. Dabei steuere die Evolution ihr Ziel nicht geradewegs an, sondern bewege sich »tastend« zu ihm hin. »Das Tasten, merkwürdige Kombination der blinden Phantasie der großen Zahlen und der genauen Richtung nach einem angestrebten Ziel. Das Tasten, das nicht ein bloßer Zufall ist, dem man es gleichsetzen wollte, son-

---

29 P. Teilhard de Chardin: Auswahl aus dem Werk, Frankfurt a. M./Hamburg 1967, S. 66.

dern ein *geplanter Zufall.* Alles ausfüllen, um alles zu versuchen. Alles versuchen, um alles zu finden«, erläuterte Teilhard.[30]

In das Tasten bezog er Evolutionsfaktoren ein, die die biologische Theorie kennt: Mutationen, Kampf ums Dasein, Selektion. Damit wurden sie in Teilhards Deutung als Mittel zum Zweck einer Evolution von im Grunde orthogenetischer Gerichtetheit umfunktioniert, einer Evolution, bei der eine »Grundströmung« vorliege, »der zufolge sich der Weltstoff, soweit wir sehen, auf korpuskulare Zustände hin entwickelt, die in ihrer materiellen Anordnung immer komplexer und in ihrer psychischen Struktur immer innerlicher werden«.[31] Für Physik und Chemie sei das Psychische nicht bemerkbar, dem Biologen trete es als Instinkt entgegen, reflektiere sich beim Menschen in sich zum Selbstbewußtsein und äußere sich im Denken, in dem die kosmische Evolution zum Bewußtsein ihrer selbst komme. Die Frage nach einem ersten Menschenpaar (nach Adam und Eva) hielt der Jesuitenpater für wissenschaftlich bedeutungslos und meinte darüber hinaus, daß der Mensch nie entstanden wäre, wenn zufällig ein anderer zoologischer Zweig im evolutionären Vorantasten die Schwelle bewußter Reflexion früher überschritten hätte, denn dann hätte sich dieser andere Zweig zur Noosphäre entfaltet.[32]

Durch das Entstehen des Menschen aber werde es zu seiner Aufgabe, die kosmische Evolution weiterzuführen und zu vollenden. Auf der Grundlage des Fortschritts von

---

30 P. Teilhard de Chardin: Der Mensch im Kosmos, S. 123.
31 P. Teilhard de Chardin: Die Entstehung des Menschen, München 1963, S. 96.
32 Vgl. ebenda, S. 66 ff.

Wissenschaft und Technik werde sich die Menschheit durch universale christliche Liebe zu einem einzigen großen Kollektiv verbinden. Dadurch werde die Konzentration des Psychischen in der Noosphäre schließlich einen solchen Grad erreichen, daß es sich von den Fesseln der Materie befreie und in einem autonomen Zentrum vereine, eben im »Punkt Omega«, während das materielle Universum den Wärmetod erleide. »... nur so vermag diese Evolution auch in einem Rahmen, der vom Menschen her bestimmt ist, ihren Fortgang zu nehmen: Gott als Triebkraft, Sammelpunkt und Garant – das Haupt der Evolution«, erklärte Teilhard.[33]

Im Teilhardismus treffen sich verschiedenartige Einflüsse. Er bringt die Hoffnungen und Sehnsüchte von Angehörigen einer Generation von Intellektuellen zum Ausdruck, die angesichts der wirtschaftlichen, sozialen und politischen Wirren und Konflikte des 20. Jahrhunderts, einschließlich des Erlebens zweier verheerender Weltkriege, die Ideale des Humanismus und des Fortschritts nicht preisgaben, nach einer der Wohlfahrt der Menschheit förderlichen und dafür geförderten Entwicklung von Wissenschaft und Technik. Diese Hoffnungen und Sehnsüchte treffen sich mit dem Streben einer Gruppe von ihnen, die traditionellen geistigen Fesseln zu weiten, die theoretischer wissenschaftlicher Arbeit seitens der religiösen Glaubensgemeinschaft angelegt sind, der sie sich trotzdem verbunden fühlen, und dieser einen weltanschaulichen Rahmen zu geben, in den sich das evolutionäre Weltbild der modernen Naturwissenschaft einfügen läßt. Im Vollzug dieses Anliegens ergeben sich bei Teilhard Bezüge zu heterodoxen Glaubenslehren und objek-

---

33 Ebenda, S. 129.

tiv-idealistischen Entwicklungsphilosophien, unter anderem zur Gnosis und Mystik, einschließlich jener Indiens und des Fernen Ostens, auch zur deutschen romantischen Naturphilosophie, zum positivistischen Evolutionismus Herbert Spencers und nicht zuletzt zur Lebensphilosophie Henri Bergsons. »Herbert Spencer, Henri Bergson und Pierre Teilhard de Chardin waren, wenn auch in mancherlei Hinsicht Welten zwischen ihnen liegen, die Philosophen der Evolution. Ihr Denken bildet einen durchgehenden Strang von Spencers Evolution der Materie über Bergsons Evolution des Lebens und Denkens bis hin zu Pierre Teilhards Evolution des Denkens und Geistes«, bemerkt treffend der Molekularphysiker und Biochemiker Harold J. Morowitz.[34] Auf wesentliche Parallelen zwischen den Philosophien Teilhards und Ernst Blochs hat der evangelische Theologe Sigurd Daecke hingewiesen.[35]

Für Teilhard war seine panpsychistisch-hylozoistische »Energetik des Geistes« nicht zuletzt die Alternative zur Hypothese vom Wärmetod des Weltalls. »Die Flucht aus der Entropie durch Rückkehr zu Omega«, lautet sein Lösungsvorschlag.[36] »Um dem Denken in der Welt seinen Platz zu geben, mußte ich die Materie verinnerlichen, eine Energetik des Geistes erdenken, im Gegensatz zur Entropie die Vorstellung einer steigenden Noogenese fassen, der Evolution einen Sinn, eine Spitze und kritische Punkte geben, schließlich alle Dinge zu *jemandem* zu-

---

[34] H. J. Morowitz: Die Schöpfung ist kein Zufall, Düsseldorf/Wien/New York 1988, S. 300.
[35] S. M. Daecke: Teilhard de Chardin und die evangelische Theologie, Göttingen 1967, S. 57 ff.
[36] P. Teilhard de Chardin: Der Mensch im Kosmos, S. 345.

rückkehren lassen«, teilte er mit.[37] Empirische Grundlagen besitzt diese naturphilosophische Konstruktion nicht. Sie verquickt Eigenschaften verschiedener Daseinsweisen des Seienden. Was mit dem Entstehen und der Komplizierung von Systemen in materiellen Entwicklungsprozessen als neue System-Qualitäten entsteht, fungiert bei Teilhard als bloßer Konzentrationseffekt von substantiell schon vorhanden Gewesenem. Die scheinbare Finalität kosmischer Evolution in der visionären Schau Teilhards erweist sich bei analytischer Betrachtung einerseits als teleologische Betrachtung der Vergangenheit. Sie unterstellt das, was in ihr stattgefundene Evolution hervorgebracht hat, als ihr tendenziell vorgegebenes Ziel. Anderenteils ist sie eschatologische Prophetie. Mit der idealistisch-finalistischen Gesamtdeutung von Stoff, Energie, Leben und Mensch wird die christliche Heilsgeschichte in einer freilich nur noch sehr lockeren Verbindung mit ihrer biblischen Urfassung phantasievoll ins dadurch mystifizierte Kosmische projiziert. Die Interpretation der sozio-kulturellen Evolution vermittels des Komplexifikationsgesetzes und christlicher Liebe bleibt auf der Ebene vager Allgemeinheit.

Auch ist offensichtlich, daß Teilhards Interpretation der Organismenevolution nicht darwinistisch, sondern vitalistisch-autogenetisch ist. Sie enthält evolutionistisch umgedeuteten typologischen Essentialismus, wie es ihn schon vor Darwin in der Biologie gab, und wendet ihn auch ins Psycholamarckistische, zum Beispiel wenn Teilhard rhetorisch fragt: »Wenn der Tiger seine Fangzähne verlängert und seine Klauen zugespitzt hat, geschah das nicht gerade deshalb, weil er infolge seiner Abstammung

---

37 Ebenda, S. 370.

eine ›Raubtierseele‹ empfing, entwickelte und vererbte?«[38]

So prominente Evolutionstheoretiker wie Theodosius Dobzhansky, Julian Huxley und George Gaylord Simpson, alle drei Mitbegründer der Synthetischen Theorie der Evolution, brachten Teilhard als bedeutendem Naturforscher und Verfechter des Entwicklungsgedankens in einer ihm hartnäckigen Widerstand leistenden Geistesprovinz große persönliche Sympathie entgegen. Sie setzten sich für die Verbreitung seiner Schriften und ihre Diskussion ein, ohne ihren eigenen evolutionstheoretischen Standort zu verlassen. Der Evolutionsbiologe Gerd von Wahlert, selbst einer die Transzendenz zumindest zulassenden Entwicklungslehre nicht abhold, befand als Ergebnis einer kritischen Analyse des Teilhardismus: »Die große Wirkung, die Teilhard de Chardin hat, liegt doch vor allem darin begründet, daß hier zwei bisher als unvereinbar geltende Dinge zusammen auftreten: ein in seiner Weise konsequentes Evolutions-Denken mit einer nichtmechanistischen, nicht materialistischen Grundeinstellung. Ob Teilhard de Chardins spezieller Ansatz zur Überwindung des traditionellen Gegensatzes zwischen Evolutionslehre und idealistischer Philosophie brauchbar ist, kann mit guten Gründen bezweifelt werden.«[39]

Der Teilhardismus ist widerspruchsvoller Ausdruck eines Denkens, das — in vorwissenschaftlichen Traditionen verstrickt — den Realitäten der Welt, in der wir leben, deren Teil wir sind und die wir erkennen und verändern, gerecht zu werden sucht. Dafür ist er symptomatisch, dar-

---

38 Ebenda, S. 180.
39 G. v. Wahlert: Teilhard de Chardin und die moderne Theorie der Evolution der Organismen, Stuttgart 1966, S. 26.

aus resultiert seine Resonanz. Wer aus der geistigen Umwelt kommt, in der er entstand, den Ergebnissen der Naturwissenschaft in der Weltanschauung unvoreingenommen entsprechen will, vorwärtsführende Entwicklungstendenzen von Wissenschaft, Technik und Menschheit aufspürt und an eine bessere Zukunft für die Menschen glaubt, der gerät mit einiger Wahrscheinlichkeit in die Richtung, die Teilhard einschlug. Dabei ist die Philosophie des ketzerischen Jesuitenpaters ein Zwischenhalt, keine Endstation.

Teilhards Aufbruch aus des Schöpfungsglaubens ureigenster Provinz wurde im Bereich der Naturwissenschaften nicht nur Sympathie und Respekt zuteil, sondern auch eindeutige Absage. Zu seinen entschiedenen Widersachern gehörte Jacques Monod. »Mich stößt bei dieser Philosophie der Mangel an intellektueller Schärfe und Nüchternheit ab. Ich sehe darin vor allem eine systematische Bereitschaft, um jeden Preis alles miteinander zu versöhnen, allem stattgeben zu wollen. Alles in allem war Teilhard vielleicht nicht umsonst Mitglied jenes Ordens, den Pascal drei Jahrhunderte zuvor wegen seiner theologischen Laxheit attackierte«, schrieb Monod über Teilhard und den Teilhardismus.[40] In bezug darauf besitzt seine Kritik des »Animismus«, von der nun auch die Rede sein wird, gewiß rationelle Momente.

---

40 J. Monod: Zufall und Notwendigkeit, S. 45.

Jacques Monod:
Zufall ohne Notwendigkeit

Monods wissenschaftlicher Ruf gründet sich vor allem auf den hervorragenden Beitrag, den er gemeinsam mit François Jacob und André Lwoff zur Erkenntnis der Regulation von Genaktivität und Stoffwechsel in der Bakterienzelle und nicht nur dort geleistet hat, wofür die drei Forscher gemeinsam den Nobelpreis bekamen. Aus Befunden über den Metabolismus von Galaktosiden bei dem Bakterium Escherichia coli wurde ein kybernetischer Regulationsmechanismus auf der Ebene der Makromoleküle erschlossen, der unter der Bezeichnung »Jacob-Monod-Modell« in die Fachliteratur einging. Darüber kann man in jedem modernen Lehrbuch der Biochemie, Molekularbiologie oder Genetik nachlesen. Dieses Modell hat grundlegend dazu beigetragen, wesentliche Zusammenhänge in der verwirrenden Vielfalt von Stoffwechselprozessen und -produkten in der Zelle hervortreten zu lassen und das Lebensgeschehen im Detail aufzuhellen und zu erklären sowie Möglichkeiten zur epigenetischen Beeinflussung von Lebensprozessen aufzudecken.

In seinem Exkurs von der Molekularbiologie zur Philosophie hob Monod an den Lebewesen zwei fundamentale Eigenschaften hervor: ihre reproduktive Invarianz (Vererbung) und ihre Teleonomie (Zweckmäßigkeit). Angesichts der Teleonomie betonte er den von ihm »Objektivitätspostulat« genannten materialistischen Grundsatz, daß die Annahme von Endursachen (Finalität) nicht zu einer wissenschaftlichen Erklärung führen kann. Dieser Grundsatz bedeute die Ablehnung eines ursprünglichen teleonomischen Prinzips, das die Invarianz aufrechterhält, die Ontogenese lenkt und die Richtung der Evolution bestimmt. Mit diesem Postulat und der modernen Physik vereinbar, begreife die von Darwin begründete Selektionstheorie die Teleonomie als sekundäre Eigenschaft und leite sie aus der als ursprünglich betrachteten Invarianz bzw. ihren Störungen, den Mutationen, ab.

Die Annahme eines ursprünglichen teleonomischen Prinzips, das heißt die idealistische Teleologie, wurde von Monod scharf angegriffen. Dabei unterschied er zwischen »Vitalismus«, der sich auf die lebende Natur beschränkt und annimmt, daß Physik und Chemie allein nicht ausreichen, um das Leben zu erklären, und »Animismus«, der sich auf die ganze Welt bezieht. »Animismus« ist bei Monod sehr viel mehr als ein völkerkundlicher und religionsgeschichtlicher Begriff, als den ihn Edward B. Tylor im 19. Jahrhundert eingeführt hatte, um einfache Formen von Religiosität zu bezeichnen, nämlich Inbegriff aller anthropomorphistischen und anthropozentrischen Weltanschauung. Als anthropomorphistischer Animismus galt ihm vor allem jede Auffassung, in der sich der Gedanke einer vom Niederen zum Höheren fortschreitenden Entwicklung ausmachen läßt. Vom Glauben an die Beseeltheit aller Dinge in Frühstadien der Menschheitsgeschichte bis hin zu den Philosophien von Leibniz und Hegel, Marx und Engels, Spencer und Teilhard de Chardin bemerkte Monod eine anthropomorphistische Projektion, die Naturvorgänge in Analogien zu bewußtem, absichtsvollem menschlichem Handeln deutet und anthropozentrisch den Menschen zum Zweck des Kosmos erhebt. Demgegenüber bezog sich Monod auf Denker wie Descartes und von den späteren auf Sir Karl Popper und Albert Camus, nahm Einflüsse von solchen scheinbar unverträglichen Strömungen wie dem Existentialismus und dem Strukturalismus auf.

Seine emotionsgeladene Auseinandersetzung mit dem dialektischen Materialismus war allem Anschein nach auch Auseinandersetzung mit einem Stück eigener weltanschaulicher Vergangenheit. Gehörte er doch von 1943 bis 1948 der Kommunistischen Partei Frankreichs an. Beigetreten war er ihr, als er in den Reihen der Résistance gegen die nazideutsche Okkupation Frankreichs kämpfte, und er hatte sie in dem Jahr verlassen, in dem Trofim D. Lyssenko und sein Anhang die Genetik in der Sowjetunion gänzlich unterdrückten.

Als Gegenposition zu allem und jedem animistischen Anthropozentrismus aber vertrat Monod die essentielle Zufälligkeit des Menschen. »Alle Religionen, fast alle Philosophien und zum Teil sogar die Wissenschaft zeugen von der unermüdlichen Anstrengung der Menschheit, verzweifelt ihre eigene Zufälligkeit zu verleugnen«, versicherte er.[41] Mit seiner Polemik gegen Auffassungen, die den Menschen in eine prästabilierte Harmonie mit der Natur versetzen, ihn zum Zweck des Kosmos und Ziel seiner Evolution erheben, schloß Monod an eine alte und vielfältige Tradition philosophischen und naturwissenschaftlichen Denkens an, zu der nicht zuletzt die von Darwin begründete biologische Evolutionslehre gehört. Allerdings ist Monods spezielle Alternative zum »Animismus« fragwürdig. Sie wurde nicht aus dem von ihm angeführten reichhaltigen molekularbiologischen und sonstigen naturwissenschaftlichen Faktenmaterial erschlossen, sondern resultierte aus Monods diesem Faktenmaterial äußerlichen, vorgefaßten Verständnis der Begriffe des Zufalls

---

41 Ebenda, S. 58.

und der Notwendigkeit, mit dem auch das von ihm postulierte Primat der Invarianz verbunden ist. Es dient ja nicht nur seiner Argumentation gegen die Teleologie, sondern bedeutet auch ein Primat der synchronen Strukturalität gegenüber der Diachronie stiftenden Veränderung, die nur als äußerliche Störung vorkommt. Bei Monod klingt »Zufall« wie »Unfall«.

Monod fußte auf dem mit der klassischen Physik verbundenen mechanisch-deterministischen Weltbild, wie es Laplace skizziert hat. Dieses die Notwendigkeit verabsolutierende Konzept verband Monod mit einem nicht minder verabsolutierenden Konzept vom totalen, »essentiellen« Zufall, den er im »Laplaceschen Universum« ausnahmsweise vorkommen läßt, so daß es neben den rein notwendigen auch rein zufällige Ereignisse gibt, die selbst der Laplacesche Dämon nicht vorhersehen kann. Die dialektische Einheit von Zufall und Notwendigkeit, wie sie in heutigen Auffassungen objektiver Naturgesetzlichkeit begriffen wird und in der Angabe von Wahrscheinlichkeiten für zukünftige Ereignisse zum Ausdruck kommt, wurde von Monod nicht zur Kenntnis genommen. Die Äußerlichkeit jenes objektiven Zusammenhanges der Dinge, Erscheinungen und Prozesse, der im Zufall erscheint, übersteigerte er zur totalen Unabhängigkeit von Ereignisreihen, deren Zusammentreffen für ihn den »essentiellen Zufall« bedeutet.

Als solche verabsolutierten Zufälle deutete Monod nicht nur die Mutationen, sondern auch – mit der Konsequenz eines ins Kosmische projizierten Existentialismus – die Entstehung des Lebens und des Menschen. Damit tritt zugleich an die Stelle der von Monod zu Recht verworfenen idealistischen Teleologie in wesentlichen Fragen heilloser Agnostizismus. Gegen die Scheinerklärung setzte er den Verzicht auf wissenschaftliche Erklärung. »Die Naturwissenschaft kann über ein einmaliges Ereignis weder etwas sagen, noch kann sie damit etwas anfangen«, räumte Monod ein.[42]

Morowitz, der für Teilhards Philosophie und gegen die Monods eintritt, vergleicht dessen Konzeption anhand einer 1974 veröffentlichten Schrift »The Troubled Waters of Evolution« (Die getrübten Wasser der Evolution) von Henry M. Morris mit der Konzeption des kreationistischen Fundamentalismus. »Morris sagt ... klipp und klar, was die zukünftige Naturwissenschaft nicht tun wird: ›Aus der Biochemie und der Untersuchung der irdischen Umwelt läßt sich der Ursprung des Lebens unter keinen Umständen erklären.‹ Das kommt nahe an Monods Behauptung heran, die Biosphäre sei ›ein einmaliges, aus den ersten Prinzipien nicht ableitbares Ereignis‹. Die Erzfeinde haben eigentümlicherweise zum selben Ergebnis gefunden, der eine, weil er sicher ist, daß er die Lösung weiß, der andere, weil er ebenso sicher ist, daß man sie nicht wissen kann«, schreibt Morowitz.[43]

Mit seiner Verabsolutierung und Gegenüberstellung von Zufall und Notwendigkeit und der Fiktion des »essentiellen Zufalls« verstrickte sich Monod in unlösbare Konflikte mit Wissenschaft und Wirklichkeit. In wichtigen Punkten verfehlte er einschlägige genetische und evolutionsbiologische Erkenntnisse. Während er seiner Deutung der Mutation gemäß einerseits den »reinen Zufall, nichts als den Zufall, die absolute blinde Freiheit als Grundlage des wunderbaren Gebäudes der Evolution«

---

42 Ebenda, S. 178.
43 H. J. Morowitz: Die Schöpfung ist kein Zufall, S. 85. – Vgl. J. Monod: Zufall und Notwendigkeit, S. 56.

proklamierte[44], ignorierte er andererseits den statistischen Charakter der natürlichen Selektion, von der er behauptete: »Ihr Wirkungsfeld ist ein Bereich strenger Erfordernisse, aus dem jeder Zufall verbannt ist.«[45]

Nicht nur mit solchen unzutreffenden philosophischen Kennzeichnungen der beiden fundamentalen Evolutionsfaktoren verriet Monod sein Unverständnis der biologischen Evolutionstheorie, die er verbal akzeptierte. Er tat dies auch mit Aussagen, die die evolutionsbiologische Idee vom Verhalten als »Schrittmacher der Evolution« mystifizieren und eine angesichts der erklärten Intentionen Monods befremdliche Ähnlichkeit mit den klassischen Irrtümern seines Landsmannes Lamarck und ihren Anklängen bei Teilhard de Chardin wie generell mit der von ihm befehdeten anthropomorphistischen Projektion aufweisen. So meinte er beispielsweise: »Das Auftreten der vierfüßigen Wirbeltiere und ihre erstaunliche Entfaltung in den Amphibien, Reptilien, Vögeln und Säugetieren geht darauf zurück, daß ein Urfisch sich ›entschieden‹ hatte, das Land zu erforschen ...«[46] Die Selektion erschien ihm dann als Agens, um den »›Traum‹ des Urfisches« zu verwirklichen.

Die Entstehung des Menschen ging für Monod auf eine Entscheidung zurück, die der des eben erwähnten Urfisches analog war, nämlich der eines Menschenvorfahren, sich der symbolischen sprachlichen Verständigung zu bedienen. Damit verfehlte er den Zugang zum theoretischen Verständnis von Menschwerdung und Menschheitsgeschichte völlig. Biologismus und freischwebende Geistes-

---

44 J. Monod: Zufall und Notwendigkeit, S. 141.
45 Ebenda, S. 149.
46 Ebenda, S. 157.

geschichte verbanden sich zu idealistischer Geschichtsmetaphysik. Das soziale Phänomen der Vereinzelung und Entfremdung der Menschen in der bürgerlichen Gesellschaft wurde von Monod nicht nur existentialistisch reflektiert und kosmisch überhöht, sondern in dieser Gestalt auch noch in das menschliche Genom verlegt und als Erbübel der Menschheit diagnostiziert. Nahm er doch an, »daß die Angst vor der Verlassenheit und das Bedürfnis nach einer zwingenden, umfassenden Erklärung angeboren sind und daß dieses aus der Tiefe der Zeiten überkommene Erbe ein nicht nur kulturelles, sondern mit Sicherheit ein genetisches Erbe ist.«[47] Die Befriedigung dieses angeborenen Bedürfnisses durch den »Animismus« sei nun aber in Schwierigkeiten mit der Wissenschaft geraten. Daher benötige die Menschheit ein neues System moralischer Werte, das von der »totalen Verlassenheit«, der »radikalen Fremdheit«[48] des Menschen im Universum ausgehe.

»Die moderne Gesellschaft ist von den Wissenschaften durchwoben; sie lebt von deren Produkten und ist davon so abhängig geworden wie ein Süchtiger von der Droge. Ihre materielle Stärke verdankt sie jener Ethik, die die Erkenntnis begründet, ihre moralische Schwäche jenen Wertsystemen, auf die sie sich noch immer zu berufen versucht und die durch die Erkenntnis selbst zerstört wurden. Dieser Widerspruch ist tödlich; er reißt jenen Abgrund auf, der sich unter unseren Füßen öffnet«, schrieb Monod.[49] Damit reduzierte er die Existenzprobleme der heutigen Menschheit auf Entscheidungsfragen zwischen

---

47 Ebenda, S. 216.
48 Ebenda, S. 211.
49 Ebenda, S. 215/216.

moralischen Wertsystemen, von denen er meinte, daß sie durch axiomatische Setzung gelöst werden. Wie weiland Moses am Berge Sinai wollte Monod einen Neuen Bund stiften, eine neue Moral einführen. Erkenntnis sollte ihr grundlegender Wert sein, Objektivität ihr oberstes Gebot und das geheilte Verhältnis des Menschen zur Welt im Bewußtsein seiner kosmischen Einsamkeit der verheißene Lohn. Während sich Monod voller Unbehagen von seiner gesellschaftlichen Umwelt distanzierte, bekannte er sich zu einem wahren Sozialismus, zu dem keine animistische Lehre, wohl aber seine Ethik der Erkenntnis führen könne. Die spärlichen Andeutungen zu seiner sozialistischen Utopie lassen diese vor allem als eine ideale Sozietät für Naturwissenschaftler und Techniker unter ihrem Schöpfertum günstigen Bedingungen erscheinen. Monods abschließende Botschaft lautet: »Der Alte Bund ist zerbrochen; der Mensch weiß endlich, daß er in der teilnahmslosen Unermeßlichkeit des Universums allein ist, aus dem er zufällig hervortrat. Nicht nur sein Los, auch seine Pflicht steht nirgendwo geschrieben. Es ist an ihm, zwischen dem Reich und der Finsternis zu wählen.«[50]

Monods weltanschauliches Credo wurde von vielen als Herausforderung empfunden und bekam von unterschiedlichen Seiten Antwort. In nicht nur einer Stellungnahme wurde darauf hingewiesen, daß er sich des Publikumserfolges seines Buches sicher sein konnte, nachdem er sich darin mit so einflußreichen geistigen Strömungen wie dem Christentum und dem Marxismus angelegt hatte. Ein »... ismus« verbindet sich mit Monods Namen nicht, aber in Diskussionen über weltanschauliche Fragen der

---

50 Ebenda, S. 219.

Naturwissenschaft ist er ebenso wie der von Teilhard de Chardin präsent. Doch der Kontext dieser Diskussionen hat begonnen, sich von Grund auf zu wandeln, und läßt die mit diesen Namen verknüpften Konzeptionen von Tag zu Tag mehr einer Vergangenheit angehören, die zu charakterisieren die beiden Denker und ihre Auffassungen Erwähnung finden.

»Die von Monod formulierte Alternative zwischen einer animistischen Welt, die von Anfang an auf das Auftreten des Menschen gewartet hatte, und einer stummen Welt, für die der Mensch ein Fremder ist, verliert ihre Notwendigkeit. Sobald die Bedingungen für die Selbstorganisation erfüllt sind, wird das Leben ebenso vorhersagbar wie die Bénard-Instabilität oder ein fallender Stein«, schreiben Ilya Prigogine und Isabelle Stengers[51] zu dieser Sachlage, und allgemeiner: »Die Wissenschaft liefert uns heute ein Bild von der Natur, das hinreichend komplex ist, so daß wir uns allmählich darin wiederzuerkennen vermögen.

---

[51] I. Prigogine/I. Stengers: Dialog mit der Natur, München/Zürich 1990, S. 198. Die im Zitat erwähnte Bénard-Instabilität ist ein Beispiel für spontane Selbstorganisation in Systemen fern vom thermodynamischen Gleichgewicht. Sie tritt unter anderem in jeder Küche auf, wenn ein Topf mit Wasser auf dem Herd erwärmt wird. »Die am Boden des Topfes erwärmte Flüssigkeit ist weniger dicht und versucht aufzusteigen. Solange der Temperaturunterschied zwischen Ober- und Unterseite der Flüssigkeit gering ist (nahe beim Gleichgewicht), steht dem Auftrieb die Viskosität entgegen. Steigt aber die Bodentemperatur, so wird eine Schwelle überschritten, und die Flüssigkeit wird instabil: Plötzlich setzt Konvektion ein. Unter ganz bestimmten Bedingungen nimmt die in Konvektion befindliche Flüssigkeit ein hochgradig geordnetes und stabiles Strömungsmuster an, sie organisiert sich zu charakteristischen Zellen von sechseckiger Struktur. Ein anfangs homogener Zustand macht also einem räumlichen Muster mit eindeutiger Fernordnung Platz. Bei weiterer Erwärmung können weitere Übergänge auftreten, zum Beispiel kann Chaos auftreten«, erläutert der Physiker Paul Davies. (P. Davies: Prinzip Chaos, München 1990, S. 119/120.)

Wir stehen nicht mehr vor der tragischen Wahl zwischen einer entfremdenden Wissenschaft oder einer antiwissenschaftlichen Ideologie.«[52]

Selbstorganisation und Organismenevolution

»Selbstorganisation« ist der Schlüsselbegriff einer neuen physikalisch-mathematisch fundierten Forschungskonzeption, eines neuen wissenschaftlichen Paradigmas, mit dem seit etwa 20 bis 30 Jahren das Struktur-, System-, Prozeß- und Entwicklungsdenken der Wissenschaften mittels empirischer und theoretischer Forschungen radikal erneuert wird. »Unter Selbstorganisation verstehen wir einen irreversiblen Prozeß, der durch das kooperative Wirken von Teilsystemen zu komplexeren Strukturen des Gesamtsystems führt. Die Selbstorganisation ist der Elementarprozeß der Evolution, die als unbegrenzte Folge von Prozessen der Selbstorganisation verstanden wird«, definiert Ebeling.[53]

Die Selbstorganisationsforschung begann in verschiedenen Physikerschulen, unter denen die Brüsseler Schule der Physik dissipativer Strukturen um Prigogine und die Stuttgarter Schule um Hermann Haken, der das Forschungsgebiet »Synergetik« nannte, die bekanntesten sind. Zu diesem inzwischen sehr differenzierten, multi- und interdisziplinär gewordenen Forschungsgebiet gehören auch die Theorie des deterministischen Chaos und die Theorie der selbstorganisierten Kritizität (Theorie des

---

52 Ebenda, S. 277.
53 W. Ebeling: Chaos, Ordnung und Information, Leipzig/Jena/Berlin 1989, S. 17.

schwachen Chaos). Dem Konzept der Selbstorganisation eng verwandt ist das sich auf das Gebiet der Biologie, Psychologie und Erkenntnistheorie beziehende Konzept der Autopoiese (griech. *autos* = selbst; *poiein* = machen) der chilenischen Neurobiologen Humberto R. Maturana und Francisco J. Varela. Eine vorläufige und von spekulativen Zügen nicht freie Zusammenschau bisheriger Ergebnisse der neuen Forschungskonzeption hat der Astrophysiker Erich Jantsch vorgelegt.[54]

Der Biophysiker Michail M. Wolkenstein exemplifiziert die Reichweite des Selbstorganisationskonzepts in der naturwissenschaftlichen Forschung: »Von einheitlichen Standpunkten aus werden Bénard-Effekt, Laserstrahlung, periodische chemische Prozesse, Morphogenese und Herzflimmern untersucht. Auf den gleichen Grundlagen erforscht die Synergetik die Strukturbildung im Plasma, im Wasser – überall ›am Himmel und auf Erden‹. Ja, in der Tat: die periodischen Bilder, die wir an Wolken beobachten, ihre besonderen Strukturen, und ebenso das Leuchten der Polarlichter – all dies sind Erscheinungsformen ein und derselben Naturgesetze, der Entstehung von Ordnung aus Chaos, des Stattfindens von Nichtgleichgewichts-Phasenübergängen. Die ganze Kosmologie ist letzten Endes Physik dissipativer Systeme.«[55]

---

54 Vgl. u.a. P. Bak/K. Chen: Selbstorganisierte Kritizität. In: Spektrum der Wissenschaft, 1991, H. 3. – W. Eberling: Chaos, Ordnung und Entropie. In: academie spectrum 22 (1991) 7. – P. Davies: Prinzip Chaos, München 1990. – J. Gleick: Chaos – die Ordnung des Universums, München 1990. – E. Jantsch: Die Selbstorganisation des Universums, München 1988. – H.R. Maturana/F.J. Varela: Der Baum der Erkenntnis, Bern/München/Wien 1987.
55 M.W. Wolkenstein: Entropie und Information, Berlin 1990, S. 163. – Vgl. u.a. W. Gerok et al. (Hrsg.): Ordnung und Chaos in der unbelebten und belebten Natur, Stuttgart 1989. – H. Haken/M. Haken-Krell: Entstehung von biologischer Information und Ordnung, Darmstadt 1989. – B.-O. Küppers (Hrsg.): Ordnung

Höchst bemerkenswerte Beziehungen haben sich zwischen der von Darwin begründeten biologischen Evolutionslehre und dem Selbstorganisationskonzept eingestellt. Hat die Selbstorganisationsforschung doch jene Widersprüche und Probleme ausgeräumt, die sich im Verhältnis von darwinistischer Evolutionstheorie einerseits und mechanischem Determinismus sowie dem II. Hauptsatz der Thermodynamik andererseits ergaben – Widersprüche und Probleme, die bis hin zu Teilhard de Chardin und Monod das philosophisch-weltanschauliche Denken herausforderten. Die Selbstorganisationsforschung hat der Wissenschaft den Laplaceschen Dämon ausgetrieben, der Wärmetod aber ist aus der Zukunft in die Vergangenheit geraten.

Letzteres ist eine Konsequenz aus dem kosmologischen Standardmodell für das frühe Universum, das dem derzeitigen astronomischen, mikro- und makrophysikalischen Wissen am besten entspricht. Danach hat die Evolution des gegenwärtigen Universums mitsamt Raum und Zeit vor 10 bis 20 Milliarden Jahren im Big Bang (Urknall) begonnen. Während die erste Hundertstelsekunde des Universums und das, was davor war, nur hypothetisch erahnt wird, gilt als einigermaßen zuverlässig, daß die Temperatur nach der ersten Hundertstelsekunde etwa 100 Milliarden (10^{11}) Grad Celsius betrug. Nach einer Zehntelsekunde war sie auf 30 Milliarden Grad gesunken, nach einer Sekunde auf 10 Milliarden Grad, nach etwa 14 Sekunden auf 3 Milliarden Grad und nach 3 Minuten auf 1 Milliarde Grad. Für das Zentrum der Sonne hingegen

---

aus dem Chaos, 1991. – L. Kuhnert/U. Niedersen (Hrsg.): Selbstorganisation chemischer Strukturen – Arbeiten von F. F. Runge, R. E. Liesegang, B. P. Belousov und A. M. Zhabotinsky, Leipzig 1987.

wurde eine Temperatur von gegenwärtig »nur« etwa 15 Millionen Grad errechnet, für ihre Oberfläche 6000 Grad und für die Sonnencorona bis zu 1 Million Grad. Mit Abkühlung und Expansion des Universums seit dem Urknall entstanden die Bedingungen, unter denen sich die Elementarteilchen und die Atome der verschiedenen Arten des chemischen Periodensystems sowie ihre Verbindungen, Gase, Sterne, Galaxien und Metagalaxien bilden konnten, in deren Werden und Vergehen sich die weitere Geschichte des Kosmos vollzog.[56] Zu ihr gehören auch die Entstehung der Sonne und ihrer Planeten und die anorganische und organische chemische Evolution sowie die Evolution von Leben und Menschheit auf dem Planeten Erde.

Wie Prigogine betont, verläuft die Evolution des Universums ganz gewiß nicht gemäß dem II. Hauptsatz der Thermodynamik, dem zufolge die Entropie ständig zunimmt. Vielmehr zeige sich, daß der überwiegende Teil der Entropie des Universums schon an dessen Anfang erzeugt wurde. »Im Klartext: Der Wärmetod liegt bereits hinter und nicht vor uns. Das Universum begann auf irgendeine Weise mit einer gigantischen Entropie-Explosion, mit einem gigantischen irreversiblen Vorgang, wobei gleichzeitig der Pfeil der Zeit seinen Anfang nahm. Zeit und Universum wurden auf dieselbe Weise geboren.«[57] Überflüs-

---

56 Vgl. S. W. Hawking: Eine kurze Geschichte der Zeit, Reinbek 1988. – J. Horgan: All-umfassende Erkenntnisse. In: Spektrum der Wissenschaft, 1990, H. 12. – K. Lanius: Mikrokosmos – Makrokosmos, Leipzig/Jena/Berlin 1988, S. 200 ff. – I. S. Schklowski: Geburt und Tod der Sterne, Moskau und Leipzig/Jena/Berlin 1988. – E. Übelacker: Zweifel am Urknall. In: Kosmos 87 (1991) 7. – S. Weinberg: Die ersten drei Minuten, München 1980.
57 I. Prigogine: Die Wiederentdeckung der Zeit. In: H.-P. Dürr/W. C. Zimmerli (Hrsg.): Geist und Natur, Bern/München/Wien 1989, S. 56.

sig, noch darauf einzugehen, daß von jener »ewigen Ruhe« nichts zu bemerken ist, die Helmholtz mit dem Wärmetod prophezeite.

Die Austreibung des Laplaceschen Dämons aus den Wissenschaften, die Überwindung des mechanischen Determinismus im Verständnis des Universums aber ist vollständig, hat sich doch herausgestellt, daß diese Determinismuskonzeption nicht einmal für den Bereich der klassischen Mechanik gilt, aus der sie hergeleitet wurde. »Selbst in klassisch-mechanisch beschreibbaren Systemen kommt es unter exakt angebbaren Bedingungen zur Chaotisierung von Bewegungen, d. h. minimal kleine Abweichungen vom Anfangszustand können zu exponentiell mit der Zeit anwachsenden Abweichungen späterer Zustände führen, so daß der Bahnbegriff sinnlos wird. Dies bedeutet, daß im Widerspruch zum mechanischen Determinismus auch in klassisch-mechanisch beschreibbaren Systemen verschiedene Möglichkeiten erfaßt werden, von denen jeweils eine in Abhängigkeit von den konkreten Bedingungen verwirklicht wird. Chaotisierung der Bewegung heißt, daß objektive, wahrscheinlichkeitstheoretisch abbildbare Zufälle existieren. Deshalb ist der mechanische Determinismus also selbst für die klassische Mechanik eine philosophisch unzulängliche Determinismusauffassung«, resümiert der Wissenschaftsphilosoph Ulrich Röseberg.[58]

Die Art und Weise der Systembeschreibung, die die

---

[58] U. Röseberg: Möglichkeit. In: H. Hörz et al. (Hrsg.): Philosophie und Naturwissenschaften. Wörterbuch zu den philosophischen Fragen der Naturwissenschaften, Bd. 1, Berlin 1991, S. 619/620. – Vgl. I. Ekeland: Das Vorhersehbare und das Unvorhersehbare, Frankfurt a. M./Berlin 1989.

»Mechanisierung des Weltbildes«[59] zum Ausdruck brachte, den mechanischen Determinismus rechtfertigte und den Laplaceschen Dämon zum Erkenntnisideal werden ließ, war die Beschreibung in linearen Differentialgleichungen. Sie kennzeichnen die mathematische Sprache der klassischen Mechanik. »Differentialgleichungen waren eine Erfindung für eine computerlose Welt, in der Gelehrte noch darauf angewiesen waren, lediglich mit Papier und Bleistift Berechnungen des Naturgeschehens vorzunehmen«, bemerkt der Wissenschaftspublizist James Gleick.[60] Man hielt sich an Gleichungen, die man lösen konnte, und an die Natur nach Maßgabe der Berechenbarkeit mit solchen Gleichungen. Das Ergebnis war eine »exakte« und zugleich fragmentarische Wissenschaft, eine Wissenschaft von den Fragmenten der Linearität in einer Welt des Nichtlinearen, in übergreifender Weise strukturiert durch die nichtlineare Ordnung von Chaos und Selbstorganisation, wobei die Fragmente der Linearität für die ganze Welt gehalten wurden. »Wenn die Newtonsche Physik bis heute brauchbar bleibt, dann als bemerkenswert genaue Phänomenologie innerhalb ihres Anwendungsbereiches, die freilich ihre innere Rechtfertigung verloren hat«, schreibt der Mathematiker Ivar Ekeland.[61]

Allem Anschein nach ist eine Erneuerung von Wissenschaft und Weltbild im Gange, die ihrer Größenordnung nach der »Mechanisierung des Weltbildes« gleichkommt. Mit ihr wird das, was geschieht, wohl weder vorhersehba-

---

[59] E. J. Dijksterhuis: Die Mechanisierung des Weltbildes, Berlin/Göttingen/Heidelberg 1956.
[60] J. Gleick: Chaos – die Ordnung des Universums, S. 103.
[61] I. Ekeland: Das Vorhersehbare und das Unvorhersehbare, S. 27.

rer noch beherrschbarer, aber es wird einsichtig, warum das so ist. Die Welt wird verständlicher. Sie zeigt sich als unsicher und riskant, als chancenhaltig und zukunftsoffen und die Wissenschaft zeigt die Möglichkeiten, sich realistisch darauf einzustellen. Nebenbei bemerkt, mit Irrationalismus und Esoterik hat diese Wissenschaftsentwicklung substantiell nichts zu schaffen.

Mit dem Entschwinden des mechanischen Determinismus und der Vorstellung, daß sich das Universum auf dem Weg zum Wärmetod befindet, verändert sich das geistige Umfeld der biologischen Evolutionslehre in den Wissenschaften. »Endlich, hundert Jahre nach Darwins ›Entstehung der Arten‹ einigte sich die Physik mit der Biologie im Verständnis des Wesens von Prozessen irreversibler Entwicklung«, konstatiert Wolkenstein.[62] »Man könnte behaupten, daß die Naturwissenschaft in der ›Entstehung der Arten‹ zum erstenmal mit Synergetik zu tun hatte. Darwin zeigte, auf welche Weise in der belebten Natur aus chaotischer, ungeordneter Variabilität geordnete Evolution entsteht, die die gegenwärtige Biosphäre hervorbrachte. In diesem Sinne könnte man Darwin als Begründer der Synergetik ansehen.« Dieser Umstand ist eine günstige Voraussetzung für eine Weiterentwicklung der biologischen Evolutionstheorie, die darin besteht, ihr Potential als nichtlineare Theorie zum Vorschein zu bringen und zu entfalten. Nach dem Stadium der »New Synthesis« tritt sie nun in das Stadium der, wie der Zoologe Sievert Lorenzen formuliert, Synergetischen Evolutionstheorie ein.[63]

---

62 M. W. Wolkenstein: Entropie und Information, S. 163.
63 S. Lorenzen: Evolution im Spannungsfeld zwischen linearer und nichtlinea-

Die Darwinsche evolutive Selbstorganisation des Lebenden an der Oberfläche des Planeten Erde vollzieht sich im Energiefluß, der mit der Strahlung der Sonne auf die Erde stattfindet. »Der allgemeine Daseinskampf der Lebewesen ist ... nicht ein Kampf um die Grundstoffe – die Grundstoffe aller Organismen sind in Luft, Wasser und Erdboden im Überflusse vorhanden – auch nicht um Energie, welche in Form von Wärme leider unverwandelbar in jedem Körper reichlich enthalten ist, sondern ein Kampf um die Entropie, welche durch den Übergang der Energie von der heißen Sonne zur kalten Erde disponibel wird. Um diesen Übergang möglichst auszunutzen, breiten die Pflanzen die unermeßliche Fläche ihrer Blätter aus und zwingen die Sonnenenergie in noch unerforschter Weise, ehe sie auf das Temperaturniveau der Erdoberfläche herabsinkt, chemische Synthesen auszuführen, von denen man in unseren Laboratorien noch keine Ahnung hat. Die Produkte dieser chemischen Küche bilden das Kampfobjekt für die Tierwelt«, erklärte der Physiker Ludwig Boltzmann in »Der zweite Hauptsatz der mechanischen Wärmetheorie« (1868).[64] Abgesehen davon, daß man sich heute im Chemismus der Pflanzen besser auskennt, pflegen moderne Kommentatoren Boltzmann dahingehend zu präzisieren, daß es nicht um Entropie, sondern um negative Entropie geht. »Der Organismus lebt von negativer Entropie, nicht von positiver Energie.«[65]

Die Evolution des Lebenden auf der Erde ist seit mehr als 3,5 Milliarden Jahren im Gange. Sie hat die gradweise

---

rer Wissenschaft. In: Universitas 44 (1989) 12. – Vgl. S. Lorenzen: Serie Evolution. In: Kosmos 85 (1989) 6 und 86 (1990) 1.
64 L. Boltzmann: Populäre Schriften, Leipzig 1905, S. 40.
65 M. W. Wolkenstein: Entropie und Information, S. 162.

abgestufte Mannigfaltigkeit der Organismenspezies, die nach Millionen zählende Artenvielfalt von prokaryotischen und eukaryotischen Lebewesen, von Archäbakterien und Eubakterien, ein- und vielzelligen Pflanzen, Pilzen und Tieren und in der Evolution des Tierreiches auch den Menschen hervorgebracht. In Ökosystemen sind die verschiedenartigen Lebewesen miteinander und mit ihrer nichtlebenden Umwelt in der Biosphäre verbunden. Die Entwicklungsgeschichte des Lebenden umfaßt die Lebewesen, ihre inner- und zwischenartlichen Beziehungen sowie ihre Beziehungen zur nichtlebenden Umwelt bis hin zum Gesamtsystem der Biosphäre. Sie ist durch zunehmende Mannigfaltigkeit und das Entstehen neuer Evolutionsmöglichkeiten durch die auf vielen Wegen stattfindende Entwicklung vom Einfacheren zum Komplexeren charakterisiert.

In diesem sich entwickelnden Beziehungsgefüge fand die Phylogenese, die Evolutionsgeschichte der Lebewesen, im Werden und Vergehen der Arten und Artengruppen statt. Sie vollzog sich in durch die Fortpflanzung der Lebewesen vermittelter Kontinuität in der Aufeinanderfolge der Arten, der elementaren Einheiten der Phylogenese. Dabei zeichnen sich sowohl Vorgänge der Segregatiogenese, der Entstehung von getrennten Arten und Artengruppen, als auch Vorgänge der Symgenese, der Entstehung von Arten und Artengruppen aufgrund der Vereinigung von organismischen Strukturen und Funktionen distinkter Arten und Artengruppen ab.[66]

Die Segregatiogenese vollzieht sich auf verzweigenden Wegen aufgrund der Artspaltung (Speziation), die mit

---

[66] N. N. Woronzow: Teorija evoluzii: istoki, postulaty i problemy, Moskau 1984.

dem Entstehen ökologischer Nischen verbunden ist. Sie geht mit phänetischen Veränderungen der Organismen, ihrer ethologischen, physiologischen, morphologischen, biochemischen und anderen Merkmale einher. Die Verzweigung der Evolutionswege (Kladogenese) und die phänetische Evolution sind zwei Seiten der einen Organismenevolution. Auf Wegen der Kladogenese zeichnen sich neben und kombiniert mit der phänetischen Evolution der organismischen Individuen zwei Prozesse der Verbindung von organismischen Individuen innerhalb von Arten zu Gebilden höherer Ordnung ab: Kolonialisation und Soziogenese.[67]

Die Kolonialisation kann stammesgeschichtlich zur Integration von Individuen derselben Art bis hin zu Gebilden wie den Staatsquallen führen, bei denen die Individuen eines Tierstockes zu Organen eines Gesamtorganismus geworden sind. Verschiedene Hypothesen versuchen, die stammesgeschichtliche Entstehung der vielzelligen Lebewesen aus Einzeller-Kolonien zu erklären. Die Kolonialisation tendiert zur Herausbildung von Biosystemen, deren Untereinheiten funktionell und strukturell differenziert und fest miteinander verbunden sind. Die Existenz und die spezifischen Funktionen der Untereinheiten sind eine notwendige Bedingung für das Funktionieren des ganzen Systems.

Bei der Soziogenese hingegen bilden sich Systeme heraus, die aus frei beweglichen Untereinheiten bestehen.

---

67 Vgl. S. J. Gould: The Flamingo's Smile, New York/ London 1985, S. 78 ff. – R. Löther (Hrsg.): Tiersozietäten und Menschengesellschaften, Jena 1988. – G. Sterba/K. Senglaub: Individuum und Kolonie. In: G. Harig/J. Schleifstein (Hrsg.): Naturwissenschaft und Philosophie, Berlin 1960. – H. Markl: Biologie der sozialen Organisation. In: W. Gerok et al. (Hrsg.): Ordnung und Chaos in der unbelebten und belebten Natur.

Diese können einander mehr oder weniger ersetzen. Im Ergebnis der Soziogeneseprozesse bilden einzeln (solitär) lebende Tiere und Tiere, die ihr Leben in strukturierten Verbänden von Artgenossen verbringen, eusozial leben, Anfänge und Enden von Evolutionslinien mit sehr vielem, was dazwischen liegt, das heißt mit mehr oder minder ausgeprägten Formen von Geselligkeit und Sozialverhalten.

Bekannte Formen der Symgenese, die zur Entstehung von Arten und Artengruppen führen, sind die Synthesogenese von Arten und die Symbiogenese. Der Genetiker Nikolai P. Dubinin zählt auch die horizontale Übertragung transponibler DNA-Elemente zu den Erscheinungen der Symgenese.[68] Synthesogenetische Arten entstehen aufgrund der Vereinigung und Vervielfachung von Chromosomensätzen verschiedener Arten (Allopolyploidie) in Artbastarden (die zugleich auch Gattungsbastarde sein können). Die Symbiogenese resultiert aus dem symbiotischen Zusammenleben von Organismen und führt stammesgeschichtlich zur Vereinigung von organismischen Individuen verschiedenster Arten und Reiche aufgrund sich ergänzender Stoffwechselleistungen. Sie hat zu Gebilden wie den Flechten (Lichenes) geführt, bei denen Pilze und Algen zu morpho-physiologischen Einheiten geworden sind, die als eigenes Taxon gelten. In einer Symbiogenese von Prokaryoten wird in der Endosymbiontenhypothese die Lösung eines Problems gesehen, das an Bedeutung der Frage nach der Entstehung des Lebens kaum nachsteht, des Problems der Entstehung eukaryotischer aus

---

[68] N. P. Dubinin: Obschtschaja genetika, Moskau 1986, S. 394/395.

prokaryotischen Einzellern bzw. der Eucyten aus Procyten.[69]

Höherentwicklung ohne Ziel

Mit der Entstehung neuer Organisationsformen auf miteinander verknüpften segregatiogenetischen und symgenetischen Wegen ist die Problematik der Entwicklung vom Niederen zum Höheren, der Höherentwicklung in der Stammesgeschichte der Organismen verbunden.[70] In der evolutionstheoretischen Literatur begegnet man dazu einer Fülle einander widersprechender Auskünfte. Sie beginnen bei der Frage, ob den Begriffen des Niederen und des Höheren ein objektiver Inhalt zukommt oder ob mit ihnen die Selbstapologetik eines Wesens in das Naturgeschehen projiziert wird, daß – wenn es schon nicht die Krone der Schöpfung ist – sich wenigstens als die Krone der Evolution sehen möchte. Auf das eine wie auf das andere kann Georg Christoph Lichtenbergs Aphorismus bezogen werden: »Daß der Mensch das edelste Geschöpf sei, läßt sich auch schon daraus abnehmen, daß es ihm noch kein anderes Geschöpf widersprochen hat.«[71]

Wird Höherentwicklung als objektive Gegebenheit anerkannt, bekommt man differierende Auskünfte, wie sie

---

69 Vgl. R. Hagemann (Hrsg.): Leopoldina – Diskussionskreis »Evolution der eukaryotischen Zelle«. In: Nova Acta Leopoldina, Neue Folge, Nr. 251, Bd. 56, 1982. – L. Margulis: Symbiosis in Cell Evolution, San Francisco 1981. – W. Schwemmler: Auf der Suche nach einer vereinheitlichten Theorie der Evolution. In: academie spectrum 22 (1991) 7. – Die Zelle als Symbiose. In: academie spectrum 22 (1991) 7.
70 Vgl. M. H. Nitecki (ed.): Evolutionary Progress, Chicago/London 1988.
71 G. Ch. Lichtenberg: Aphorismen – Essays – Briefe, Leipzig 1963, S. 61.

zu definieren und an welchen Kriterien sie zu messen sei und damit auch, was darunter fällt. Dazu kommt eine verwirrende Vielfalt mehr oder weniger synonym gebrauchter Termini für Höherentwicklung — Anagenese, Aromorphose, Arogenese, progressive Evolution, Evolutionsprogreß, Fortschritt, Vervollkommnung usw. —, die zum Teil von anderen Autoren mit anderen Bedeutungen belegt werden. Umgeben ist das Ganze mit einem Nebel von Mißverständnissen. Angesichts des verwickelten Komplexes kann hier nur einigen Gesichtspunkten nachgegangen werden.

Im Vergleich der Merkmale von Organismen, die am Anfang und am Ende von Evolutionslinien und evolutionären Trends stehen, zeichnen sich evolutive Veränderungsrichtungen der Phänotypen ab. Sie sind mit dem vergleichbar, was auf anderen Wegen phänetischer Evolution geschah. Beim Vergleichen ergeben sich Gemeinsamkeiten und Unterschiede, die sich verallgemeinern lassen. Es lassen sich Typen solchen Geschehens als ideelle Modelle entwerfen, lassen sich (logische) Klassen bilden, lassen sich allgemeine Begriffe einführen, mit denen die Einzelvorgänge charakterisierbar sind. Entwicklung vom Niederen zum Höheren, Höherentwicklung mitsamt allen Synonymen ist ein solcher Begriff. Nicht alles, was geschehen ist, läßt sich auf diesen Begriff bringen; auch andere Richtungen zeichnen sich ab.[72] Verschiedene Konzeptionen, zum Beispiel die von Aleksej N. Sewerzow, weitergeführt von Iwan I. Schmalhausen, Kirill M. Sawadski und anderen[73], oder die von Julian Huxley, wei-

---

72 Vgl. R. Löther: Das Werden des Lebendigen, S. 126 ff. — Regressive Evolution, Hamburg/Berlin 1984.
73 Vgl. A. N. Sewertzoff: Morphologische Gesetzmäßigkeiten der Evolution,

tergeführt unter anderem von Verne Grant[74], sind Ausdruck des Bemühens um ein differenziertes Erfassen der Phänomene.

Das Reden von »höheren« und »niederen« wie auch von mehr oder weniger »vollkommenen« Lebewesen stammt aus der Terminologie der Stufenleiterkonzeption, ist älter als die biologische Evolutionstheorie und war ursprünglich auch mit keiner anderen Form von Entwicklungsdenken verbunden. Das bis in die Antike zurückverfolgbare und in der Naturgeschichte der drei Reiche (Mineralreich, Pflanzenreich und Tierreich) im 18. Jahrhundert verbreitete Denkschema der Stufenleiter stellte ein zeitloses Ordnungsmuster des Seienden vor, das zugleich eine Wertungshierarchie bedeutete. Es basierte auf den Grundsätzen der Vollständigkeit, der qualitativen Kontinuität und der abgestuften Vollkommenheit.[75]

In einer Version von Charles Bonnet beispielsweise beginnt die Stufenleiter mit dem Äther und steigt allmählich in linearer Folge über »Steinpflanzen«, Korallen und Trüffeln von den Mineralien zu den Pflanzen, von diesen über Seerosen und Polypen zu den Würmern und Schaltieren,

---

Jena 1931. – A. W. Jablokow/A. G. Jusufow: Ewoljuzionnoje utschenije (Darwinism), Moskau 1989, S. 248 ff. – I. I. Smalgausen: Problemy darwinisma, Moskau 1946, S. 446 ff. – A. Urbanek: Morpho-Physiological Progress. In: M. N. Nitecki (ed.): Evolutionary Progress. – K. M. Sawadski (Hrsg.): Sakonomernosti progressiwnoj ewoljuzii, Leningrad 1972.

74 Vgl. V. Grant: The Evolutionary Process, New York 1985, S. 372 ff. – J. Huxley: Progress, Biological and other. In: J. Huxley: Essays of a Biologist, London 1923. – J. Huxley: Entfaltung des Lebens, Frankfurt a. M./Hamburg 1954, S. 63 ff.

75 Vgl. D. J. Boorstin: Entdeckungen, Herrsching 1991, S. 505 ff. – A. D. Lovejoy: Die große Kette der Wesen, Frankfurt a. M. 1985. – G. Uschmann: Der morphobiologische Vervollkommnungsbegriff bei Goethe und seine problemgeschichtlichen Zusammenhänge, Jena 1939. – M. Weingarten: Kontinuität und Stufenleitern der Natur. In: Materialistische Wissenschaftsgeschichte, Berlin 1981.

von den Schnecken zu den Schlangen, von diesen über die Aale zu den Fischen, über die fliegenden Fische zu den Vögeln, über die Fledermäuse zu den vierfüßigen Tieren, über die Affen zum Menschen als dem höchsten der irdischen Geschöpfe und über die himmlischen Heerscharen hinweg schließlich zu Gott, in dem sie endet. »Höher« und »nieder« beziehen sich hier also auf den Platz auf der Stufenleiter, sind das auf ihr Höher- oder Niedrigerstehende, sind identisch mit Graden der Vollkommenheit und zugleich auch mit mehr oder weniger wertvoll. Der oberste Bezugspunkt für all das war Gott, an den als an das höchste und vollkommenste aller Wesen geglaubt wurde. Doch faktisch war die Stufenleiter, soweit sie die drei Naturreiche betraf, vom Menschen her abwärts nach Ähnlichkeiten konstruiert und nur ausführbar, weil vor allem noch nicht zwischen homologer und analoger Ähnlichkeit unterschieden wurde.

Die Stufenleiterkonzeption wurde von verschiedenen Seiten her zu Fall gebracht:

1. Natürliche Systematik und Morphologie widersprachen der Auffassung des Seienden als lineare und kontinuierliche Stufenleiter, indem sie die Existenz diskontinuierlicher Klassen von Dingen anerkannten. Sie bildeten das Pflanzen- und das Tierreich in einem hierarchischen Klassifikationssystem sub- und koordinierter Taxa ab.

2. Schwierigkeiten, die Dinge linear anzuordnen, führten im Rahmen der Stufenleiterkonzeption zum Zweifel an der Linearität der Stufenfolge. So entwarf Peter Simon Pallas vor allem aufgrund morphologischer Gesichtspunkte eine sich verzweigende Stufenleiter. Er verglich sie mit einem Baum, der gleich von der Wurzel an einen doppelten Stamm besitzt, nämlich einen tierlichen und einen pflanzlichen, die sich anfangs noch berühren.

3. Schwierigkeiten, die Vollständigkeit der Stufenleiter zu belegen, führten unter anderem zu dem Gedanken, die fehlenden Zwischenglieder (»missing links«) könnten in der Vergangenheit existiert haben oder erst zukünftig entstehen. Bei den Lebewesen sollten »rudimentäre« Organe solches Entstehen bezeugen (lat. *rudimentum* = erster Versuch, erste Probe). Bekanntlich bedeutet der Terminus heute in der biologischen Evolutionslehre das Gegenteil, nämlich zurückgebildete, verkümmerte Organe. Dergleichen Überlegungen führten zur »Verzeitlichung« der Stufenleiter, zu ihrer Umdeutung in einen zeitlichen Ablauf. Dies war eine wichtige Quelle für den Entwicklungsgedanken in der Naturphilosophie der Aufklärung und Romantik.

Aus der »Verzeitlichung« der Stufenleiter folgte, daß sich »höher« und »nieder« ebenso wie »vollkommen« nur auf Entwicklungsstufen im Prozeß eines linearen Fortschritts vom Niederen zum Höheren bezogen. Bei Jean-Baptiste Lamarck verband sich dies mit der Absage auch an die Linearität der Stufenleiter. Zum Inhalt seiner Konzeption gehörte, daß die Entwicklung die Stufenleiter aufwärts durch ein von Gott in die Materie gelegtes Vervollkommnungsstreben bestimmt wird, das eine beständige Bewegung durch Urzeugung entstehender niederster Lebewesen vom Niederen zum Höheren auf der Stufenleiter in Gang hält. Durch die Beziehungen zwischen Lebewesen und Milieu erfolgen Ablenkungen von der aufsteigenden Richtung. Dadurch verzweigt sich die Stufenleiter, die bei Lamarck gleichsam zu einer Rolltreppe geworden ist, und läßt die Mannigfaltigkeit der Formen entstehen.

Das Denken Darwins wurde nicht von dieser Tradition der Stufenleiter und ihrer »Verzeitlichung« bestimmt, die ihm natürlich geläufig war. Er ging von der natürlichen

Systematik und Morphologie aus, die mit der linearen Stufenleiterkonzeption vielfach kollidierte. Sein Anliegen war die Erklärung der gradweise abgestuften Mannigfaltigkeit der Organismenspezies, wie sie von der natürlichen Systematik dargestellt wurde, durch »descent with modification« vermittels Variabilität und Selektion. Hier wurde die phänotypische Divergenz der Taxa, die die Mannigfaltigkeit strukturiert, zum Problem. Dabei ist nun auch von »Stufenleiter der Organisation«, von »höheren« und »niederen« Organismen, von »Vervollkommnung« und »Fortschritt«, aber auch von »Rückschritt« die Rede. Es ist keine einfache Übernahme der Terminologie der Stufenleiterkonzeption; die Übertragung auf evolutive Sachverhalte schließt den Bedeutungswandel der Begriffe ein.

»Die natürliche Zuchtwahl wirkt ausschließlich durch die Erhaltung und Anhäufung solcher Veränderungen, die dem Wesen unter den organischen und anorganischen Lebensverhältnissen, denen es in allen Perioden seiner Lebenszeit ausgesetzt ist, nützlich sind. Das Endergebnis ist, daß jedes Wesen nach immer vorteilhafterer Abänderung im Verhältnis zu seinen Lebensbedingungen strebt. Diese Veränderung führt unausbleiblich bei der Mehrheit aller Lebewesen zu einem Fortschritt der Organisation. Indessen geraten wir hier auf einen sehr verwickelten Gegenstand, denn kein Naturforscher konnte bis jetzt eine befriedigende Definition dafür geben, was unter Fortschritt der Organisation zu verstehen ist«, schrieb Darwin.[76]

Daß eine Definition erforderlich und daß sie schwierig ist, zeigt sich mit aller Deutlichkeit erst, wenn die Linearität der zeitlos-statischen wie der verzeitlichten Stufenlei-

---

76 Ch. Darwin: Die Entstehung der Arten durch natürliche Zuchtwahl, S. 135.

ter verlassen ist. Dort meinte man von vornherein schon zu wissen, was an ihrer Spitze steht, und ordnete die Dinge davon ausgehend an. Alles, was zwischen Anfang und Spitze steht, hat Niederes unter sich und Höheres über sich und nichts neben sich. Evolution auf sich verzweigenden Wegen aber zeigt vergleichbares Nebeneinander und verlangt Maßstäbe, die dem Verglichenen selbst entnommen sind. Und wie diese Maßstäbe auch ausfallen, ihre Anwendung ergibt, daß es nicht nur aufwärts geht. »Wenn wir die Summe der Differenzierung und Spezialisierung der einzelnen Organe eines ausgewachsenen Wesens (und das schließt auch den Fortschritt der Gehirnentwicklung für intellektuelle Leistungen ein) als Normalmaß für hohe Entwicklung gelten lassen, so muß die natürliche Zuchtwahl offenbar zur Erhöhung oder Vervollkommnung führen ... Anderseits sehen wir in Anbetracht dessen, daß sich alle organischen Wesen verhältnismäßig rasch zu vermehren und jeden freien Platz im Haushalt der Natur zu besetzen suchen, daß die natürliche Zuchtwahl sehr wohl ein Wesen Verhältnissen anpassen kann, unter denen ihm einzelne Organe überflüssig und nutzlos werden; in solchen Fällen erfolgt ein Rückschritt auf der Stufenleiter der Organisation«, vermerkte Darwin.[77]

Im weiteren wirft Darwin die Fragen auf, wie es komme, daß in jeder großen Klasse einige Arten höher entwickelt seien als andere, warum nicht überall die höher entwickelten Formen die niederen ersetzt und vernichtet haben. Er betont, für seine Theorie biete »die fortdauernde Existenz niederer Wesen keine Schwierigkeiten, denn die natürliche Zuchtwahl ... schließt noch nicht

---

77 Ebenda, S. 136/137.

notwendig einen Fortschritt der Entwicklung ein; sie zieht vielmehr nur aus solchen Veränderungen Vorteil, die einem Wesen in seinen verwickelten Lebensbedingungen nützen«.[78] Insgesamt zeigt sich, daß der Begründer der biologischen Evolutionstheorie bereits den Komplex von Fragen erfaßt hatte, um die es unter heutigen Bedingungen immer noch geht, und daß die Darwinsche Revolution in der Geschichte der Biologie auch die Problematik des Niederen und des Höheren betrifft.

Dazu seien nur einige Gesichtspunkte hervorgehoben.

Erstens gibt es keine immanente Zielgerichtetheit der Evolution im Sinne autogenetischer Evolutionskonzeptionen, wie sie Dobzhansky ironisch kennzeichnet: »Vom Urvirus bzw. von der Uramöbe wird behauptet, daß sie in einem latenten Stadium sämtliche organischen Formen enthielte, die sich aus ihnen entwickelt haben, einschließlich des Menschen. Evolution war eine Art Striptease-Schau, wobei eine Verkleidung nach der anderen abgeworfen wird, bis sich ihr gelegentlich höchst vollkommenes Endprodukt offenbarte. Und dieser Prozeß einer allmählichen Enthüllung organischer Formen erfolgte erstaunlicherweise so, daß sie sich für die Umweltbedingungen eignen, die jeweils vorherrschen, wenn diese Formen erscheinen.«[79]

Die Zukunft der Evolution ist nicht vorherbestimmt, sie ist offen. Genauer: Sie ist ein Feld von Möglichkeiten, das aus ihrer Vergangenheit und den Umständen resultiert. Die in der vorangegangenen Evolution entstandene Orga-

---

78 Ebenda, S. 137.
79 Th. Dobzhansky: Dynamik der menschlichen Evolution, Frankfurt a. M. 1965, S. 32/33.

nisation der Lebewesen bedingt und begrenzt, was aus ihren Nachkommen in der weiteren Evolution werden kann. Letztlich sind es die widersprüchlichen Beziehungen zwischen dem ziellos-zufälligen Mutationsgeschehen und der natürlichen Auslese im Ringen um die Existenz, in die die Lebewesen in ihrer stammesgeschichtlich gewordenen inneren Bedingtheit eingespannt sind, die die Lebensentwicklung vorantreiben.

Zweitens ist die Organismenevolution keine Einbahnstraße, die vom Niederen zum Höheren führt. Andernfalls gäbe es die gegenwärtige Mannigfaltigkeit verschiedenartiger Lebewesen nicht, für die alle der Lebensursprung gleich weit zurückliegt, und es wären nicht unzählige Arten im Verlauf der Erdgeschichte ausgestorben. Das Leben hat sich zwischen seiner Entstehung und der Gegenwart auf vielen Wegen voranbewegt. Einige davon führten von einfachen Anfängen zu höheren Formen der Lebensorganisation, die der Biosphäre Elemente neuer Bauart hinzufügten und die über die vorhandenen Formen dominierten, so in der Geschichte des Pflanzenreiches zuletzt die Blütenpflanzen und in der Geschichte des Tierreiches die Säugetiere, aus denen auch der Mensch hervorging. Andere Evolutionswege gewährleisteten den Fortbestand einmal entstandener Organismengruppen, und ein großer Teil von ihnen erwies sich zu irgendeiner Zeit als Sackgasse, die mit dem Artentod endete. Einige Organismengruppen, »lebende Fossilien«, erhielten sich über ganze geologische Epochen ziemlich unverändert. Eindrucksvoll demonstrieren zum Beispiel zahlreiche parasitär, in Höhlen oder im Boden lebende Organismen, daß Anpassung an spezielle Lebensbedingungen auch den Verlust von Merkmalen einschließen kann, die die von Vorfahren erreichte Entwicklungshöhe kennzeichnen.

Offenkundig schließt die Organismenevolution sowohl Fortschritt als auch Stasis als auch Rückschritt ein, die sich aufgrund innewohnender Möglichkeiten unter konkreten Bedingungen verwirklichen. Dabei sind Tendenzen der Höherentwicklung für die Evolution der verschiedenen Organismengruppen grundlegend als Voraussetzungen ihrer Entfaltung. In der Evolution der Primaten schuf diese Entwicklungstendenz die biotischen Voraussetzungen dafür, daß sich die tierlichen Vorfahren des Menschen über die naturgegebenen Bedingungen ihres Daseins hinausarbeiten konnten.

Drittens ist die Entwicklung vom Niederen zum Höheren — ebenso wie andere allgemeine Evolutionsrichtungen — objektiv bestimmbar. Dabei spielt anthropozentrische Wertung ebensowenig eine Rolle, wie es der Fall ist, wenn zum Beispiel von niederen und höheren Taxa im Hinblick auf ihre Zuordnung zur Rangfolge der taxonomischen Kategorien gesprochen wird oder von niederen und höheren Niveaus der Organisation des Lebenden, beispielsweise der molekularen Ebene, dem organismischen Niveau, dem Populations- und Artniveau oder dem der Biozönosen. Das Gemeinsame — übrigens auch mit der alten Stufenleiter der Dinge — besteht darin, daß sich »höher« und »nieder« auf die Stellung von Dingen in einem ideellen oder materiellen, jedenfalls aber hierarchischen System bezieht. Im Zusammenhang mit der Höherentwicklung geht es um die evolutionär entstandene Organisationshöhe bzw. die Niveaus organismischer Organisation (oder auch überorganismischer Strukturen wie Tiersozietäten).

In darwinistisch orientierten Erörterungen der Makroevolution wird mehr als eine Definition vorgeschlagen und werden verschiedene Zusammenstellungen von Kriterien angegeben, die alle nicht gegen Kritik gefeit sind, die aber jedenfalls alle objektiven und nichtanthropozentrischen Charakter tragen. Vor allem beziehen sie sich auf drei Komplexe: 1. auf die morpho-physiologische Organisation der Organismen mit Merkmalen wie Kompliziertheit, Differenziertheit und Spezialisierung, Integration und Zentralisation, Individuation und Aggregation; 2. auf die Beziehungen zur Umwelt, eine relative Autonomie fluktuierenden Umweltbedingungen gegenüber oder ähnliches, und 3. auf den Informationsgehalt der Organismen, wobei Höherentwicklung durch Informationszunahme gekennzeichnet ist.[80] Das sind gewiß keine einander ausschließenden Aspekte. Vielmehr dürfte eine weitere Klärung der Höherentwicklungsproblematik gerade dadurch zu erreichen sein, daß diese Aspekte zur detailliert ausgearbeiteten Synthese geführt werden – zu einer Synthese, bei der man die gesamte Organismenwelt und ihre Phylogenese vor Augen haben muß und nicht etwa nur eine von der Lebensentstehung zur Menschwerdung gezogene Linie.

Ein Begriff taugt ganz ohne Zweifel nicht, um Höherentwicklung zu definieren und zu charakterisieren: der der Anpassung. Immer wieder einmal kann man hören oder lesen, daß sich die Lebewesen vom Niederen zum Höheren entwickeln, indem sie sich immer besser an die Umwelt anpassen. Mit dem Genetiker Nikolai K. Kolzow läßt sich solcher Auffassung entgegenhalten: »Das Malariaplasmodium ist nicht weniger angepaßt als der Mensch und die Anopheles, auf die das Plasmodium seine Existenz

---

80 Vgl. U. Kull: Evolution, Stuttgart 1977, S. 207 ff.

aufteilt.«[81] Umwelten sind Umwelten je bestimmter organismischer Individuen, Populationen und Arten und keiner anderen. Andere können also auch nicht besser oder schlechter an sie angepaßt sein. Anpassung ist eine Angelegenheit von Sein oder Nichtsein und nicht des Besseren oder Schlechteren. Sie vollzieht sich in und mit jeder Richtung evolutionären Voranschreitens.

Viertens ist den Evolutionsbiologen Nikolai V. Timofeeff-Ressovsky, Nikolai N. Woronzow und Aleksej N. Jablokow zuzustimmen, wenn sie schreiben: »Es ist logisch gerechtfertigt, in der Entwicklung der lebenden Natur auf der Erde eine zur Entstehung des Menschen führende Richtung hervorzuheben, wenn man einerseits die objektive Notwendigkeit der Entwicklung der Lebewesen von niederen zu höheren Formen anerkennt und wenn man andererseits bestimmte konkrete Bedingungen berücksichtigt, die eben gerade zu diesem Ergebnis (der menschlichen Gesellschaft) auf der Erde geführt haben.«[82]

Dies anerkennend, ist nicht zu vergessen, daß Höherentwicklung die Relativität organismischer Zweckmäßigkeit (Teleonomie) nicht aufhebt. Hier verbindet sich das Ja zur Höherentwicklung als objektivem Prozeß und zur Evolution zum Menschen als einem Prozeß der Höherentwicklung mit dem Nein dazu, Höherentwicklung mit der strukturell-funktionellen Perfektion des Organismus schlechthin und aller seiner Teile zu identifizieren, etwa auch der des Wurmfortsatzes des Blinddarms. Der Zoologe Rupert Riedl weist darauf hin, daß unsere Gestalt

---

81 Zit. nach N. V. Timofeeff-Ressowsky/N. N. Voroncov/A. N. Jablokov: Kurzer Grundriß der Evolutionstheorie, Jena 1975, S. 268.
82 Ebenda, S. 272.

»ein Kompromiß ihrer eigenen Geschichte ist. Und sie enthält mehr Geschichte als Anpassung. Nur Großhirn, Kehlkopf und Hände beispielsweise sind in progressiver Entwicklung. Der Rest ist ja Plan eines Urfisches, zur Brückenkonstruktion eines Kriechtieres zurechtgebastelt, und auch diese Brücke ist noch auf zwei Beine aufgerichtet. Allein mit der Aufrichtung haben wir uns ... Schwindel, Bandscheibenschwäche, Leistenbruch, Hämorrhoiden, Krampfadern und Senkfüße eingehandelt ... Wir wären eine katastrophale Planung, hätte uns jemand geplant. Doch, soweit wir sehen, können wir uns nirgends beklagen.«[83] Es ist eine generelle Sachlage, die hier exemplifiziert wird, nichts, das speziell etwas mit Höherentwicklung und Menschwerdung zu tun hat, sondern damit, wie die Organismenevolution generell vonstatten geht. Es sollte aber nicht aus den Augen verloren werden, denn auch das höchste Produkt der Evolution fällt da nicht aus dem Rahmen.

Fünftens unterscheidet sich die Evolution zum Menschen von anderen Richtungen der Höherentwicklung, etwa der zu den Blütenpflanzen oder der bei den Arthropoden oder bei den Mollusken. Die Erörterung der progressiven morpho-physiologischen Evolution oder »Aromorphose« (Sewerzow), die mit der Erweiterung der einem Organismus zugänglichen Lebensbedingungen gesehen wird, führte Schmalhausen dazu, diese Evolutionsrichtung gedanklich zu extrapolieren zu einer unbegrenzten Erweiterung der Umwelt, das heißt nicht nur zur Ansiedlung dieser Lebewesen auf der gesamten Erdoberfläche, soweit Leben überhaupt möglich ist, sondern auch zur Ausnutzung aller Hilfsquellen des Lebens. Ein solcher

---

83 R. Riedl: Die Strategie der Genesis, München 1984, S. 191/192.

Organismus befindet sich, wie Schmalhausen sagte, in einer ganz besonderen Position allen anderen Organismen gegenüber. Er hebt sich über sie hinaus, besitzt alle Umwelten und unterwirft sie seinen Bedürfnissen. Diese höchste Etappe der Aromorphose bedeutet also etwas prinzipiell Neues — die Herrschaft über die Umweltbedingungen. Es versteht sich von selbst, daß (in einer gegebenen Zeit) nur eine Organismenart alle Umwelten in Besitz nehmen kann, weil die Inbesitznahme aller Umwelten die Herrschaft über alle anderen Organismen bedeutet. Das ist die letzte denkbare Etappe auf dem Weg der Aromorphose. Für sie schlägt Schmalhausen die Bezeichnung »Epimorphose« vor. Er konstatiert: »Diese letzte denkbare Etappe der Evolution erreichte in geologisch jüngst vergangener Zeit der Mensch.«[84] Es ist der einzige bisher bekannte Fall von Epimorphose. Die Epimorphose, die auf der Erde in der Anthropogenese stattfand, ist ein Vorgang gleichen Ranges wie die Entstehung des Lebens. »Epimorphose« ist nicht Synonym, sondern Oberbegriff für »Anthropogenese«. Mit der biologischen Evolutionstheorie läßt sich die Einmaligkeit der Menschwerdung und die Einzigartigkeit des Menschen im Weltall begründen[85], aber nicht, daß es die einzige Epimorphose in ihm ist.

Weitere Aufschlüsse über den Platz des Lebens und des Menschen im Universum sind vermutlich unter dem Blickwinkel des 1974 von dem Physiker Brandon Carter aufgestellten »anthropischen Prinzips« der Kosmologie zu erwarten, das heißt von naturwissenschaftlichen Untersu-

---

84 I. I. Šmalgausen: Problemy darwinisma, S. 466.
85 Vgl. T. Sutt: Uniqueness of Life and Man. In: International Symposium Biological Evolution, Bari 1987. — T. Sutt: The Anthropic Principle and the Synthetic Theory of Evolution. In: Proceedings of the Academy of Sciences of the Estonian SSR 36 (1987) 1.

chungen, die versuchen, die für das Entstehen der Menschheit innerhalb des Universums notwendigen Bedingungen zu klären. Dabei wird der Mensch weder als Zufall noch als Zentrum des Alls gesehen, sondern als sein natürlicher Bestandteil. »Die einzigen Dinge, die gewußt werden können, sind die, die auch mit der Existenz von Wissenden vereinbar sind. So lautet das anthropische Prinzip in seiner reinsten Form«, schreibt der Physiker George Greenstein.[86] »Das anthropische Prinzip ist ein erstaunliches Hilfsmittel. Es vermeidet die seit Jahrhunderten praktizierten normalen wissenschaftlichen Methoden und erhebt statt dessen die Existenz der Menschheit in den Status eines Prinzips der Erkenntnis. Dadurch ist es wirksam im Bereich alternativer Realitäten und fragt, wie das Universum wohl aussähe, wenn sich ein Merkmal der Realität anders gestaltete und ob Leben auch unter diesen Umständen möglich wäre. Lautet die Antwort nein, kann man davon ausgehen, daß dieses Merkmal nicht anders sein dürfte, als es ist.«

Schließlich ein *sechster* Gesichtspunkt. »Angenommen, es sei möglich, die Evolutionsrichtung, die für unser Leben bisher entscheidend gewesen ist, mit genügend großer Sicherheit zu erkennen, würde sich daraus dann auch mit Notwendigkeit ergeben, daß diese Richtung gut ist und daß wir uns bemühen sollten, dazu beizutragen, daß sie erhalten bleibt? Die Evolution hat zur Entstehung eines Geistes geführt, der fähig ist zu erkennen, daß er selbst ein Ergebnis der Evolution ist, und daß er sich im

---

[86] G. Greenstein: Die zweite Sonne, Düsseldorf/Wien/New York 1988, S. 48. – Vgl. J. D. Barrow/F. J. Tipler: The Anthropical Cosmological Principle, Oxford/New York 1990. – R. Breuer: Das anthropische Prinzip, Frankfurt a. M./Berlin/Wien 1984; R. Breuer: Die Pfeile der Zeit, Frankfurt a. M./Berlin 1987, S. 129 ff. – S. W. Hawking: Eine kurze Geschichte der Zeit, S. 157 ff.

künftigen Evolutionsgeschehen noch weiterentwickeln kann. Sollte dieser Geist nicht auch fähig sein, den tieferen Sinn des Vorganges zu erforschen, der ihn selbst geschaffen hat? Ein solches Bemühen aber kann sich nur auf Begriffsbestimmungen des Wortes ›Sinn‹ stützen, die an sich mit dem Evolutionsvorgang selbst gar nichts zu tun haben, sondern gänzlich anderen Ursprungs sind«, vermerkte Dobzhansky[87], den Circulus vitiosus des ethischen Naturalismus am Begriff »Sinn« vor Augen führend und die Frage nach den Orientierungen und Maßstäben menschlichen Handelns aufwerfend. Auch Albert Schweitzer legte die Zirkelschlüssigkeit des ethischen Naturalismus bloß. Wie er bemerkte, »ist die Annahme einer im Weltgeschehen waltenden Objektivität, die für unser Handeln vorbildlich werden soll, nichts anderes als ein mit ganz blassen Farben unternommener Versuch, die Welt ethisch zu deuten ... Wo immer überhaupt das menschliche Denken das Sein-wie-die-Welt zur Ethik erhebt, hat das ethische Wollen des Menschen dem Weltgeist irgendwie ethischen Charakter beigelegt, um sich in ihm wiederfinden zu können.«[88] Nicht darin, daß der Mensch Ergebnis organismischer Höherentwicklung ist, liegt eine anthropozentrische Illusion, sondern darin, daß sie der Spezies Mensch zu mehr verholfen habe als zu ihrem Dasein, nämlich auch zu Wert und Sinn. Sie hängen davon ab, was die Menschen durch ihr Erkennen und Handeln aus ihren Bedingungen und Möglichkeiten machen. »Vom Affen abzustammen ist nicht schwer,

---

87 Th. Dobzhansky: Die Entwicklung zum Menschen, Hamburg/Berlin 1958, S. 389.
88 A. Schweitzer: Kultur und Ethik (1923). In: A. Schweitzer: Ausgewählte Werke in fünf Bänden, Bd. 2, Berlin 1971, S. 367/368.

Mensch muß man werden können«, lautet ein Aphorismus. Das war niemals deutlicher als in dieser Zeit voller Gefahr für die Bewohnbarkeit der Erde und das Überleben und Vorankommen der Menschheit.

Hominisation durch Evolution

Die Naturgeschichte des Menschen ist in der Evolutionsgeschichte des Lebens auf der Erde enthalten. In abgestufter Weise ist der Mensch mit den anderen Lebewesen stammesgeschichtlich verwandt. So sind die heute lebenden Menschen eine neben 185 weiteren rezenten Primaten-Arten. Diese werden in vier verschiedenen Gruppen zusammengefaßt: Halbaffen, Neuweltaffen, Hundsaffen oder Meerkatzenartige und Hominoiden (Gibbons, Menschenaffen und Menschen). 28 der 185 Primatenarten leben auf Madagaskar, jeweils über 50 in Südamerika, Afrika und Asien. Primaten befinden sich, wie die Verhaltensbiologin Alison Jolly schreibt, an einem Wendepunkt der Evolution: »Primaten sind für den Biologen, was Viren für den Biochemiker sind. Sie können den Regeln einer einfacheren Disziplin gemäß analysiert und teilweise verstanden werden, aber sie präsentieren auch eine andere Ebene der Komplexität: Viren sind lebende Chemikalien und Primaten sind Tiere, die lieben und hassen und denken.«[1]

Die Autorin verweist darauf, daß die Primaten ein Säu-

---

1 A. Jolly: The Evolution of Primate Behavior. In: American Scientist 73 (1985) 3, S. 230.

getier-Taxon sind, das schwerlich durch ein einzelnes Merkmal zu charakterisieren ist. Doch zeige sich eine Anzahl anatomischer Trends, deren meiste direkt mit der Komplexität des Verhaltens verbunden sind. »Freie und präzise Bewegung der Hände und Vordergliedmaßen kulminiert in unserer eigenen Gewandtheit, mit Werkzeugen umzugehen. Ein Wechsel vom Verlassen auf den Geruchssinn zum Verlassen auf das Sehen führt zur Fähigkeit, eine Welt voller Objekte räumlich zu durchmustern. Die Großhirnrinde wächst an Größe und Komplexität. Schließlich erfordert das Längerwerden des pränatalen und postnatalen Lebens verlängerte Fürsorge für unsere abhängigen Jungen und räumt Zeit ein, um die Ressourcen ihrer Umwelt und die Umgangsformen ihrer Sippe kennenzulernen. Wenn es ein Wesen dessen gibt, ein Primat zu sein, ist es die progressive Evolution der Intelligenz als einer Weise zu leben. Solche Trends datieren das Hervortreten des Menschlichen lange im voraus und werden in einem überraschenden Ausmaß auf den verschiedenen Entwicklungsniveaus unter den heute lebenden Arten repräsentiert.«[2]

Wie Jolly weiter vermerkt, leben rund 80 Prozent aller Primatenarten in tropischen Regenwäldern, die aller Wahrscheinlichkeit nach die ursprüngliche Heimat dieser Tiergruppe sind. Einige wenige sind für diese Lebensstätte spezialisiert, während viele befähigt sind, sowohl feuchte als auch trockene Wälder zu besiedeln. Die Hälfte der Arten auf jedem Kontinent kann zu Zeiten in trockenes Waldland einwandern; nur in Afrika und Asien leben einige Primaten in der offenen Savanne.

---

2 Ebenda.

Hominoiden — Hominiden — Homininen

Ein Teilgeschehen der Primatenevolution war die Evolution der Hominoiden, ein Teilgeschehen der Hominoidenevolution die Evolution der Hominiden (Menschenartigen). In diesem Konnex vollzog sich in den Jahrmillionen des Tertiärs und Pleistozäns die Evolution zum Menschen.[3] Die ersten Primaten, Nachkommen primitiver Insektenfresser, traten gegen Ende der Kreidezeit, vor nahezu 70 Millionen Jahren auf. Es waren urtümliche Halbaffen, kleine, baumbewohnende Tiere, die ersten nur mausgroß. Zu Beginn des Tertiärs waren Halbaffen in Nordamerika und Europa, die damals noch über Grönland durch eine Landbrücke verbunden waren, weit verbreitet. Vor etwa 50 Millionen Jahren scheinen sich die Evolutionswege der Halbaffen und der aus halbäffischen Vorfahren hervorgegangenen echten Affen (Simiae) getrennt zu haben; in Nordamerika entstanden die Neuweltaffen (Platyrrhina), in Eurasien die Altweltaffen (Catarrhina). Seit dem Oligozän, vor 37 bis 33 Millionen Jahren, sind fossile Formen der beiden großen Gruppen der Altweltaffen, der Meerkatzenartigen (Cereopithecoidea) und der Hominoi-

---

3 Vgl. u. a. V. P. Alexeev: The Origin of the Human Race, Moskau 1986. — Y. Coppens: Die Wurzeln des Menschen, Frankfurt a. M./Berlin 1987. — R. Feustel: Abstammungsgeschichte des Menschen, 6. Aufl. Jena 1990. — H. Hass: Wie der Fisch zum Menschen wurde, Frankfurt a. M. 1982. — J. Herrmann/H. Ullrich (Hrsg.): Menschwerdung, Berlin 1991. — W. Hollitscher: Lebewesen Mensch, Berlin 1986. — W. Jantzen: Menschwerdung. In: H. J. Sandkühler (Hrsg.): Europäische Enzyklopädie zu Philosophie und Wissenschaften, Hamburg 1990. — D. Johanson/M. Edey: Lucy, München/Zürich 1982. — D. Johanson/J. Shreeve: Lucys Kind, München/Zürich 1990. — R. G. Klein: The Human Career, Chicago 1989. — R. Leakey/R. Lewin: Die Menschen vom See, Frankfurt a. M./Berlin/ Wien 1982. — R. E. Leakey/R. Lewin: Wie der Mensch zum Menschen wurde, München 1985. — J. Reader: Missing links, Harmondsworth 1988.

den, nachgewiesen, die vor schätzungsweise etwa 40 bis 35 Millionen Jahren aus einer Ursprungsgruppe der Altweltaffen heraus getrennte Evolutionswege einschlugen. Die mit schätzungsweise 35,8 Millionen Jahren ältesten bekannten Hominoidenfossilien stammen aus dem Südosten der arabischen Halbinsel. Ihnen nahe stehen Formen wie der Propliopithecus, ein etwa katzengroßer Affe, dessen etwa 34 Millionen Jahre alter Unterkiefer und Zähne aus dem unteren Oligozän nahe der Oase El Fayum in Unterägypten zutage gefördert wurden.

In der Evolution der Hominoiden entstanden die drei Gruppen der Gibbons (Hylobatidae), zu der heute noch 7 in Asien lebende Arten zählen, der Menschenaffen (Pongidae), heute noch vertreten durch Bonobo, Schimpanse und Gorilla in Afrika und den Orang-Utan in Asien, und der Hominiden. Der Bonobo – auch »Zwergschimpanse« genannt, obwohl er weder ein Zwerg noch ein Schimpanse ist – dürfte der nächste lebende Stammverwandte des Menschen sein.[4] Zunächst scheinen sich im Oligozän, vor vermutlich 35 Millionen Jahren, die Wege der Hylobatiden-Gruppe und der anderen Hominoiden getrennt zu haben. Deren ältester bekannter Vertreter ist Aegyptopithecus, von dem Skelettreste ebenfalls bei El Fayum gefunden wurden. Der etwa fuchsgroße Bewohner tropischer Urwälder, der vor etwa 34 bis 33 Millionen Jahren gelebt hat, konnte sich auf allen vieren im Baumgeäst, aber auch auf dem Boden fortbewegen. »Sein menschenaffenähnliches Gebiß schloß kräftige, nur bei den männlichen Artangehörigen ausgebildete Eckzähne (Augenzähne) ein, möglicherweise ein Hinweis auf eine Lebensform, bei der die Männchen komplexe soziale

---

[4] Vgl. V. Sommer: Unser Vetter aus Zaire. In: Kosmos 87 (1991) 5.

Gruppen verteidigten. Eine hochentwickelte Sozialorganisation würde auch zum großen Hirnvolumen von etwa 30 Kubikzentimetern passen, das den kleinen Aegyptopithecus zum schlauesten Vertreter der oligozänen Tierwelt und damit zum geeigneten Vorläufer von Menschenaffen und Menschen abstempelt«, schreibt der Paläontologe Steven M. Stanley.[5]

Auf der durch Aegyptopithecus repräsentierten Entwicklungslinie entstand offenbar die vor 26 bis 6 Millionen Jahren lebende, im Miozän in Europa, Asien und Afrika weit verbreitete und mit einigen Formen noch ins Pliozän hineinreichende Gruppe der Dryopithecinen (Baumaffen), in der sich Vorfahren der heutigen Menschenaffen und Menschen befanden. Zu ihnen gehört die etwa 18 Millionen Jahre alte Proconsul-Gruppe, darunter Proconsul africanus, von dem Schädelteile und Gliedmaßenreste auf Rusinga Island im Victoria-See in Kenia gefunden wurden. Proconsul africanus war etwa bonobogroß und bewohnte offene Galeriewälder, die teilweise den Charakter von Buschsteppen hatten. Er könnte der Ausgangsgruppe der Hominiden nahegestanden haben.

Wer die ersten Hominiden waren, wann sich ihre Evolutionslinie und die der Pongiden getrennt haben und auch die konkreten stammesgeschichtlichen Verwandtschaftsbeziehungen zwischen dem Menschen und seinen rezenten menschenäffischen Stammverwandten sind Fragen, die sich in der Diskussion befinden. Seit den sechziger Jahren wurden 12 bis 9 Millionen Jahre alte Fossilien einer als »Ramapithecus« bezeichneten Gruppe auf dem indischen Subkontinent als Überreste der ältesten Homi-

---

5 S. M. Stanley: Der neue Fahrplan der Evolution, München 1983, S. 163/164.

niden angesehen. Weiteres Fundmaterial aus den siebziger Jahren, nicht nur vom indischen Subkontinent, sondern auch aus Ungarn, Griechenland, der Türkei und China hat »Ramapithecus« zu einer Sammelbezeichnung für recht verschiedene Hominoiden werden lassen, deren Beziehungen und stammesgeschichtliche Stellung problematisch sind und durch differenzierte Analyse und weiteren Informationsgewinn aufgehellt werden müssen.

Aus Ostafrika liegen Funde fossiler Kieferfragmente und Zähne des Keniapithecus vor, der auf ein Alter von 15 bis 12 Millionen Jahren datiert und den Ramapithecinen zugeordnet wird. Die Zähne des Keniapithecus werden als eher menschenähnlich denn menschenaffenähnlich beurteilt, so daß ihm einige Wahrscheinlichkeit dafür eingeräumt wird, der älteste Hominide zu sein. Eindeutige Hominidenfossilien liegen aber erst aus einem vor reichlich 5 Millionen Jahren beginnenden Zeitraum von der Australopithecus-Gruppe vor.

Von Australopithecinen konnten bisher an 5 südafrikanischen und 14 ostafrikanischen Fundstätten mehr als 1 200 fossile Skelettreste – Schädel, Schädelteile, Zähne und andere Skelettfragmente – von mindestens 300 Individuen geborgen werden. Sie stammen aus einem Zeitraum von rund 4 Millionen Jahren, von vor etwa 5 Millionen Jahren bis vor etwa 1 Million Jahre. Der Australopithecus-Schädel, dessen Gesamteindruck an den eines Menschenaffen gemahnt, weist ein eigentümliches Mosaik menschenaffenähnlicher und menschenähnlicher Merkmale auf: Menschenaffenähnlich sind unter anderem der im Verhältnis zum Gesichtsschädel kleine, niedrige Hirnschädel, der ein kleines Gehirn enthielt, und der vorspringende, kräftige Kiefer, schon menschlich sind unter anderem der geschlossene parabolische Zahnbogen, kleine Eckzähne und das nach der Mitte der Schädelbasis verlagerte Hinterhauptsloch. Das Körperskelett ähnelte weitgehend dem des Menschen.

Becken und Gliedmaßen der Australopithecinen belegen aufrechte Körperhaltung und zweifüßigen Gang (Bipedie), die entgegen älteren Vorstellungen kein Spezifikum des Menschen, sondern den (bekannten) Hominiden generell eigen sind. Daß dies bereits vor mehr als 3 Millionen Jahren der Fall war, zeigen die etwa 3,5 bis 3 Millionen Jahre alten, fast zur Hälfte vollständigen Skelettreste eines um 20 Jahre alt gewordenen Australopithecinenweibchens, das man »Lucy« genannt hat. Der Fund stammt wie zahlreiche weitere aus dem äthiopischen Afar-Gebiet. Etwa 500 000 Jahre älter als die Überreste von Lucy ist ein vermutlich von einem männlichen Individuum der gleichen Hominidenform stammender Oberarmknochen. Ein weiterer alter Beleg aufrechten, zweifüßigen Ganges sind die in Ablagerungen vulkanischer Asche konservierten, auf 3,75 Millionen Jahre datierten Fußspuren zweier Individuen, die bei Laetoli in Tansania entdeckt wurden.

Unter den Australopithecinen zeichnen sich ein robuster und ein graziler Typ ab. Der robuste Typ lebte etwa von vor 2,5 bis vor 1 Million Jahren in Ost- und Südafrika. Er war erwachsen ca. 1,50 Meter hoch und 40 bis 50 Kilogramm schwer. Diese Wesen scheinen sich von harten Pflanzenteilen ernährt zu haben. Darauf weisen Spezialisierungen im Bau des Gebisses und des Schädels hin, so der knöcherne Scheitelkamm als Ansatzfläche einer mächtigen Kaumuskulatur. Der grazile Typ besitzt keinen Scheitelkamm und ein weniger spezialisiertes Gebiß, das auf gemischte Pflanzen- und Fleischkost schließen läßt.

Die Individuen wurden bis etwa 1,30 Meter hoch und erreichten eine Körpermasse von 25 bis 30 Kilogramm.

Die Australopithecinen werden allgemein als eine Hominiden-Gattung angesehen, die aus mehreren Arten bestand. Der grazile Typ trägt den Namen Australopithecus africanus, bei dem robusten Australopithecus wird zwischen der südafrikanischen Spezies Australopithecus robustus und der ostafrikanischen Art Australopithecus boisei unterschieden. Umstritten ist die Stellung von Lucy und mit ihr im Fundzusammenhang stehender Australopithecus-Fossilien. Die Meinungen reichen von der Annahme, sie gehörten bereits teils, so auch Lucy, dem grazilen Typ, teils aber auch dem robusten Typ an, über die Ansicht, es handele sich um eine Unterart von Australopithecus africanus, bis zur Auffassung, es liege eine Art Australopithecus afarensis vor, die auch als gemeinsame Vorfahrenart der grazilen und der robusten Australopithecinen sowie des Homo habilis angesehen wird.

Vom Homo habilis zum Homo sapiens

Im Verlauf der Evolution der Hominiden auf dem Wege zum Menschen lassen sich im Anschluß an den Evolutionstheoretiker und Anthropologen Gerhard Heberer drei Phasen unterscheiden:

1. eine subhumane (vormenschliche) Phase, die begann, als sich die Evolutionswege der Pongiden und der Hominiden trennten und in der insbesondere der aufrechte Gang entstand;

2. ein »Tier-Mensch-Übergangsfeld«, in dem sich die Herstellung von Arbeitsgeräten und die soziale Jagd herausbildeten;

3. eine anschließende Phase der Evolution des Menschen bis zur Herausbildung des Gegenwartsmenschen und der menschlichen Urgesellschaft (Gentilgesellschaft), die als humane (menschliche) Phase bzw. im Hinblick auf die Anthropo-Soziogenese als biotisch-gesellschaftliche Übergangsphase bezeichnet wird.[6]

Im Kreise der Australopithecinen nun begann im Tier-Mensch-Übergangsfeld der spezifische Entwicklungsweg des Menschen. Mit der Herausbildung seiner arbeitsfundierten gesellschaftlichen Existenzweise trennte er sich von den vormenschlichen und den zeitweilig noch neben ihm existierenden nicht-menschlichen Hominiden. »Nach heutiger Kenntnis spricht sehr vieles dafür, daß sich vor etwa 3–2,5 Millionen Jahren einige Populationen des grazilen Australopithecinen zum Menschen – zum Affenmenschen (Homo habilis) – weiterentwickelt haben«, schreibt der Anthropologe Herbert Ullrich.[7]

Älteste Fossilien von Homo habilis sind aus etwa 2 Millionen Jahre alten Schichten in Kenia, Tansania und Südäthiopien sowie in Südafrika geborgen worden, in Ostafrika existierte er nachweislich bis vor etwa 1,4 Millionen Jahren. »Der Affenmensch glich im Bau des Schädels noch weitgehend den Australopithecinen, insbesondere ihrem grazilen Typ. Gleichzeitig unterschied er sich in zahlreichen Merkmalen deutlich von diesen. Der Hirnschädel war absolut größer, in der Seitenansicht gestreckter und niedriger, das Hinterhaupt gerundeter. Die Stirn war relativ hoch, der Überaugenwulst nur ganz schwach

---

6 Vgl. W. Jantzen: Tier-Mensch-Übergangsfeld. In: H. J. Sandkühler (Hrsg.): Europäische Enzyklopädie zu Philosophie und Wissenschaften. – S. Kirschke: Anthropogenese und Urgesellschaft. In: D. Bergner (Hrsg.): Der Mensch, Berlin 1982.

7 H. Ullrich: Vom Halbaffen zum Affenmenschen. In: Urania 62 (1986) 3, S. 36.

ausgeprägt«, resümiert Ullrich.[8] Er weist darauf hin, daß Homo habilis in vieler Hinsicht eine Zwischenstellung zwischen den grazilen Australopithecinen und dem späteren Homo erectus einnimmt. Besonders treffe das für das Gehirnvolumen zu, für das bei den Australopithecinen ein Mittelwert von 500 Kubikzentimetern, bei den Habilinen von 630 Kubikzentimetern und bei Homo erectus von 980 Kubikzentimetern errechnet wurde.

Vermutlich lebten die Habilinen in kleineren Horden. Entscheidend für ihre Position im Prozeß der Menschwerdung ist, daß sie begannen, sich mit ihrer natürlichen Umwelt auf menschliche Weise auseinanderzusetzen, das heißt zu arbeiten. Es ist belegt, daß sie Geröllsteine durch mehr oder weniger gezielte Schläge veränderten und als Arbeitsgeräte benutzten. Auf die Herstellung solcher Geröllgeräte bezog sich Heberer, als er sagte: »Als ›echte Menschen‹ bezeichnen wir Lebewesen, die nicht nur Werkzeuge gebrauchen, sondern diesen Werkzeuggebrauch dadurch in besserer Form durchführen können, daß sie das Werkzeug zu bestimmten Zwecken verbessern, d. h. *Geräte* herstellen ... Wer das kann, hat das Tier-Mensch-Übergangsfeld passiert – er hat sich ein *Gerät* zielstrebig mit *Zukunftsbedeutung* für spätere Tätigkeiten *hergestellt*; und wer dann gar solche Geräte herstellt, um weitere Geräte damit anzufertigen, der ist von uns eigentlich bloß noch durch gewisse philosophische Meinungen verschieden.«[9]

Die ältesten bekannten Geröllgeräte stammen aus dem

---

8 H. Ullrich: Affenmensch und Urmensch. In Urania 62 (1986) 7, S. 34.
9 Reicht die Stammesgeschichte des Menschen 30 Mio. Jahre zurück? Ein Interview mit Prof. Dr. G. Heberer. In: Umschau in Wissenschaft und Technik, 1968, H. 15, S. 468.

südäthiopischen Omo-Tal und werden auf ein Alter von 2,5 Millionen Jahren datiert, sind also älter als die ältesten bekannten Fossilien von Homo habilis; ihre Hersteller sind bisher nicht fossil belegt. Die Habilinen dürften das Sammeln von Nahrung durch die gemeinschaftliche Jagd auf kleinere Tiere ergänzt haben, aber noch keine Großwildjäger gewesen sein. Manche Autoren nehmen an, daß sie ihre Fleischnahrung wesentlich von zielstrebig gesuchten frischen Großtierkadavern bezogen[10]. Weitere Belege ihrer Arbeitstätigkeit sind Plätze, an denen Wild zerlegt wurde, und andere, an denen gerastet und Geröllgeräte hergestellt wurden, sowie Spuren von Windschirm- oder zeltartigen Konstruktionen, gefunden zu Olduvai in Tansania, Gadeb in Äthiopien und an weiteren Orten.

Aus ostafrikanischen Populationen des Homo habilis scheinen vor etwa 1,6 Millionen Jahren die als »Homo erectus« und populär häufig als »Urmenschen« bezeichneten Menschen hervorgegangen zu sein, während zugleich Habilinen noch bis vor ca. 1,4 Millionen Jahren weiterexistiert haben. Während einer Zeitspanne von etwa 1,3 Millionen Jahren lebten die aufeinanderfolgenden Generationen des Homo erectus. Älteste Fossilfunde, die für eine Basisgruppe des Homo erectus sprechen – ihr Alter liegt zwischen 1,6 und 1,3 Millionen Jahren –, stammen vom Ostufer des Turkanasees in Nordkenia. Funde aus dem Tal des Omo (Südäthiopien), der in den Turkanasee mündet, von Melka Konturé (Äthiopien) und Olduvai (Tansania) sind mit 1,5 bis 2 Millionen Jahren nur

---

10 Vgl. W. Padberg: Annidation und Hominisation. In: Ethnographisch-Archäologische Zeitschrift 8 (1967) 1. – J. H. Reichholf: Das Rätsel der Menschwerdung, Stuttgart 1990, S. 119ff.

wenig jünger. Schon vor mehr als 1 Million Jahre sind Horden des Homo erectus offenbar aus ihrer tropischen Urheimat über Nordafrika nach Europa und über Vorderasien nach Ost- und Südasien vorgedrungen. Aus Djawa sind Fossilienfunde mit einem Alter von etwa 1 Million Jahre und von 830 000 bis 500 000 Jahren bekannt. Die ältesten Funde in China entsprechen zeitlich den jüngeren von Djawa, andere, so die des »Pekingmenschen« von Choukoutien nahe der chinesischen Hauptstadt, sind nur etwa 400 000 bis 300 000 Jahre alt. In Süd- und Mitteleuropa reichen archäologische Zeugnisse der Anwesenheit von Homo erectus bis fast 800 000 Jahre zurück, europäische Fossilien stammen aus der Zeit zwischen 500 000 und 300 000 Jahren, das heißt vom späten Homo erectus. Anscheinend wurde Europa während der Warmzeiten des Pleistozäns mehrmals vom Süden her besiedelt.

In der Fossilgeschichte des Homo erectus zeichnet sich eine generelle Tendenz zu massivem Knochenbau des Schädels und der Gliedmaßen ab. Merkmale wie größeres Gehirnvolumen, Bau des Gesichtsschädels, Form des Zahnbogens und des Körperskeletts kennzeichnen den Fortgang der Hominisation, während andere Merkmale, besonders die Bezahnung, primitiver wirken. Die Körperhöhe betrug bei den erwachsenen Individuen etwa 1,50 bis 1,60 Meter. Das Gehirnvolumen war nicht nur allgemein größer als beim Homo habilis, sondern auch bei historisch jüngeren Funden größer als bei älteren. Bei den älteren Funden von Djawa und aus China betrug es durchschnittlich 817 Kubikzentimeter, bei den jüngeren von Choukoutien 1 149 Kubikzentimeter. Zwischen den Fossilien aus Afrika, Europa und Asien zeichnen sich morphologische Differenzierungen ab, die mit dem unterschiedlichen geographischen Milieu, besonders den klimatischen Bedingungen, zusammenhängen mögen.

Innerhalb des Verbreitungsgebietes des Homo erectus gab es zwei große Komplexe von Steingeräten, nach denen zwischen »Faustkeilkulturen« und faustkeillosen »Geröllgerätekulturen« unterschieden wird, letztere in der Spätphase des Homo erectus zum Teil – so an den Fundorten bei dem nordthüringischen Bilzingsleben, bei Vérteszölös (Ungarn) und bei Choukoutien – mit »Abschlagkulturen«. »Der Faustkeil, ein durch beidflächiges Behauen aus einem Geröll- oder Steinkern herausgebildetes Gerät mit Spitze und Arbeitskanten, ist das erste nach festen Formvorstellungen gefertigte Arbeitsinstrument des Menschen«, schreibt Ullrich[11], dessen Auskünften über den Homo erectus hier gefolgt wurde. »Faustkeilkulturen« gab es in weiten Territorien Afrikas und Asiens, in Mittel-, West- und Südeuropa. Möglicherweise gehen die Unterschiede in den Arbeitsgeräte-»Kulturen« darauf zurück, daß der Faustkeil und mit ihm verbundene Geräte zu einer Zeit in Afrika entwickelt und von dort aus verbreitet worden sind, als zuvor schon nach Asien abgewanderte und von dort sich ausbreitende Gruppen des Homo erectus andere Richtungen der Geräteentwicklung verfolgten.

Die vom Homo erectus hervorgebrachte Entwicklung des Arbeitsprozesses schloß auch ein, das Feuer zu nutzen und zielgerichtet zu unterhalten. Anscheinend wurde Feuer bereits vor 1,4 Millionen Jahren in Ostafrika genutzt und kontrolliert. Auf menschliche Feuernutzung gehen offenbar auch 270 angekohlte Tierknochen zurück, die in einer 1 bis 1,8 Millionen Jahre alten Kalkschicht in Höhlen

---

11 H. Ullrich: Affenmensch und Urmensch. In: Urania 62 (1986) 7, S. 36.

bei Swartkrans in Südafrika entdeckt wurden. Unklar ist, ob damals Feuer auch schon von Menschen entfacht wurde.[12] Die Annahme liegt nahe, daß die Bewahrung und Verwendung des Feuers entscheidend war, um neue Lebensräume und Lebensweisen zu erschließen. Zusammen mit Geräteherstellung, kooperativer Jagd auf größere Tiere und geschlechtlicher Arbeitsteilung war die Nutzung des Feuers wesentlich, um die naturbedingt fixierten Lebensräume verlassen zu können und auch zunächst in Territorien gemäßigten Klimas vorzudringen. Das Feuer ermöglichte den Homininen, sich an vielen Orten ein Mikroklima zu schaffen, ohne das sie kaum hätten überleben können. Es gewährte verbesserten Schutz vor Beutegreifern und konnte als Hilfsmittel bei der Jagd eingesetzt werden. Seine Nutzung ging in die Technologie der Geräteerzeugung und der Nahrungszubereitung ein. Damit entstanden veränderte und neue Verhaltensweisen und Evolutionsbedingungen insgesamt. Als Besitz der Urmenschenhorden hatte das Feuer durch die Zwänge seiner Bewahrung und Verwendung sicherlich beachtlichen Einfluß auf die soziale Organisation und deren Entwicklung.

Bisher älteste über Arbeitsgeräte aus Stein und Knochen, die Techniken und Orte ihrer Herstellung und Anwendung sowie die Erhaltung und Nutzung des Feuers hinausgehende Aufschlüsse zur Entwicklung kulturell-geistigen Schöpfertums liegen für den späten Homo erectus aus einer Zeit vor etwa 350 000 bis 300 000 Jahren vor. Es handelt sich um die Ausgrabungen auf dem altsteinzeitli-

---

12 Vgl. J. A. J. Gowlett et al.: Early archaeological sites, hominid remains and traces of fire from Chesowanja, Kenya. In: Nature, Vol. 294, 12 November 1981. – Kogda tschelowek owladel ognem? In: Priroda, 1989, H. 10, S. 119.

chen Rastplatz von Bilzingsleben.[13] Der Lagerplatz mit den vorgefundenen Hinterlassenschaften läßt nach seinem Erforscher Dietrich Mania darauf schließen, daß sich dort eine kleinere Gemeinschaft des Homo erectus, eine Horde von etwa 25 bis 30 Individuen, während einer pleistozänen Warmzeit wiederholt für gewisse Zeit aufgehalten hat. Sie ernährten sich durch Sammeln und besonders durch Jagen, wobei vorwiegend kooperativ Großwild erlegt wurde, wie zerschlagene Skelett- und Gebißreste der Beutetiere und andere Nahrungsüberreste bezeugen. Weiter wurden bisher unter anderem elf menschliche Schädelteile und sechs Zähne von zwei (oder drei) Individuen, Grundrisse von drei kleinen, zeltartigen Hütten mit Feuerstellen vor dem Eingang, Werk- und Arbeitsplätze, verschiedenartige Steingeräte – unter ihnen zahlreiche kleine, nur 8 bis 50 Millimeter lange Spezialgeräte aus Feuerstein und handliche Schlagsteine aus Quarzgeröllen zu ihrer Herstellung – sowie Rohmaterial und Abfälle, Geräte aus Knochen, Geweih und Elfenbein und Spuren von Holzbearbeitung gefunden.

Besonders hervorzuheben sind Knochengeräte mit eingravierten linearen Ornamenten, andere mit bestimmten Zeichen, zu denen unter anderem Dreiecke, Malkreuze und einfache und doppellinige Rechtecke gehören, die einzeln, zu zweit und in Gruppen auftreten und insgesamt ein System von etwa 17 Zeichen bilden, sowie eine mit solchen Zeichen kombinierte Tiergravierung, eine Großkatze, ganz offensichtlich einen Löwen darstellend. Zu dieser schreibt der Archäologe Günter Behm-Blancke: »Der altpaläolithische Künstler von Bilzingsleben empfing wahrscheinlich eine Inspiration für die Anfertigung der

---

13 Vgl. D. Mania: Auf den Spuren des Urmenschen, Berlin 1990.

Gravierung von der allgemeinen Vorstellungswelt der mit ihm lebenden Jäger-Sammler-Gemeinschaft. Er machte die Ideenwelt mit Hilfe des Tierbildes und durch Anwendung eines Zeichensystems als ›Botschaft‹ sichtbar. Diese vermutlich rituell durchgeführte Aktion muß für die Lebenshaltung und den Lebenswillen der alt- und jungpaläolithischen Gemeinschaften wichtig gewesen sein: Sie bedeutete psychische Hilfe bei der Ausübung von Handlungen, die z. B. bei der Durchführung der Jagd starke Konzentration und physische Kraft erforderten. Das Gefühl des Erfolges beherrschte die Jäger bei ihren Unternehmungen.«[14]

Behm-Blancke sieht in der Löwendarstellung den Ausdruck einer besonderen Stellung des Löwen – der in der Überlieferung aus späterer Zeit als »Herr der Tiere« galt – in der Vorstellungswelt der altsteinzeitlichen Jäger von Bilzingsleben. In ihr scheint auch der Bär eine besondere Rolle gespielt zu haben, gibt es doch unverkennbare Indizien für eine besondere Bärenzeremonie, zu der gehörte, die Bärenschädel aufzuschlagen und das Gehirn zu entnehmen und zu verzehren. Auf frührituelle Verhaltensweisen deuten nach Mania auch die menschlichen Überreste selbst hin, die offenbar von den Schädeln zweier (oder auch dreier) Toten stammen. Die Schädel erfuhren eine besondere Behandlung, die – wie Mania betont – »nicht mit aggressivem Verhalten oder den Bräuchen eines aus unserer Zeit bekannten Kannibalismus in Verbindung gebracht werden darf! Entweder ist Patrophagie oder ein Schädelkult zu vermuten. In beiden Fällen ist die Behandlung auf den Toten gerichtet, um der Gruppe

---

14 G. Behm-Blancke: Zur Vorstellungswelt des Urmenschen von Bilzingsleben. In: Urania 63 (1987) 2, S. 58.

seine Fähigkeiten zu erhalten oder eine Verbindung zu den Lebenden aufrechtzuerhalten.«[15]

So ermöglichen die Funde von Bilzingsleben einen zuvor ungekannten komplexen Einblick in die geistige Welt der Menschen, die sich dort aufhielten. Dabei ist offen, wie weit die verschiedenen kulturellen Phänomene zukünftig noch weiter in die Vergangenheit zurückverfolgt werden können. Manchen Autoren gelten in kühner Deutung Funde von Terra Amata bei Nizza, denen ein Alter von 380 000 bis 450 000 Jahren zugeschrieben wird, als Überreste der ältesten bekannten Behausung des Homo erectus, angeblich einer 8 Meter langen Hütte aus Ästen mit einer Feuerstelle und Werkplätzen zur Geräteherstellung, die mehrfach wiedererrichtet wurde. Eindeutig belegt sind die Feuerstelle und Werkzeuge einer Faustkeilkultur. Der sowohl älteste als auch unzweideutigste Beleg eines besonderen Umgangs mit den Schädeln toter Menschen liegt mit den zwischen 450 000 bis 400 000 Jahre alten Homo-erectus-Funden von Choukoutien vor. Unter den mehr als 40 gefundenen Schädeln waren viele, bei denen die Schädelbasis zertrümmert oder das Hinterhauptsloch erweitert worden war, offenbar um das Gehirn zu entnehmen und zu verspeisen. Auch hier ist ein kultisch-ritueller Zusammenhang anzunehmen.

Aus Populationen des Homo erectus ging der Homo sapiens hervor, wobei die paläoanthropologischen und archäologischen Funde mehrere Hypothesen zulassen. Deshalb wird kontrovers diskutiert, wo und wann der anatomisch moderne Mensch, der rezente Homo sapiens,

---

15 D. Mania: Homo erectus – seine Kultur und Umwelt. In: Biologie in der Schule 35 (1986) 11, S. 439/440. – Vgl. D. Mania: Auf den Spuren des Urmenschen, S. 270ff.

entstand, ob sich dieser Vorgang zum Beispiel auf verhältnismäßig breiter Front in Afrika, Europa und Asien vollzogen hat oder in einem relativ begrenzten afrikanischen Territorium, von dem sich der frühe Gegenwartsmensch ausbreitete.[16] Dazu gehört auch die Frage, welche Rolle die als »Neandertaler« bezeichneten Menschen in diesem Prozeß spielten. Den einen gelten sie unter dem Namen »Homo sapiens neanderthalensis« als Unterart des Homo sapiens, anderen als eigene Menschenart »Homo neanderthalensis«. Die ältesten bekannten Fossilien anatomisch moderner Menschen stammen aus Südafrika und Israel und sind 100 000 bis 90 000 Jahre alt, während sein Vorkommen in Europa seit etwa 40 000 Jahren belegt ist.

Punktualismus, Gradualismus und Anthropogenese

Namen wie »Australopithecus afarensis« und »Australopithecus robustus«, »Homo habilis« und »Homo erectus« legen nahe, daß es sich bei den so bezeichneten Hominiden um Arten handelt. Was aber ist eine Art? Die von dem Evolutionsbiologen Ernst Mayr begründete sogenannte biologische Artkonzeption besagt, daß Arten Abstammungs- und Fortpflanzungsgemeinschaften sind, Gruppen von Populationen, zwischen denen Genaustausch stattfindet oder jedenfalls stattfinden kann, während sie von anderen solchen Gemeinschaften reproduktiv isoliert sind. Bei der Entstehung neuer Arten aus Populationen einer Stammart, der Speziation, ist die Her-

---

[16] Vgl. Ch. B. Stringer: Die Herkunft des anatomisch modernen Menschen. In: Spektrum der Wissenschaft, 1991, H. 2. – H. Ullrich: Die Entstehung des Jetztmenschen. In: Urania 63 (1987) 7.

ausbildung der reproduktiven Isolation der entscheidende Vorgang. An Fossilien, mit denen es die Paläoanthropologie und die gesamte Paläontologie zu tun haben, läßt sich der Artstatus von Organismengruppen der Vergangenheit nicht objektivieren, obwohl sie zweifellos in Arten organisiert waren.

Deshalb sind beispielsweise offene Fragen, was die Stammart der Homininen ist und wie viele Menschenarten es bis zum rezenten Homo sapiens gegeben hat. Es nimmt nicht wunder, daß die Taxonomie und Phylogenetik der Hominiden ein Gebiet voller einander widersprechender Hypothesen ist.[17] Nicht zuletzt werden sie von allgemeinen Konzeptionen aus der biologischen Evolutionstheorie genährt, denen gemäß die Fossilien interpretiert, klassifiziert, in Stammbaumentwürfen arrangiert und der Verlauf der Evolution zum Menschen gedacht werden. So ist die Anthropogenese auch in die Punktualismus-Gradualismus-Debatte einbezogen, die über Sprünge, über Unterbrechungen der Kontinuität, in der Evolution auf dem Populations- und Artniveau des Lebenden geführt wird. Diese Debatte dauert seit 1972 an. In diesem Jahr publizierten die Paläozoologen Stephen Jay Gould und Niles Eldredge erstmals ihre Theorie vom »unterbrochenen Gleichgewicht« (»punctuated equilibrium«), die die Evolution auf dieser Ebene als eine Einheit von Kontinuität und Diskontinuität betrachtet. Mit ihr wenden sie sich gegen den in der Geschichte des Darwinismus vorherrschenden Gradualismus, die Vorstellung von der

---

17 Vgl. M. Glaubrecht: Auf der Suche nach unseren Vorfahren. In: Kosmos 87 (1991) 4. – G. Peters: Some methodological remarks on current studies in phylogeny of hominids. In: E. Geissler/W. Scheler (ed.): Darwin today, Berlin 1983. – H. Ullrich: More questions than answers in hominid taxonomy: Homo sapiens as an exemple. In: E. Geissler/W. Scheler (ed.): Darwin today.

Organismenevolution als einen mit kleinen Veränderungsschritten in großen Zeiträumen langsam und allmählich fortschreitenden Vorgang.

Den Verlauf der Diskussion über ihre Konzeption haben Gould und Eldredge mit einem Zitat des Naturforschers Karl Ernst von Baer charakterisiert, der 1866 schrieb: »Deswegen sagt Agassiz, daß, wann eine neue Lehre vorgebracht würde, sie drei Stadien durchzumachen habe; zuerst sage man, sie sei nicht wahr, dann, sie sei gegen die Religion, und im dritten Stadium, sie sei längst bekannt gewesen.«[18] Die Konzeption des »punctuated equilibrium« sei zuerst als einfach falsch abgewiesen worden, dann als Abkehr vom Darwinismus abgelehnt worden, nun werde sie als notwendiges und logisches Ergebnis dessen dargestellt, was die Moderne Synthese, das heißt die Synthetische Theorie der Evolution, schon immer gewußt hat. Damit sei offenkundig das dritte Stadium erreicht.

Was Punktualismus und Gradualismus für die evolutionstheoretische Interpretation der Anthropogenese bzw. der ihrer Rekonstruktion zugrunde liegenden Fossilfunde bedeuten, sei mit zwei Zitaten exemplifiziert:

»Das zur Zeit verfügbare Tatsachenmaterial ... läßt sich mit der These in Einklang bringen, daß es zumindest oberhalb der Australopithecinenstufe immer nur eine einzige prähumane und später humane Art gab (die sich im Laufe der Zeit von *Homo erectus* zu *Homo sapiens* entwickelte). Die Menschheit war und ist eine einzige geschlossene Mendelpopulation und mit einem einzigen gemeinschaftlichen Genotypus, einem einzigen Genpool

---

18 S. J. Gould/N. Eldredge: Punctuated equilibrium at the third stage. In: Systematic Zoology 35 (1986) 1, S. 143.

ausgestattet ... Das Vorherrschen der Anagenesis über die Cladogenesis ist eines der kennzeichnenden Merkmale der menschlichen Evolution«, erklärte der Genetiker Theodosius Dobzhansky.[19]

Ganz anders Gould: »Die menschliche Evolution ist ein sich verzweigender Busch schneller Speziationsereignisse und *keine* Vervollkommnung innerhalb von Linien. Aussterben ist das gemeinsame Schicksal der meisten Linien. Es gibt keinen eindeutigen Beweis für eine langsame und stetige Verbesserung innerhalb irgendeiner menschlichen Spezies, obgleich darüber diskutiert wird, was während der 1,5 Millionen Jahre dauernden Geschichte der Art geschah, die als Homo erectus bekannt ist. Es gibt einen Trend zu anwachsender Gehirngröße, aber dieser Trend ist ein Aussortieren höherer Ordnung von Spezies. Es ist der unterschiedliche Erfolg von Arten mit größeren Gehirnen, deren jede ziemlich rasch entstanden zu sein scheint. Innerhalb der letzten wenigen hunderttausend Jahre begab es sich, daß ein Speziationsereignis stattfand, das zum Homo sapiens führte.«[20]

Zur Vorgeschichte der Punktualismus-Gradualismus-Debatte gehört, daß bereits Huxley Darwin brieflich gewarnt hatte, »daß Sie sich mit der so rückhaltlosen Annahme des Natura non facit saltum eine unnötige Schwierigkeit aufgebürdet haben«.[21] »Natura non facit saltum« (»Die Natur macht keinen Sprung«), wiederholte

---

19 Th. Dobzhansky: Dynamik der menschlichen Evolution, Frankfurt a. M. 1965, S. 263.
20 S. J. Gould: Evolution theory and human origins. In: K. J. Isselbacher (ed.): Medicine, Science, and Society, New York/Chichester/Brisbane/Toronto/Singapore 1984, S. 31.
21 F. Darwin (Hrsg.): Leben und Briefe von Charles Darwin, Bd. 2, Stuttgart 1987, S. 226.

Darwin mehr als einmal. Für ihn waren Sprünge in erster Linie unvermittelt, ohne Zusammenhang mit dem voraufgegangenen Naturgeschehen auftretende Ereignisse, deren Annahme er aus dem Katastrophismus Cuviers und seiner Nachfolger und aus kreationistischen Behauptungen vom plötzlichen Auftreten neuer Organismenformen aufgrund übernatürlicher Eingriffe kannte. »Natura non facit saltum« bedeutete ihm daher primär eine Gegenposition zu Katastrophismus und Kreationismus. Doch ohne diesen Aspekt abzuschwächen, gelangte er auch dazu, den Satz zu relativieren: Er sei »etwas übertrieben«, sei »teilweise richtig«, schrieb er beispielsweise.[22] Darüber hinaus finden sich bei ihm Aussagen über die Evolution der Arten, die sich dialektischer Charakteristik des Verhältnisses von Kontinuität und sprunghafter, aber nicht unvermittelter Diskontinuität nähern, zum Beispiel diese: »Viele Arten unterliegen nach ihrer ersten Entstehung keiner Veränderung und sterben aus, und die Perioden, innerhalb derer die Arten Abänderungen erleiden, sind zwar nach Jahren gemessen lang gewesen, wahrscheinlich aber nur kurz im Vergleich zu den Zeiträumen, während der sie ihre Form beibehielten.«[23]

So enthielten Darwins vordergründig gradualistische Konzeption und ebenso die ihm folgende Evolutionstheorie Momente, die dem Gradualismus widersprachen, ohne daß dies sonderlich reflektiert worden wäre. Dem stand auch die immer wieder erforderliche Auseinandersetzung mit Auffassungen saltationistischen Charakters als antidarwinistische Evolutionskonzeptionen im Wege,

---

22 Ch. Darwin: Die Entstehung der Arten durch natürliche Zuchtwahl, Leipzig 1990, S. 207, 219.
23 Ebenda, S. 513.

die den Gradualismus betonen ließ. Saltationismus bezieht sich im Unterschied zum Punktualismus auf die Ebene der organismischen Individuen und behauptet, daß Lebewesen einer Art unvermittelt als Nachkommen von Lebewesen einer anderen Art auftreten können, auch aus systematisch weit entfernten Organismengruppen. Darwin bestand nicht zuletzt für die erd- und lebensgeschichtliche Vergangenheit auf der Anwendung des Satzes »Natura non facit saltum«. Angesichts mangelnder Belege durch die fossile Überlieferung beschwor er deren überaus große Lückenhaftigkeit und betonte: »Wer die Voraussetzung einer Unvollständigkeit unserer geologischen Urkunden verwirft, verwirft damit meine ganze Theorie. Vergeblich wird er dann nach all den zahlreichen Übergangsgliedern fragen, die früher in den aufeinanderfolgenden Schichten einer großen Formation liegenden verwandten oder repräsentativen Arten verbanden.«[24]

Gould und Eldredge vertreten nun die Ansicht, daß zwei herausragende Tatbestände der fossilen Überlieferung – das geologisch »plötzliche« Auftreten von Organismenformen und das Fehlen anschließender Veränderung (Stasis) – Voraussagen der modernen Evolutionstheorie und nicht Unvollkommenheiten der fossilen Überlieferung entsprechen. Nicht der Darwinismus, wohl aber der Gradualismus werde damit verworfen. Entstünden doch nach den meisten Speziationskonzeptionen neue Arten aus kleinen isolierten Populationen und der Speziationsvorgang währe Tausende oder Zehntausende von Jahren. Diese im Vergleich mit der Dauer des Menschenlebens lange Zeitspanne entspreche einer geologi-

---

24 Ebenda, S. 397.

schen Mikrosekunde. Sie sei viel kürzer als 1 Prozent der durchschnittlichen Lebensdauer einer fossilen Art wirbelloser Tiere, die mehr als 10 Millionen Jahre betrage. Andererseits sei bei großen und weitverbreiteten Arten, die sich durchgesetzt haben, nicht zu erwarten, daß sie sich sehr viel verändern. Gould und Eldredge nehmen an, daß die Trägheit großer Populationen die Stasis der meisten fossilen Formen über Millionen von Jahren erklärt.

Punktualistisches wie gradualistisches Modell des Evolutionsverlaufs implizieren – wie P. F. A. Maderson und Mitautoren betonen – die Evolution der Arten auf sich verzweigenden Linien und die phänotypische Divergenz ihrer Individuen. Der Unterschied der Modelle bezieht sich darauf, wie die Herausbildung der phänotypischen Divergenz in der Zeit verteilt ist – auf die phänotypische Divergenzrate. Beim extrem punktualistischen Modus sei alle Divergenz wesentlich in den Speziationsvorgängen konzentriert, denen phänotypische Stasis folgt. Beim gradualistischen Modell hingegen sei die Divergenzrate variabel, aber hauptsächlich auf die Linie konzentriert, die durch die Art in der Zeit repräsentiert wird. Formiert würden die Arten hier hauptsächlich durch den innerartlichen Wandel nach der Aufspaltung der Stammart. »Es ist aber keine Frage, daß sowohl Stasis mit punktueller Unterbrechung als auch graduelle, kontinuierliche Evolution auftreten: Die Debatte betrifft die relative Häufigkeit der Extreme dieser Modi.«[25]

Was die Sprung-Problematik hinsichtlich des hier als »gradualistisch« bezeichneten Modells des Evolutionsver-

---

[25] P. F. A. Maderson et al.: The role of development in macroevolutionary change. In: J. T. Bonner (ed.): Evolution and Development, Berlin/Heidelberg/New York 1982, S. 286.

laufs betrifft, ist zu bedenken, daß alle modernen Speziationskonzeptionen für sich zweieltrig-sexuell reproduzierende Lebewesen mit der Entstehung der reproduktiven Isolation eine diskontinuierliche Übergangsphase annehmen, die mehr oder weniger lange dauert, aber in ihrer zeitlichen Relation zur Existenzdauer der Arten sprunghaften Charakter besitzt.

Betrifft die generelle Punktualismus-Gradualismus-Debatte auch die relative Häufigkeit der Extreme dieser Modi, wird sie im Speziellen doch über die Zuordnung von Fällen zu den Extremen geführt und dadurch eine Entscheidung angestrebt. Die Hominidenevolution gehört zu diesen Fällen, wobei sich beide Seiten auf dieselben Fossilien berufen.[26] »Es liegt eine besondere Ironie darin, daß bei der Erforschung der menschlichen Evolution noch immer der Gradualismus das Feld behauptet, während das Beweismaterial gerade unsere eigene Art als Produkt eines bemerkenswerten Quantenspeziationsvorgangs ausweist, und damit eindeutig für das punktualistische Modell spricht«, meint beispielsweise Stanley[27], während die platzhaltende Gegenseite das natürlich ganz anders sieht.

Eine wichtige Weiterung der Theorie des unterbrochenen Gleichgewichts, die auch im oben angeführten Zitat von Gould enthalten ist, besteht in einer neuen Erklärung für evolutive Trends, für in der Generationsfolge über lange Zeit in eine bestimmte Richtung gehende phänotypische Merkmalsänderungen, die sich in der fossilen Überlieferung abzeichnen. Sie gehen nach Gould und Eldredge nicht auf eine graduelle Umbildung in bestimmten

---

26 Vgl. J. Reader: Missing links, S. 49/50, 188.
27 S. M. Stanley: Der neue Fahrplan der Evolution, S. 162.

Evolutionslinien zurück, sondern resultieren aus dem unterschiedlichen Erfolg bestimmter Gruppen von Arten. Ein stammesgeschichtlicher Trend gleiche mehr dem Ersteigen einer Treppe (Unterbrechung und Stasis) als dem Hinaufrollen auf einer schiefen Ebene. Damit zeichnet sich für die Evolution auf dem Populations- und Artniveau ab: »Populationen ändern sich, wie sich die Häufigkeit bestimmter Gene ändert, weil die Individuen, die sie in sich tragen, mehr oder weniger Erfolg beim Hervorbringen von Nachkommen haben; neue Arten entstehen durch die Abspaltung von Nachkommenpopulationen von ihren Vorfahren; und evolutionäre Trends treten auf, weil einige Arten erfolgreicher sind, sich zu verzweigen und zu bestehen.«[28]

Die mit dieser Erklärung evolutionärer Trends ausgesprochene Annahme einer Selektion zwischen Arten und ihre Rolle in der Evolution ist ebenfalls umstritten. So meint der Evolutionsbiologe Richard Dawkins, die Artselektion könnte für das Artenmuster verantwortlich sein, das jeweils zu gegebener Zeit auf der Erde existiert, und damit auch für das sich verändernde Muster der Artenverteilung in der Zeit, das heißt für das sich verändernde Muster in der fossilen Überlieferung. Doch bei der Evolution der komplexen Maschinerie des Lebens sei sie keine wesentliche Kraft. »Im Höchstfall kann sie zwischen mehreren alternativen komplexen Maschinerien auswählen, vorausgesetzt, daß jene komplexen Maschinerien bereits durch echte Darwinsche Selektion zusammengebaut worden sind ... Artselektion mag vorkommen, aber es sieht nicht so aus, als *tue* sie viel«, schreibt Dawkins.[29]

---

28 S. J. Gould: Hen's Teeth and Horse's Toes, Harmondsworth 1984, S. 334.
29 R. Dawkins: Der blinde Uhrmacher, München 1990, S. 311.

Die Punktualismus-Gradualismus-Debatte, einschließlich der Diskussion über die Artselektion und über die Konsequenzen für das Begreifen der Anthropogenese, bildet nicht nur einen wesentlichen Bestandteil der jüngsten innerwissenschaftlichen Kontroversen auf dem Gebiet der biologischen Evolutionstheorie[30], sondern steht offenbar auch im Zusammenhang mit übergreifenden Bewegungen des Zeitgeistes. Gould wendet sich mit Punktualismus und Artselektion dagegen, den Menschen als höchsten Ausdruck eines Prozesses zu sehen, der sich von Anfang an auf ihn zubewegt habe. Vielmehr seien wir der einzige überlebende Zweig eines einstmals üppigen Australopithecinen-Busches. Kein Zweig habe sich in irgendeine Richtung bewegt; alle gehen schließlich zurück. Die Zweige evolvierten als Antwort auf lokale Umwelten, nicht um ein notwendiges Stadium in einem gerichteten Prozeß auszufüllen. Es gebe keinen unvermeidlichen Trend zum Homo sapiens. Man könne einwenden (und teilweise sei das wahr), daß alles, was er, Gould, tue, darin bestehe, eine neue Metapher zu konstruieren, die zur heutigen Ideologie passe, zum neuen Pessimismus, der die Idee des Fortschritts in einer Welt entthrone, die sich auffüllt und ihre Ressourcen erschöpft. »Was immer wir ersinnen, um alte Ideologien zu ersetzen, es ist wichtig, die Vorurteile der Vergangenheit zu identifizieren, die das beeinflussen, was wir naiverweise als eine objektive Darstellung der empirischen Evidenz aus den menschlichen Fossilien genommen haben«, erklärte er.[31] Aus der

---

30 Vgl. J. L. Stebbins/F. J. Ayala: Die Evolution des Darwinismus. In: Spektrum der Wissenschaft, 1985, H. 9.
31 S. J. Gould: Evolution theory and human origins. In: K. J. Isselbacher (ed.): Medicine, Science, and Society, S. 32.

fossilen Überlieferung sei der Sinn, die Bedeutung des Menschen jedenfalls nicht zu erfahren, sondern dies sei für uns zu bestimmen und eine Aufgabe aller menschlichen Wesen.

Faktoren der Menschwerdung

Eine rundum faktengesicherte detaillierte Beschreibung und Erklärung des Geschehens vom Beginn der Hominidenevolution bis zur Entstehung des Gegenwartsmenschen in physischer, psychischer, sozialer und kultureller Hinsicht mit angemessen genauen zeitlichen Datierungen wird aufgrund der kärglichen paläontologisch-paläoanthropologischen und archäologischen Faktenbasis wohl nie gelingen. Auch wenn zukünftig gewiß weitere fossile Belege der subhumanen und humanen Hominidenevolution sowie Arbeitsgeräte und Kunstwerke, Spuren von Werkplätzen und Hütten, Überreste von Mahlzeiten usw. in die Untersuchung einbezogen werden können und zu neuen Einsichten führen werden, Wissenslücken wie die von dem Psychologen Wolfgang Schmidtbauer konstatierte werden bleiben: »Viel wichtiger als die archäologisch allein nachweisbaren Geräte aus Steinen und Knochen mögen hölzerne Werkzeuge gewesen sein: Grabstöcke, Speere, Keulen und urtümliche Körbe. Vor allem Körbe oder Tragetaschen aus Leder haben eine entscheidende Rolle in der Evolution gespielt; leider werden die Archäologen nie nachweisen können, wann sie zum erstenmal verwendet wurden. Doch erst wenn es Behälter gibt, kann gesammelte Nahrung verteilt und damit eine wesentliche Grundlage menschlicher Kultur erworben werden.«[32]

Solche Schwierigkeiten lassen die Bedeutung von die Grenzen der Wissenschaftsdisziplinen überschreitender, integrativ-synthetischer Hypothesenbildung als wissenschaftliches Rüstzeug fortschreitenden Verständnisses der Menschwerdung um so mehr hervortreten. Dazu gehört es, die sich wandelnden geographischen und ökologischen Umstände zu berücksichtigen, an die die Evolution zum Menschen gebunden war.[33] Nicht minder sind wissenschaftliche Zugänge zu den Anfängen von Wirtschaft und Gesellschaft, materieller und geistiger Kultur, der Sprache und des Bewußtseins zu nutzen. Das schließt den Brückenschlag zwischen der Evolutionsbiologie und den Geistes- und Sozialwissenschaften ein, die sich den Ursprüngen ihrer Gegenstände zuwenden. In diesem Sinne schreibt der Musikwissenschaftler Georg Knepler: »Den Ursprung der Musik werden wir nur im Zusammenhang mit der Menschwerdung verstehen lernen, und so müssen wir ins Tierreich zurückblicken. Die Musikwissenschaft wird um den Darwinismus nicht herumkommen. Warum sollte sie auch?«[34] Evolutionsbiologie, Verhaltensbiologie, Humanethologie, Soziobiologie, evolutionäre Erkenntnistheorie und insbesondere die Primatenforschung helfen, die biotischen Voraussetzungen der Menschwerdung und die biotischen Grundlagen des Menschseins

---

32 W. Schmidtbauer: Die Bedeutung der Jagd für die menschliche Evolution. In: W. Schmidtbauer (Hrsg.): Evolutionstheorie und Verhaltensforschung, Hamburg 1974, S. 229/230.
33 Vgl. H. D. Kahlke: Das Eiszeitalter, Leipzig/Jena/Berlin 1981. – J. H. Reichholf: Das Rätsel der Menschwerdung.
34 G. Knepler: Geschichte als Weg zum Musikverständnis, Leipzig 1982, S. 59.

aufzuklären, die in der Organismenevolution, speziell in der Evolution der Primaten, entstanden.

Dabei geht es nicht um »Nichts-anderes-als«-Reduktionismus, wie ihn zum Beispiel der Verhaltensbiologe Desmond Morris vertritt, der seinen Lesern versichert: »... wenn Sie Ihr Namensschild an die Tür schrauben oder ein Bild an die Wand hängen, so machen Sie nichts anderes als beispielsweise der Wolf oder der Hund, der sein Bein hebt: Sie markieren Ihr Revier mit Ihrem persönlichen Zeichen.«[35] Aber dem Verständnis von Menschwerdung und Menschsein stellt sich auch in den Weg, wer etwa auf pseudodialektische Weise einen »qualitativen Sprung« zwischen Tier und Mensch postuliert, der so weit trägt, daß der naturgeschichtliche Zusammenhang zwischen Tieren und Menschen abgerissen und die stammesgeschichtliche Vergangenheit, die dem Menschen innewohnt, verlorengegangen ist. »... so groß dieser Sprung auch gewesen ist, ja, so viele solcher Sprünge man über die Jahrmillionen hin anzunehmen gezwungen ist – von irgendeinem vorhergehenden Zustand muß jeder einzelne seinen Ausgang genommen haben, so daß man, wie immer man es anstellt, dem genetischen Zusammenhang zwischen Tier- und Menschenwelt nicht entgeht«, bemerkt Knepler treffend.[36]

Ausnahmsweise nur bei der Evolution zum Menschen hinzutretende Faktoren beliebigen Charakters sind nicht anzunehmen. Vielmehr ging der Prozeß, in dem Mensch, Menschengesellschaft und Kultur entstanden, von Vor-

---

35 D. Morris: Der nackte Affe, München/Zürich 1968, S. 278.
36 G. Knepler: Geschichte als Weg zum Musikverständnis, S. 58/59. – Vgl. G. Knepler: Die Rolle des Ästhetischen in der Menschwerdung. In: Weimarer Beiträge 34 (1988) 3.

aussetzungen des Körperbaus, des Verlaufs der Individualentwicklung und des Verhaltens, einschließlich des sozialen Zusammenlebens, aus, die auch sonst im Tierreich vorkommen und in seiner Evolution eine Rolle spielten. Das Besondere, aber nicht Unvergleichliche des Vorganges bestand in der Kombination und der Steigerung der Faktoren durch Wechselwirkung im Systemzusammenhang Darwinsche Fitneß gewährleistender evolutionärer Lebensstrategie sozial lebender subhumaner Hominiden für bestimmte Lebensstätten. In diesem Prozeß entwickelte sich die menschliche Arbeit aus erlerntem und sozial tradiertem tierlichem Werkzeugverhalten. Sie wurde unter bestimmten Umweltbedingungen zur Grundlage des Fortbestandes des tierlichen Sozialverbandes wie des Lebens der ihm angehörenden Individuen und transformierte das tierliche soziale Beziehungsgefüge in das menschliche Gesellschaftsleben.

Wesentlich für das Verhältnis von biotischer und soziokultureller Evolution während der Menschwerdung ist, daß die Anthropogenese durch den biotischen Evolutionsmechanismus herbeigeführt und voranbewegt wurde. Durch die zunehmende Eigendynamik der sozio-kulturellen Entwicklungsprozesse aber verlor der biotische Evolutionsmechanismus im humanen Abschnitt des Tier-Mensch-Übergangsfeldes, während der biotisch-gesellschaftlichen Übergangsphase, seinen entwicklungsbestimmenden Charakter, wurde die weitere biotische Evolution des Menschen von seiner sozio-kulturellen Evolution abhängig und in ihren Effekten begrenzt. Produkt der Organismenevolution, arbeitete sich die werdende Menschheit in der Anthropogenese über die tierlichen Daseinsbestimmungen hinaus, begann ihre eigene Welt der materiellen und geistigen Kultur, der gesellschaftlichen Verhältnisse und Institutionen hervorzubringen, wurde sie zum Schöpfer ihrer selbst.

Tierliche Sozialität, Verlauf der Individualentwicklung und Tradierung nichterblicher Information gehörten zu den Bestandteilen des evolvierenden Beziehungsgefüges der Menschwerdung. Sie seien nun etwas näher betrachtet.

Soziogenese im Tierreich und Anthropo-Soziogenese

Der Mensch ist ein Gesellschaftswesen. Auch als Schiffbrüchiger auf einsamer Insel vermag er sein Leben nur mit Hilfe von Kenntnissen, Fertigkeiten und materiellen Dingen zu fristen, die aus der Gesellschaft stammen, in der er aufwuchs. Doch nicht nur der Mensch lebt in der Regel in der Gemeinschaft von seinesgleichen. Im Tierreich gibt es mannigfaltige Formen von Beziehungen zwischen den Individuen einer Art, die von solitärer, einzelgängerischer Lebensweise bis zum lebenslänglichen Zusammenleben im sozialen Verband reichen. Das tierliche Gesellschaftsleben hat sich in der Organismenevolution als Differenzierung und Komplizierung der innerartlichen Beziehungen frei ortsbeweglicher Tiere herausgebildet. Ist geselliges Zusammenleben und -wirken doch unter vielfältigen Lebensbedingungen dem Überleben der Tiere im Ringen um die Existenz dienlich und erhöht die Fortpflanzungswahrscheinlichkeit.

»Gemeinschaften, die die größte Zahl der am meisten sympathisierenden Mitglieder enthalten, werden am besten gedeihen und die meisten Nachkommen erzielen«, schrieb bereits Darwin.[37] Zum Beleg führte er Beispiele der gegenseitigen Körperpflege, des Warnens der Artgenossen vor Gefahren, des Zusammenwirkens bei der Verteidigung gegen Freßfeinde sowie beim Beschaffen von Nahrung an. Darwins Begründung der biologischen Evolutionslehre bezog also auch das tierliche Sozialverhalten ein. Seine Darlegungen zeigen, wie sehr seine Auffassungen vom »Kampf ums Dasein« entstellt werden, wenn sie als ein blutrünstiger Kampf aller gegen alle interpretiert werden.

Die Ursprünge des tierlichen Sozialverhaltens liegen wesentlich im stammesgeschichtlich älteren Komplex des Fortpflanzungsverhaltens, das Sexualverhalten und Brutpflege umfaßt. Verhaltensweisen, die zuvor nur in den Beziehungen zwischen Geschlechtspartnern oder zwischen Eltern und ihren Kindern auftraten, wurden zum Band, das größere Gruppierungen von Tieren einer Art zusammenhält. Besonders ausgeprägt ist solche tierliche Sozialität einmal bei den »staatenbildenden« Insekten unter den Ameisen, Bienen und Wespen sowie den Termiten und zum anderen unter den Säugetieren. »Insektenstaaten« beispielsweise entstehen wesentlich aufgrund von drei Umständen: dem Zusammenwirken der Individuen bei der Brutpflege, der Funktionsteilung bei der Fortpflanzung, die mit dem Auftreten unfruchtbarer »Kasten« verbunden ist, und dem Zusammenleben von Individuen wenigstens zweier Generationen, so daß Nachkommen bei der Pflege der elterlichen Brut mitwirken.

Die naturgeschichtliche Entstehung und Entwicklung von sozialen Beziehungen bis hin zur Entstehung und Evo-

---

37 Ch. Darwin: Die Abstammung des Menschen und die geschlechtliche Zuchtwahl, Leipzig 1952, S. 114.

lution von sozialen Verbänden, als deren Angehörige die Tiere nur leben, wird als »Soziogenese« bezeichnet. Die Soziogenese ist *eine* der Entwicklungsformen, durch die in der Organismenevolution aus Lebenseinheiten niederer Ordnung Einheiten höherer Ordnung komponiert werden. Sie ist, wie auf S. 69ff. dargelegt, nicht die einzige. Manchmal werden auch Tierkolonien (Tierstöcke), zum Beispiel die festsitzenden der Korallentiere oder die freischwimmenden der Staatsquallen, und sogar Symbiosen zwischen verschiedenartigen Lebewesen den Gesellschaften zugerechnet. Noch weiter ging man im vorigen Jahrhundert, als man die vielzelligen Organismen als »Zellenstaaten« oder »Zellenföderationen« bezeichnete. Bei der gedanklichen Unterordnung solcher Gebilde unter den Gesellschaftsbegriff wird zwar bemerkt, daß sie alle im Verhältnis zu ihren Komponenten Einheiten höherer Ordnung sind. Doch wird verkannt, daß daraus keineswegs folgt, alle Einheiten höherer Ordnung, die aus Lebenseinheiten niederer Ordnung bestehen oder entstanden sind, seien Gesellschaften. Tatsächlich gibt es verschiedene Entwicklungsformen für verschiedene Einheiten höherer Ordnung aus Einheiten niederer Ordnung, als die bereits die Symbiogenese, die Kolonialisation und die Soziogenese unterschieden wurden. Während Symbiogenese und Kolonialisation zur Herausbildung von Biosystemen tendieren, deren Untereinheiten starr verbunden sind, entstehen bei der Soziogenese Systeme, die aus Untereinheiten bestehen, welche frei beweglich sind und einander mehr oder weniger ersetzen können.

Im Ergebnis der Soziogeneseprozesse bilden solitär lebende Tiere und eusozial lebende Tiere, die ihr Leben in strukturierten Verbänden von Artgenossen verbringen, die beiden Enden eines Kontinuums mit sehr vielem, was dazwischenliegt, das heißt mit mehr oder minder ausgeprägten Formen von Geselligkeit und Sozialverhalten. Der Vergleich dieser Formenmannigfaltigkeit läßt den Verhaltensbiologen Günter Tembrock auf drei Hauptwege der Soziogenese schließen, an deren Ende drei deutlich verschiedene Typen tierlichen Zusammenlebens stehen:

1. die anonymen offenen Tiersozietäten, wie sie als Schwärme und Herden bei Fischen, Vögeln und Säugetieren vorkommen. Sie bleiben unterhalb des eusozialen Niveaus. Am Beginn der Entwicklung solcher Sozietäten mögen zeitweilige, durch äußere Faktoren bewirkte Ansammlungen von Individuen einer Art (Konglobationen) gestanden haben. Eine höhere Stufe auf dieser Linie stellen Aggregationen dar, bei denen Individuen zeitweilig durch bestimmte Locksubstanzen (Aggregationspheromone) zusammengeführt werden.

2. Die anonymen geschlossenen Tiersozietäten auf eusozialer Stufe bei Insekten (Ameisen, Bienen, Wespen, Termiten), bei denen die Brutpflege eine zentrale Stellung einnimmt.[38]

3. Die eusozialen nicht-anonymen Sozietäten bei Säugetieren, deren Ursprünge in den Beziehungen der Geschlechter, in Balz, Paarung und Partnerbildung liegen.[39]

---

[38] Bei den Säugetieren weisen offenbar die Sozietäten des ostafrikanischen Nacktmulls (Heterocephalus glaber) Analogien mit Insekten-, speziell Termitensozietäten auf. Beim Nacktmull finden sich zwei »Arbeiter«-Kasten, eine »nichtarbeitende« Kaste und nur ein Weibchen im Sozialverband, das Junge hervorbringt. (Vgl. Der afrikanische Nacktmull – ein eusoziales Säugetier. In: Wissenschaft und Fortschritt 31 (1981) 12. – A. Stahnke: Nacktmulle: Inzuchtexperiment der Natur? In: Spektrum der Wissenschaft, 1990, H. 9.)

[39] Vgl. G. Tembrock: Individualisation und Evolution aus verhaltensbiologischer Sicht. In: Biologisches Zentralblatt 101 (1982), S. 57–72. – G. Tembrock: Grundfragen der Biologie des Sozialverhaltens. In: G. Tembrock (Hrsg.): Forschungen zu stammesgeschichtlichen Verhaltensanpassungen beim Menschen

Die Ausdrücke »nicht-anonym« und »anonym« beziehen sich in diesem Zusammenhang darauf, ob sich die einer Sozietät angehörenden Individuen kennen oder nicht. So erkennen sich die eusozialen Insekten nicht als Individuum, sondern nur an überindividuellen Kennzeichen, zum Beispiel Angehörige eines Bienenvolkes an ihrem jeweils verschiedenen Stockduft.

Seit den sechziger Jahren wird intensiv daran gearbeitet, zu klären, wie die von Darwin entdeckte natürliche Auslese die Soziogenese und Evolution des Sozialverhaltens voranbewegt. Ein wichtiger Ansatz dafür ist die Konzeption der r- und K-Selektion aus der theoretischen Populationsökologie. Sie bezieht sich auf den Gesamteffekt der natürlichen Auslese bei der Herausbildung von Lebensstrategien, die das Überleben der Populationen und Arten unter ihren jeweiligen Lebensbedingungen gewährleisten. »r« steht für die Rate des Populationswachstums, »K« für die Kapazität, das Fassungsvermögen eines Ökosystems an Lebewesen der betreffenden Art. Es ist durch die für die Art vorhandenen Ressourcen bestimmt, die die Populationsgröße begrenzen.

Die r-Selektion kommt generell in ökologischen Situationen zum Zuge, die rasches Populationswachstum begünstigen. K-Selektion bezieht sich demgegenüber auf die Individuen von Populationen, die gewöhnlich in relativ stabilen Umweltverhältnissen mit begrenzten Ressourcen leben und sich an der Grenze des Fassungsvermögens ihrer Lebensstätten oder nahe dieser Grenze befinden. Während r-selektive Bedingungen zu Lebensstrategien führen, bei denen viele Nachkommen erzeugt werden, fördern K-selektive Be-

---

und aktuelle Probleme der Soziobiologie, Leipzig 1982 (Zeitschrift für Psychologie, Supplement 4).

dingungen Lebensstrategien, mit denen die begrenzten Ressourcen effektiv genutzt werden. Dafür ist charakteristisch, daß wenige, sich langsam entwickelnde, in Form und Funktion ihrer Umwelt wohlangepaßte Nachkommen erzeugt werden. K-selektive und r-selektive Lebensbedingungen und -strategien bilden die Enden des r-K-Kontinuums, in dem die Arten bestimmte Positionen einnehmen.

Soziogenese und Evolution des Sozialverhaltens sind Bestandteile der Evolution der Lebensstrategie. Anonyme Ansammlungen von Tieren einer Art bis hin zu Schwärmen und Herden sieht Tembrock mit Lebensstrategien verknüpft, für die r-Selektion maßgeblich ist. Eine r-K-Selektion bildet die Grundlage für anonyme geschlossene Tiersozietäten mit ihrer großen Individuenzahl (r-Faktor) und ihren differenzierten Kasten (K-Faktor). Grundlage der nicht-anonym eusozialen Tiersozietäten schließlich ist eine vorwiegende K-Selektion.

In den soziobiologischen Konzeptionen der Kin- (Verwandten-) und der Gruppenselektion geht es um die Erklärung genetisch bedingter sozialer Verhaltensweisen, besonders um das altruistische Verhalten, das heißt Beistandsverhalten zugunsten anderer auf Kosten eigener Ansprüche. Die Frage ist, wie die natürliche Auslese Verhaltensmuster hervorbringen kann, die augenscheinlich mit Nachteilen für das Überleben des sich so verhaltenden Individuums einhergehen. Die Antwort läuft darauf hinaus, daß es sich um indirekte Effekte der natürlichen Auslese handelt. Wenn zum Beispiel ein Individuum aufgrund einer erblichen Verhaltensdisposition sein Leben opfert, um das Leben von Geschwistern zu retten, die mit einer gewissen Wahrscheinlichkeit die gleiche Verhaltensdisposition besitzen, dann können mehr Kopien entsprechender Gene erhalten bleiben, als wenn das Opfer nicht gebracht worden wäre. Damit besitzen diese Gene einen positiven Selektionswert.

Die Soziogenese gehört zu den interessantesten und problemreichsten Erscheinungen in der Geschichte des Lebens auf der Erde. Von ganz besonderem Interesse aber sind Soziogenese und eusoziales Zusammenleben bei den Primaten. Sind sie doch für die wissenschaftliche Rekonstruktion der Menschwerdung äußerst bedeutsam. Das eusoziale Zusammenleben der Menschenahnen gehörte zu den notwendigen biotischen Voraussetzungen der Menschwerdung.[40] Wie der Anthropologe Christian Vogel schreibt, »ist die Primatenevolution durchgehend gekennzeichnet durch die zwei bemerkenswerterweise fest miteinander verknüpften, scheinbar gegenläufigen Entwicklungstrends: Zunahme des Individualisierungs- bzw. Personalisierungsgrades einerseits und zunehmende Sozialabhängigkeit andererseits. Die volle Individualität entfaltet sich nur in engem Zusammenhang mit ›gelungener‹ Sozialisation. Voraussetzung für diesen Individualisierungsprozeß ist die Erweiterung der zeitlichen und ›thematischen‹ Lernoffenheit bei zunehmender Lernmotivation oder ›Neugier‹, die vor allem in der zugleich verlängerten Jugendphase eine erweiterte individuell-kreative Flexibilität des Verhaltens schafft. Eine derart ›lernoffene‹ und damit zugleich in vieler Hinsicht noch ungefestigte, ja gefährdete Reifungsphase von erheblicher Dauer bedarf des kontinuierlich verläßlichen Schutzes durch ein sicherndes soziales Umfeld ›erfahrener‹ Er-

---

[40] Vgl. M. Schröpel: Gesellige Affen, Leipzig/Jena/Berlin 1990. – G. Tembrock: Sozialstruktur der Primaten im Vorfeld der Anthropogenese. In: Probleme und Ergebnisse der Psychologie, H.76, Berlin 1981. – G.Tembrock: Zum Biosozialverhalten im Vorfeld der Menschwerdung. In: Urania 62 (1986) 6.

wachsener sowie eines relativ ›ernstfreien‹ sozialen Lern- und Probierfeldes. Damit steigt zwangsläufig die soziale Abhängigkeit. So schließt sich der Rückkopplungskreis dieser Evolutionsrichtung: Individuelle Flexibilität und personale Kreativität einerseits und starke soziale Abhängigkeit und Bindung sind in der Primatenevolution die beiden Seiten ein und derselben Münze. Und genau in diesem Doppelaspekt liegt die entscheidende Prädisposition für die Entstehung menschlicher Kulturfähigkeit und Geschichtlichkeit.«[41]

Das Studium des Sozialverhaltens heute lebender Primaten liefert Anhaltspunkte für die wissenschaftliche Rekonstruktion ihrer Stammesgeschichte. Besonders das soziale Leben von Pavianen und Schimpansen regt die Phantasie der Forscher zum Entwerfen von Modellen der Hominidensozietäten an, in denen die Menschwerdung begonnen haben könnte.[42] Über diesen Rahmen hinaus geht die Hypothese des Anthropologen C. Owen Lovejoy über einen Komplex adaptiver Verhaltensänderungen, einschließlich der Bipedie, als die wesentliche evolutionäre Neuerung am Anfang der Hominidenevolution. »Zu diesen Anpassungen gehörte insbesondere die Festigung der Kernfamilie: andauernde Monogamie beider Elternteile, die sich gemeinsam um den Nachwuchs kümmerten. Der Mann schaffte energiereiche Nahrung herbei, so daß die Mutter jeden Säugling besser nähren und beschützen und auch mehr Kinder gebären konnte. Zweifü-

---

[41] C. Vogel: Gibt es Vorstufen menschlicher Geschichtlichkeit bei nichtmenschlichen Primaten? In: Leopoldina-Meeting »Biologische Grundlagen der Geschichtlichkeit des Menschen«, Halle (Saale) 1983 (Nova acta Leopoldina NR 55, Nr. 253), S. 82/83.
[42] Vgl. W. Mohrig: Wie kam der Mensch zur Familie?, Leipzig/Jena/Berlin 1980.

ßigkeit erleichterte dieses neue Reproduktionsmuster, weil der Mann die Hände frei hatte und im weiten Umkreis für seine Gefährtin, die der Kinder wegen stärker ortsgebunden war, Nahrung sammeln und herbeitragen konnte. Diese Entwicklungen müssen lange vor der Zeit begonnen haben, aus der uns überhaupt Hominiden-Fossilien vorliegen.«[43]

Die Evolution der Individualentwicklung

Wenn von der physischen und psychischen Spezifik des Gegenwartsmenschen, also der menschlichen Individuen, die Rede ist, die sich während der Hominiden- und Homininenevolution herausgebildet hat, dann gilt auch hier, daß, wie der Zoologe Jürgen Harms formulierte, »das Individuum überhaupt nicht als etwas Stationäres zu fassen ist, sondern nur phasenhaft. Das Individuum als Ganzheit ist eben der Individualzyklus.«[44] Damit wird die Frage nach der Herausbildung der physischen und psychischen Spezifik des Gegenwartsmenschen zur Frage nach der Evolution seiner Individualentwicklung.

Die Evolution der Individualentwicklung besteht generell in der Umwandlung der Phänotypen in der Aufeinanderfolge der Generationen in den Populationen und Arten aufgrund von mutativen Veränderungen in der genetischen Basis der morphogenetischen Prozesse, im Genom. Nach der antiquierten, aber immer noch weithin po-

---

43 C. D. Lovejoy: Die Evolution des aufrechten Gangs. In: Spektrum der Wissenschaft, 1989, H. 1, S. 92. Vgl. D. Johanson/M. Edey: Lucy. – C. O. Lovejoy: The origin of man. In: Science 211 (1981), S. 341–350.
44 J. W. Harms: Individualzyklen als Grundlage für die Erforschung des biologischen Geschehens, Berlin 1924, S. 3.

pulären Rekapitulationshypothese über die Beziehungen zwischen Ontogenese und Phylogenese (Ernst Haeckels »biogenetisches Grundgesetz«) ist die Individualentwicklung bis zum Erwachsenenstadium wesentlich eine kurze und schnelle Wiederholung der Formen, die die Vorfahren einer Art während der stammesgeschichtlichen Entwicklung als Endstadium durchlaufen haben. Stammesgeschichtlich relevante neue Merkmale sollen nach dieser Hypothese zuerst im letzten Stadium der Individualentwicklung auftreten und dann allmählich in frühere Stadien zurückrücken und die älteren Merkmale verdrängen.

In klarer Distanz zu diesen Vorstellungen aus dem 19. Jahrhundert hat der Embryologe Sir Galvin de Beer grundsätzliche Einsichten in die Evolution der Individualentwicklung so zusammengefaßt:

1. Qualitative evolutionäre Neuheiten können in allen Phasen der Individualentwicklung bis zur adulten Phase auftreten, und sie treten tatsächlich auf.

2. Zeit und Ordnung des Auftretens von Merkmalen in der Individualentwicklung der Nachkommen verändern sich relativ zu den Verhältnissen bei den Vorfahren.

3. Neben dem Auftreten qualitativer Neuheiten in der Individualentwicklung spielen quantitative Unterschiede der Merkmalsausbildung, die aus der zeitlichen Veränderung ihres Auftretens (Heterochronie) resultieren, in der Stammesgeschichte eine Rolle.

4. Die verschiedenen Merkmale eines Organismus evolvieren nicht notwendig alle auf die gleiche Weise (Mosaikevolution der Merkmale).[45]

Was speziell die Heterochronien – Veränderungen in der Zeit des Erscheinens und im Ausmaß der Ausformung

---

45 G. de Beer: Embryos and Ancestors, Oxford 1958, S. 111.

von gemeinsamen Merkmalen bei Vorfahren und Nachkommen in der Stammesgeschichte – angeht, gaben vor nunmehr über 15 Jahren M. C. King und A. C. Wilson den Anstoß, sie in die aktuellen Diskussionen über die Evolution der menschlichen Individualentwicklung einzubeziehen. King und Wilson berichteten über die von ihnen ermittelte verblüffende genetische Ähnlichkeit zwischen Menschen und Schimpansen. Danach sind die menschlichen Polypeptide durchschnittlich zu 99 Prozent mit ihren Gegenstücken beim Schimpansen identisch. Darüber hinaus könne viel von den vorhandenen Differenzen auf Redundanzen im genetischen Kode oder auf Variationen nichttranskribierter Regionen des genetischen Substrats zurückgeführt werden. Für 44 strukturelle Loci betrage die durchschnittliche genetische Distanz zwischen Schimpansen und Menschen weniger als der durchschnittliche Abstand bei Zwillingsarten, die kaum oder gar nicht morphologisch unterscheidbar sind; und sie sei weitaus geringer als der Abstand zwischen jedem bisher gemessenen Paar von Arten der gleichen Gattung. King und Wilson erklären diese Sachlage so: »Prinzipiell können kleine Unterschiede in der Aktivierungszeit oder im Aktivitätsniveau eines einzelnen Gens die Systeme, die die Embryonalentwicklung kontrollieren, beträchtlich beeinflussen. Dann würden die organismischen Unterschiede zwischen Schimpansen und Menschen hauptsächlich aus genetischen Veränderungen in einigen Regulationssystemen resultieren, während die Substitution von Aminosäuren im allgemeinen kaum ein Schlüsselfaktor für größere adaptive Veränderungen sein dürfte.«[46]

---

46 M. C. King/A. C. Wilson: Evolution at two levels in humans and chimpanzees. In: Science 188 (1975), S. 114.

Unterschiede der Regulation können aus Mutationen an ihr beteiligter Gene hervorgehen oder aus Veränderungen in der Anordnung der Gene auf den Chromosomen des Genoms, die durch solche gewöhnlichen chromosomalen Ereignisse wie Inversionen, Translokationen, Fusionen und Fissionen bewirkt werden. Untersuchungen der chromosomalen Querscheiben (bands) weisen darauf hin, daß es auf der Ebene des Genoms letzten Endes eine Fusion und 10 große Inversionen und Translokationen sind, die rezente Menschen und Schimpansen trennen. Die Fusion hatte zur Folge, daß der Mensch einen diploiden Chromosomensatz von 46 Chromosomen besitzt, der Schimpanse und auch die anderen Menschenaffen von 48 Chromosomen. Von den 23 Chromosomenpaaren in den Körperzellen des Menschen stimmen 18 mit denen der Menschenaffen ziemlich genau überein.

»Wir können unsere Unterschiede in der Regulation natürlich nicht in irgendeinem besonderen Teil des Genoms ausfindig machen«, bemerkt Gould dazu. »Aber ich gebe zu bedenken, daß wir den Charakter der regulatorischen Veränderungen kennen, die uns von den Schimpansen trennen: Sie bewirken die an Stärke abnehmende Verlangsamung unserer allgemeinen Individualentwicklung (durch die auch unser hauptsächlicher Unterschied von anderen höheren Primaten gegeben ist).«[47] Demnach ist die menschliche Individualentwicklung generell retardiert, während die Beibehaltung fötaler Wachstumsraten zur Hypertrophie von Organen führt, die sich während der intrauterinen Entwicklung früh positiv allometrisch entwickeln (das Gehirn), und zur Reduktion von Teilen,

---

47 S. J. Gould: Ontogeny and Phylogeny, Cambridge (Mass.)/London 1977, S. 406.

die nur in nachgeburtlichen Entwicklungsstadien anderer Primaten positiv allometrisch wachsen (das Gesicht).

Das Ergebnis der heterochronen Veränderung der Individualentwicklung durch fortschreitende Retardationen der somatischen Entwicklung heißt Neotenie. Sie erscheint somit als ein wesentliches Charakteristikum der Evolution der menschlichen Individualentwicklung und Faktor der Menschwerdung. So lautet Goulds prägnante Grundthese: »Neotenie ist eine (wahrscheinlich *die*) hauptsächliche Determinante der menschlichen Evolution gewesen. Wenn wir die unleugbare Rolle der Retardation in der menschlichen Evolution anerkennen, können die Daten über Neotenie von früheren Theorien befreit werden, die sie so unbeliebt gemacht haben. Die menschliche Individualentwicklung hat sich an Stärke abnehmend verlangsamt. Innerhalb dieser ›Matrix der Retardation‹ wurden die adaptiven Charakteristika ancestraler Junger leicht beibehalten. Retardation als lebensgeschichtliche Strategie für längeres Lernen und Sozialisation dürfte weitaus bedeutsamer in der menschlichen Evolution gewesen sein als jede ihrer morphologischen Folgen.«[48]

Mit den von Gould erwähnten früheren Theorien, von denen die Daten über Neotenie zu befreien sind, ist in erster Linie die Fetalisationshypothese der Menschwerdung von dem Anatomen Louis Bolk gemeint, auf die im nächsten Kapitel einzugehen sein wird. Die Daten, auf die sich Bolk berief, haben seine Deutungen überdauert und sind durch weitere Forscher komplettiert worden. Inzwischen haben sich mehr als 25 charakteristische Phänomene ergeben, die die imponierende Ähnlichkeit zwischen jungen Menschenaffen und erwachsenen Men-

---

48 Ebenda, S. 9. – Vgl. A. Montagu: Zum Kind reifen, Stuttgart 1991.

schen spezifizieren sowie die Retardiertheit der Individualentwicklung des Menschen im Vergleich mit der seiner nächsten Stammverwandten bezeugen. Beispielsweise gibt es eine umfangreiche Literatur über die mutmaßliche adaptive Bedeutung der Rückbildung der Körperbehaarung beim Menschen.[49] Zumeist wird versucht, diese Erscheinung direkt als ein Ergebnis der natürlichen Auslese aus einem Spektrum von Zufallsvarianten zu erklären. Doch das menschliche Behaarungsmuster (Kopf, Achselhöhlen, Genitalregion) entspricht dem von Menschenaffenfeten einige Zeit vor der Geburt, wie es aufgrund der Neotenie des Menschen erwartet werden kann. Fellosigkeit und Behaarungsmuster mögen sekundär eigene adaptive Funktionen bekommen haben, doch zunächst sind sie eine direkte Konsequenz der Neotenie, die aus anderen Gründen adaptiv ist.[50] Weiter wird auf den vermittelnden Status fossiler Hominiden in der Reihe Australopithecus – Homo erectus – Homo sapiens hingewiesen. Die Verkürzung der Gesichtspartie soll schon bei Ramapithecinen erkennbar sein.

Zu berücksichtigen ist in diesem Zusammenhang auch die Bestimmung des Todesalters unreifer fossiler Hominidenindividuen durch Timothy G. Bromage und M. Christopher Dean. Sie gelangten dabei zu dem Ergebnis, daß plio-pleistozäne Hominiden Wachstumsperioden besaßen, die denen der rezenten großen Men-

---

49 Vgl. u. a. L. Wilser: Leben und Heimat des Urmenschen, Leipzig 1910, S. 42ff. – V. Geist: Life Strategies, Human Evolution, Environmental Design, New York/Heidelberg/Berlin 1978, S. 278ff. – J. H. Reichholf: Das Rätsel der Menschwerdung, S. 142ff.
50 Vgl. S. J. Gould: Change in developmental timing as a mechanism of macroevolution. In: J. T. Bonner (ed.): Evolution and Development, Berlin/Heidelberg/New York 1982.

schenaffen ähneln und merklich kürzer waren als die des modernen Menschen. Vorherige Schätzungen des Todesalters fossiler Hominiden beruhten wesentlich auf dem Vergleich der Gebißentwicklung (Durchbruch, Reife und Bestand der Bezahnung) mit dem modernen Menschen und brachten damit ihr Alter in »Menschenjahren« zum Ausdruck. Bromage und Dean schätzten demgegenüber bei Belegstücken von vier plio-pleistozänen Hominiden-Taxa das chronologische Alter, das die betreffenden Individuen erreicht hatten, an Hand der absoluten Dauer der Kronenbildung der Schneidezähne aufgrund einer Zeitskala der Ereignisse der individuellen Zahnentwicklung. Für diese Zeitskala ist eine Periodizität in der Ausbildung des Zahnschmelzes grundlegend. Sie manifestiert sich in den Retzius-Streifen und den aus ihnen resultierenden Perikymatien, Wachstumsmarken an der Schmelzoberfläche, wobei Bromage und Dean von einer 7-Tage-Periode zwischen je zwei Retzius-Streifen ausgehen.

Im Prinzip ist die Methode der der Altersbestimmung von Bäumen nach ihren Jahresringen analog, »deren Entstehung der der Retziusstreifen so ähnlich ist«[51]. Angesichts des konservativen Charakters der Zahnentwicklung wird davon ausgegangen, daß jede Ähnlichkeit in der Zahnentwicklung zwischen Taxa die Ähnlichkeit in Wachstum und Entwicklung widerspiegelt. »Die für Australopithecus, Paranthropus und den frühen Menschen abgeleiteten Altersangaben beschreiben eine biologische Äquivalenz mit dem modernen Menschen von annähernd zwei Dritteln und zeigen, daß sie den modernen großen

---

51 W. Meyer: Lehrbuch der normalen Histologie und Entwicklungsgeschichte der Zähne des Menschen, München 1951, S. 15.

Menschenaffen ähnliche Wachstumsperioden hatten. Unerwartet macht das für den frühen Menschen, wie er durch KNM-ER 820 repräsentiert wird, berechnete Alter augenscheinlich, daß der Trend zur Verlängerung der Wachstumsperiode nicht mit dieser Gruppe begonnen hat. Diese Ergebnisse bedeuten einen dramatischen Fortschritt in unserer Ansicht von der Biologie dieser Arten, die bis jetzt in ›Menschenjahren‹ betrachtet wurden«, schreiben Bromage und Dean.[52]

Ungeachtet andauernder wissenschaftlicher Meinungsverschiedenheiten über Details – die durch begrifflich-terminologische Differenzen kompliziert werden – sprechen die Tatsachen insgesamt für die zentrale Bedeutung von Retardation und Neotenie in der Evolution der menschlichen Individualentwicklung. Diese Tatsachen werden heute in einem theoretischen Kontext über die Faktoren und bewegenden Kräfte der Evolution und die Beziehungen von Ontogenese und Phylogenese gesehen, die sie als Ausdruck allgemeiner evolutiver Gesetzmäßigkeiten begreifen lassen, von denen die Anthropogenese und ihr Vorfeld nicht ausgenommen sind. Mutative Veränderungen im Genom und natürliche Auslese sind grundlegend auch für die Evolution der Individualentwicklung in der Aufeinanderfolge der Generationen, in der die Stammesgeschichte stattfindet. In ihr zeichnen sich in der

---

[52] T. G. Bromage/M. C. Dean: Re-evaluation of the age at death of immature fossil hominids. In: Nature 317 (1985), S. 526. »Paranthropus« ist ein anderer Name für Australopithecus robustus, während KNM-ER 820 angibt, wie ein Fossil im Kenya National Museum registriert ist. Bei ihm geht es, genauer gesagt, darum, daß der sich in der Primatenevolution abzeichnende Trend zur Verlängerung der Wachstumsperiode, der sich auch in den rezenten Menschenaffen manifestiert hat, offenbar noch nicht jene Verstärkung erfahren hatte, die zu ihrer dem heutigen Menschen eigenen Dauer führte.

Entwicklung des Mosaiks der Merkmale, die insgesamt den Organismus ausmachen, für verschiedene Merkmale verschiedene Prozesse evolutiver Veränderung ab (Mosaikevolution). Retardation ist einer von ihnen und Neotenie einer ihrer möglichen Effekte.

Wesentlich für das evolutionstheoretische Verständnis sowohl der Soziogenese wie auch der Evolution der Individualentwicklung ist es, sie in die Evolution der lebensgeschichtlichen Strategien ökologischer Anpassung einzubeziehen, wie sie in der Konzeption der r- und K-Selektion erfaßt wird. Für die Primatenevolution hat die K-Selektion ausschlaggebende Bedeutung. Sie führt nicht zuletzt zur Retardation der Individualentwicklung und Neotenie, womit Cerebralisation und Evolution der Sozialstrukturen in den Populationen einhergehen. In der »Verjugendlichung« der Individualentwicklung und Körpergestalt zeigt sich wie bei der Soziogenese nichtanonymer Sozietäten und in Verbindung mit ihr die Evolution einer Lebensstrategie, die unter überwiegenden K-selektivem Einfluß stand, wobei längeres Lernen, Sozialisation und intellektuelle Leistungsfähigkeit der Individuen im sozialen Verband für das Überleben wichtig sind.

Intelligenz und Kultur

Überleben und Fortpflanzung hängen in der Tierwelt in hohem Maße vom Verhalten ab, von der Art und Weise, wie sich die Tiere in ihrer Umwelt bewegen und auf das Geschehen in ihr reagieren. Das Verhalten ist für die verschiedenen Arten charakteristisch und beruht ebenso auf

Erbanlagen wie der Körperbau und der Verlauf der individuellen Entwicklung. Mit ihnen ist es stammesgeschichtlich-evolutionär entstanden und bildet sich beim Individuum im Zusammenwirken von Erbanlagen und Umwelteinflüssen aus. Zu den Kennzeichen des stammesgeschichtlich entstandenen Verhaltens und seiner Entwicklungshöhe gehört die Intelligenz, die mit der Evolution des Nervensystems, besonders des Gehirns, verknüpft ist. Unter Intelligenz sei in diesem Zusammenhang die Fähigkeit verstanden, das individuelle Verhalten aufgrund von Lernvorgängen zu verändern und dadurch das Verhaltensrepertoire in der Wechselwirkung mit der Umwelt zu vergrößern. Dadurch wird die tierliche Anpassungsfähigkeit gegenüber allein auf Erbkoordinationen beruhendem Verhalten, zum Beispiel sogenanntem instinktivem Verhalten, grundlegend erhöht.[53]

Besonders tritt erlerntes Verhalten bei Vögeln und Säugetieren in Erscheinung; beim Menschen ist es am weitesten entwickelt. Doch sind auch einfacher organisierte Tiere in der Lage zu lernen. Lernen besteht allgemein darin, Informationen aus der Umwelt aufzunehmen, zu verarbeiten, gedächtnismäßig zu speichern und in Verhaltensaktivitäten umzusetzen. In Verhaltensbiologie und Psychologie werden verschiedene in der Evolution der Tiere nacheinander entstandene Lernarten unterschieden, so unter anderem das bedingt-reaktive oder bedingt-reflektorische Lernen, das Lernen aus Versuch und Irrtum sowie das Lernen durch Einsicht. Auf bedingt-reflektorischem Lernen beruht zum Beispiel, daß Haustiere und

---

53 Vgl. F. Klix: Erwachendes Denken, Berlin 1983. – K. Lorenz: Die Rückseite des Spiegels, München/Zürich 1973. – R. Riedl: Biologie und Erkenntnis, Berlin/Hamburg 1980. – C. Sagan: Die Drachen von Eden, München/Zürich 1978.

Menschen zu gewohnten Zeiten ihre Mahlzeiten erwarten, während beim Versuch-und-Irrtum-Lernen ausprobiert wird, wie beispielsweise an eine Nahrungsquelle heranzukommen ist, wobei zum Erfolg führendes Verhalten bei Bedarf wiederholt wird. Einsichtiges Lernen schließlich beruht darauf, daß aufgrund der zuvor erworbenen Erfahrungen durch innerliches Operieren mit Gedächtnisinhalten Einsichten in Zusammenhänge zwischen Dingen und Erscheinungen der Umwelt gewonnen werden und daraufhin zielstrebig gehandelt wird.

Vor allem Experimente mit Affen und ihre Freilandbeobachtung haben zu bemerkenswerten Erkenntnissen über die intellektuellen Fähigkeiten bei einer Reihe von Arten geführt. Sie beruhen offenbar darauf, daß angesichts bestimmter Umweltsituationen mit Vorstellungen (im Sinne auf frühere Wahrnehmungen zurückgehender Gedächtnisinhalte) operiert werden kann. Das geht bis zur Bildung von Begriffen: Bestimmte Eigenschaften, die unterschiedlichen Dingen gemeinsam sind, lassen diese Dinge als Hilfsmittel für eine bestimmte Tätigkeit erkennen. So hatte eine Schimpansin durch Versuch und Irrtum gelernt, eine durch Holzschrauben verschlossene Kiste mit begehrtem Inhalt mittels eines Schraubenziehers zu öffnen. Danach griff sie unter ihr vorgelegten Dingen gleich zu einem, das sie als Schraubenzieher benutzen konnte, so verschiedenförmig sie im übrigen sein mochten. Sie hatte also den Begriff »Schraubenzieher« gebildet. Andererseits können Schimpansen Schraubenzieher im Bedarfsfalle auch anders verwenden, zum Beispiel als Hebel oder wie ein einfaches Stöckchen. Derartige Leistungen lassen sich nicht anders denn als elementare Formen des Denkens auffassen.

Nicht ob Tiere Intelligenz besitzen, lernen und denken

können, ist die Frage, sondern welche Tierarten in welchem Maße. Vielfältige Lernarten sind in der Evolution der Tiere nacheinander entstanden. Sie bauen in der stammesgeschichtlichen Entwicklung aufeinander auf, und auch beim Einzelwesen sind die älteren, niederen Lernarten in den stammesgeschichtlich später entstandenen, höheren enthalten. Lernfähigkeit und Intelligenz der verschiedenen Tierarten sind von ihrer naturgeschichtlichen Vergangenheit und von der Umwelt abhängig, in der sie leben. Stets zeigen sich auch individuelle Unterschiede innerhalb der Arten. Mit den sozialen Beziehungen zwischen Tieren und ihrer Lernfähigkeit ist das Phänomen der Weitergabe durch Lernen erworbener, nichterblicher Information zwischen Individuen verbunden, das heißt von Tradition. Beschäftigt man sich mit der Tradierung nichtgenetischer Information bei Primaten, gelangt man zu den Ursprüngen menschlicher Kultur.

Die Begriffe »Natur« und »Kultur« bezeichnen zwei Bereiche der einen und mannigfaltigen Welt. Den ersteren findet der gesellschaftliche Mensch als Gegenstand seiner verändernden und erkennenden Tätigkeit vor, während er den zweiten daraus schafft und sich dabei als gesellschaftliches Wesen selbst erzeugt. Im Hervorbringen von Technik, Kunst, Wissenschaft und Ideologie, in Körperpflege, Sport und Spiel, in der Kultivierung der Landschaft und der Domestikation und Züchtung von Lebewesen entfaltet er seine kreativen Fähigkeiten. Kultur gehört zu Mensch und Gesellschaft wie das Gewässer zum Fisch – mit dem Unterschied, daß die Menschen die Kultur, nicht aber die Fische die Gewässer hervorgebracht haben. Das menschliche Individuum, das in eine Menschengesellschaft hineingeboren wird, muß sich deren Kultur durch Lernen zu eigen machen, um Gesellschaftsmitglied zu werden. Die Kultur existiert dadurch, daß sie unter den Menschen durch soziale Kommunikation und Lernen vermittelt und von einer Generation auf die andere übertragen wird.

Grundlegend für den Fortbestand der Kultur und das Verhältnis der Individuen zu ihr ist, was Dobzhansky so formulierte: »Kultur wird nicht durch Gene vererbt; sie wird durch Lernen von anderen menschlichen Wesen erworben. Die Fähigkeit zu lernen und so eine Kultur zu erwerben und ein Mitglied der Gesellschaft zu werden, ist jedoch durch die genetische Ausrüstung gegeben, die das deutliche biologische Unterscheidungsmerkmal der Menschheit ist. In einem gewissen Sinne haben die menschlichen Gene ihre erste Stelle in der menschlichen Evolution an ein neues, nichtbiologisches oder überorganisches Geschehen, die Kultur abgegeben. Jedoch darf nicht übersehen werden, daß dieses Geschehen vollständig von dem menschlichen Genotypus abhängt; menschliche Kultur ist nicht ohne menschliche Gene möglich.«[54]

Gene zu erben und Kultur zu erwerben sind gewiß sehr verschiedenartige Angelegenheiten. Doch bei aller Verschiedenheit gibt es eine wesentliche Gemeinsamkeit zwischen ihnen: In beiden Fällen handelt es sich um Übertragung von Information, das eine Mal um Erbinformation, die in den Genen gespeichert ist, das andere Mal um die nichterbliche Information der materiellen und geistigen Kultur. Die Übertragung der Erbinformation heißt »Vererbung«, die Übertragung der nichterblichen Information »Tradierung«, das dadurch entstehende überindividuelle Gebilde »Tradition«. Von biologischer Seite unterschied

---

54 Th. Dobzhansky: Vererbung und Menschenbild, München 1966, S. 126.

bereits August Weismann klar zwischen Tradition, auf der die Entwicklung des Kulturlebens beruht, und der auf erblicher Variation und natürlicher Auslese beruhenden Organismenevolution[55], während der Genetiker Wilhelm Johannsen vor ihrer Verwechslung warnte: »Erblichkeit und Tradition sind ... zwei ganz scharf zu trennende Begriffe, und es ist sehr zu bedauern, wenn die Tradition als ›soziale Erblichkeit‹ bezeichnet wird. Denn dadurch werden falsche Analogien (genauer: Analogieschlüsse – *R. L.*) befördert und Unklarheit statt Klärung erreicht.«[56]

»Kultur – das ist die Gesamtheit aller nicht vererbten Information zusammen mit den Verfahren ihrer Organisation und Speicherung«, erklärt Juri M. Lotman.[57] Und John T. Bonner schreibt: »Unter Kultur verstehe ich die Weitergabe von Information durch Verhalten, insbesondere durch den Vorgang von Lehren und Lernen. Dieser Begriff wird in einem Sinne gebraucht, der im Gegensatz zur Weitergabe von genetischer Information steht, die auf der direkten Vererbung von Genen von einer Generation zur anderen beruht.«[58] Beide Autoren stimmen offensichtlich darin überein, daß sie Kultur definieren, indem sie auf nichtvererbliche Informationen Bezug nehmen. Doch stammt die erste aus einem Buch eines Literaturwissenschaftlers über Kunst, also einem Bestandteil der mensch-

---

55 Vgl. A. Weismann: Gedanken über Musik bei Thieren und beim Menschen. In: A. Weismann: Aufsätze über Vererbung und verwandte biologische Fragen, Jena 1892. – R. Löther: Wegbereiter der Genetik: Gregor Johann Mendel und August Weismann, Leipzig/Jena/Berlin 1989, S. 83/84.
56 W. Johannsen: Experimentelle Grundlagen der Deszendenzlehre. In: Allgemeine Biologie (P. Hinneberg [Hrsg.]: Die Kultur der Gegenwart, 3. Tl., 4. Abt. 1. Bd.), Leipzig 1915, S. 645.
57 J. M. Lotman: Kunst als Sprache, Leipzig 1981, S. 26.
58 J. T. Bonner: Kultur-Evolution bei Tieren, Berlin/Hamburg 1983, S. 17.

lichen Kultur, die zweite aber aus einem Buch eines Biologen über tierliches Verhalten mit dem sicherlich für manchen provozierenden Titel »Kultur-Evolution bei Tieren«.

Beide Definitionen sind in der Tat so weit, daß sie nicht nur für menschliche Kultur zutreffen und die herkömmliche Grenzziehung zwischen Natur und Kultur fraglich werden lassen. Und man machte es sich entschieden zu leicht, wiese man sie einfach als *zu* weit zurück und beharrte darauf, daß Kultur ein Privileg des Menschen sei, dem nichts in der Tierwelt vergleichbar ist. Wurden doch bemerkenswerte Erscheinungen der Weitergabe nichterblicher Information bei gesellig lebenden Tieren festgestellt. Aus der Fülle vielfältigen Tatsachenmaterials seien wenigstens zwei Beispiele aus der Affenverwandtschaft des Menschen angeführt.[59]

1953 verstreuten japanische Forscher in der Nähe einer Horde von wildlebenden Rotgesichtsmakaken (Lyssodes fuscata) auf der kleinen Insel Koshima Bataten am Meeresstrand. Daraufhin »erfand« ein zweijähriges weibliches Tier — die Forscher nannten es »Imo« — das Batatenwaschen. Mit einer Hand tauchte Imo die Süßkartoffeln ins Wasser, mit der anderen Hand spülte sie den ihnen anhaftenden Strandsand ab, das Wasser als Werkzeug benutzend. 10 Jahre später hatten 90 Prozent der Hordenmitglieder diese neue Gewohnheit übernommen — außer den Jüngsten und den über 12jährigen. Hatten die Affen die Süßkartoffeln anfangs nur in einem Bach gesäubert,

---

59 Vgl. J. Lethmate: Haben Schimpansen eine materielle Kultur? In: Biologie in unserer Zeit 21 (1991) 3. — G. Tembrock: Werkzeuggebrauch bei Tieren? In: Urania Universum, Bd. 25, Leipzig/Jena/Berlin 1979. — V. Weiß: Affen als Erfinder. In: Wissenschaft und Fortschritt 28 (1978) 8.

wurden sie nun auch im Meerwasser abgewaschen. Anderthalb bis zwei Jahre alte Jungtiere erlernten das neue Verfahren am schnellsten. Dagegen erlernten nur 18 Prozent der älteren Affen – ausschließlich Weibchen – das Batatenwaschen. Derartiger Konservatismus erwies sich als Eigentümlichkeit der erwachsenen männlichen Makaken, während sich jüngere und weibliche Tiere weitaus neugieriger zeigten. Das hängt mit der Stellung der erwachsenen Männchen in der Rangordnung der Horde zusammen: Da sie sich etwas abseits von den Weibchen und Jungtieren aufzuhalten pflegen, haben sie wenig Gelegenheit, neue Verhaltensweisen durch Beobachtung und Nachahmung zu erlernen.

Analoge Erscheinungen wurden bei wildlebenden Schimpansen festgestellt. So gibt es in Westafrika Schimpansen-Verbände, deren Mitglieder nußartige Früchte zum Öffnen an bestimmte Plätze tragen. Dort befinden sich alte Wurzeln und Eindellungen, die vielleicht in einigen Fällen sogar von den Schimpansen hergestellt wurden. Die Nuß wird in eine solche Höhlung gelegt, damit sie nicht wegrollen kann, und durch Schläge mit einem Knüppel oder Stein geöffnet. Gewöhnlich tragen die Schimpansen ihren steinernen oder hölzernen Hammer mit sich, wenn sie zum Nüssesammeln aufbrechen. Schimpansenmütter lehren ihre Kinder das Nüsseknacken. »Ein sechsjähriger Schimpansenjunge etwa mühte sich unter Aufsicht seiner Mutter mit einer Pandanuß. Diese Nüsse sind nicht leicht zu knacken, denn sie enthalten drei Kerne in separaten Kammern einer sehr widerstandsfähigen Schale. Als der kleine Schimpanse den ersten Kern verspeist hatte, legte er die Nuß aufs Geratewohl wieder auf den Amboß. Bevor er jedoch erneut darauf einhämmern konnte, nahm seine Mutter die

Nuß, säuberte den Amboß und legte sie sorgsam in eine günstige Position. Der Sohn konnte die Pandanuß nun mühelos aufbrechen und sich den zweiten Kern schmecken lassen.«[60]

Der Verhaltensbiologe Wolfgang Wickler hat derartige Traditionen als »objektvermittelte« von »symbolvermittelten« unterschieden.[61] Objektvermittelte Traditionen können sich nur ausbreiten und fortsetzen, wenn jeweils erfahrene und unerfahrene Partner gleichzeitig mit dem zu behandelnden Objekt zusammentreffen. Symbolvermittelte Traditionen setzen voraus, daß das Objekt in der Kommunikation durch ein Symbol ersetzt wird, über das sich die Individuen verständigen können. Sie setzen also eine Symbol-»Sprache« voraus. Solche Traditionen sind aus dem Tierreich bisher von einigen »staatenbildenden« Bienenarten bekannt. »Deren Sammlerinnen und Spurbienen können im Stock angeben, in welcher Richtung und Entfernung vom Stock sie eine wie ergiebige Futterquelle oder ein wie gutes Heim gefunden haben, und zwar durch Tänze auf der Wabe, die v. Frisch entschlüsselt hat ...«[62]

Gelegentlich der symbolvermittelten Traditionen sind nochmals die Schimpansen zu erwähnen. Nicht mit einer innerartlichen Tradition, von denen bisher die Rede war, sondern mit einer zwischenartlichen, nämlich mit den Versuchen, ihnen menschliche Sprachen beizubringen. Während solche Versuche mit artikulierten Lautsprachen entmutigend endeten, waren andere Experimente erfolg-

---

60 Schimpansenmütter als Lehrmeister. In: Frankfurter Allgemeine Zeitung, 5. Juni 1991, S. N 1.
61 W. Wickler: Vergleichende Verhaltensforschung und Phylogenetik. In: G. Heberer (Hrsg.): Die Evolution der Organismen, Bd. I, Stuttgart 1967, S. 451 ff.
62 Ebenda, S. 442.

reicher. So unterrichtete das Psychologen-Ehepaar Gardner das Schimpansenmädchen Washoe in der Taubstummensprache Ameslan (American Sign Language for the Deaf), in der Gesten Begriffe bedeuten. Nach 22 Monaten konnte Washoe 34 Begriffe verwenden, im Alter von 7 Jahren waren es 175. Sie bildete auch neue Begriffe, zum Beispiel angesichts einer Ente den Begriff »Wasser-Vogel«, und den Begriff »Stein-Beere«, als sie ihre erste harte Paranuß aufzuknacken versuchte. Ihren Sohn unterrichtete sie von sich aus in Ameslan. Inzwischen gibt es eine kleine Schimpansengruppe, die Ameslan erlernt. Gorillas erwiesen sich als nicht minder befähigt, diese Sprache zu erwerben und zu gebrauchen. Auch mit anderen Symbolsprachen werden Versuche mit Menschenaffen angestellt. Allerdings erreichte, wie der Philosoph Walter Hollitscher schreibt, »keines der Versuchstiere das Niveau eines vierjährigen Kindes, soweit es Problemlösungsfähigkeit und Ausdrucksreichtum des sprachlichen Operations- und Mitteilungsvermögen betrifft«[63].

Angesichts dieser Erscheinungen läuft gewiß niemand Gefahr, irgendeine von ihnen mit dem zu verwechseln, was beim Menschen zur Kultur gehört, auch wenn alles den zitierten Kulturdefinitionen Lotmans und Bonners entspricht. Es geht auch nicht darum, alles, was darunter fällt, auf eine Stufe zu stellen. Unterscheidend kann man von »protokulturellen Traditionen« sprechen. Bereits bei den angeführten Beispielen werden verschiedene Klassen solcher Erscheinungen sichtbar, die auf verschiedenen Evolutionslinien verschiedene Entwicklungsstufen einschließen.

---

63 W. Hollitscher: Lebewesen Mensch, S. 41. – Vgl. M. Kuckenburg: Die Entstehung von Sprache und Schrift, Köln 1989, S. 71 ff.

Es sind die Evolutionslinien der Soziogenese, mit denen die Erscheinungen der Übermittlung nichterblicher Information verbunden sind: die mittels der Bienen»sprache« symbolvermittelte mit der Evolution anonymer geschlossener Insekten-Sozietäten, die objektvermittelten Traditionen zum Beispiel der Rotgesichtsmakaken und Schimpansen mit der Evolution nicht-anonymer Primatensozietäten.

»Namhafte Anthropologen und Ethnologen vertreten die begründete Hypothese, daß die Haupttriebkräfte für die evolutive Entwicklung der kognitiven Leistungen der Primaten in den sozialen Beziehungen lagen. Die dort entwickelten basalen Fähigkeiten, wie zum Beispiel vorausschauendes Handeln, Planung unter Einbeziehung komplexer Situationen, distanzierte Verhaltenskontrolle über eigene Emotionen und andere Leistungen, die als Bedingungen für Bewußtseins- und Denkprozesse, den Aufbau von Symbolsprachen und materielle Werkzeugproduktion angesehen werden müssen, sind offenbar erst auf einem weit fortgeschrittenen Entwicklungsniveau im Zuge eines ›Lerntransfers‹ in den Umgang mit der dinglichen Umwelt eingebracht worden«, resümiert der Anthropologe Herbert Bach.[64]

Die aufschlußreichen Versuche schließlich, Menschenaffen Symbolsprachen zu lehren, lassen folgern, daß auf der letztgenannten Entwicklungslinie in ferner stammesgeschichtlicher Vergangenheit noch mehr entstand – höhere kommunikative Fähigkeiten, die die heutigen Menschenaffen von ihren und des Menschen gemeinsamen Vorfahren ererbt haben. Durch die Experimente wird die-

---

64 H. Bach: Optimierung der Umwelt des Menschen als wesentliche Voraussetzung für Leistungssteigerung, Gesunderhaltung und Wohlbefinden. In: Biologische Rundschau 23 (1985) 5, S. 274.

ses Potential mit anderen als den damaligen Verständigungsmitteln zutage gefördert. Für die Tiere ist es unter ihren heutigen natürlichen Lebensbedingungen — anderen als denen ihrer stammesgeschichtlichen Vorfahren — funktionslos geworden. Anders dürfte es in der Evolution zum Menschen gewesen sein, in der dieses Potential weiterentwickelt wurde. Dabei wurde die aus tierlichen Lautäußerungen entstandene artikulierte Lautsprache zum hauptsächlichen Mittel der Übertragung nichterblicher Information.

Von der protokulturellen Tradition im tierlichen Sozialverband der vormenschlichen Menschenahnen nahm die menschengesellschaftliche Kultur ihren Ausgang. Das erlernte und tradierte Werkzeugverhalten besaß dabei eine Schlüsselstellung. Dafür, wie es um das Werkzeugverhalten der ältesten Hominiden bestellt war, gibt es keine direkten Belege. Als Werkzeuge zugerichtete Steine oder Knochen, die ihnen zuzuschreiben sind, wurden nicht gefunden. Das kann jedoch, wie der Paläoanthropologe David Pilbeam[65] vermerkt, unerheblich sein. Es sei sehr wohl denkbar, daß die Afar-Australopithecinen, zu denen »Lucy« gehörte, dieselbe Art von Werkzeugen gebrauchten wie die heutigen Schimpansen: Pflanzenstengel, Blätter, Stöcke und Steine, die gelegentlich zum Gewinnen und Vorbereiten von Nahrung sowie zum Imponieren zugerichtet werden. Darüber hinaus könne man sich auch vorstellen, daß sich die Afar-Australopithecinen viel häufiger so verhielten als die heutigen Schimpansen. Derartige Werkzeuge würden 4 bis 3 Millionen Jahre später unmög-

---

65 D. Pilbeam: Die Herkunft von Hominoiden und Hominiden. In: Spektrum der Wissenschaft, 1984, H. 5.

lich zu erkennen sein, selbst wenn sie erhalten geblieben wären, was nahezu einem Wunder gleichkäme.

Bekannt sind hingegen die Arbeitsgeräte des Homo habilis, soweit sie aus Stein und Knochen bestehen. »Olduvan« nennen die Archäologen die materielle Kultur der Habilinen nach ihrem ersten Fundort in der Olduvai-Schlucht (Tansania). Über diese Stein- und Knochengeräte schreibt der Psychologe Friedhart Klix: »Der Körper des Steins ist unverändert, nur die Arbeitskante oder die künstlich hergestellte Spitze zeigen Abschlagstellen. In offensichtlich ähnlicher Absicht sind handhabbare Knochen angesplittert, Unterkiefer mit Zähnen zum Streichen und Schaben verwendet worden. Jedenfalls erfolgte die Zurichtung der Steine auf einen Verwendungszweck hin. Eine offensichtlich klare Vorstellung über den Effekt des Werkzeugs hat in den Abschlägen gegenständliche Form gefunden, denn es ist seine Wirkung, die dem unbearbeiteten Stein überlegen ist und die die Leistungsfähigkeit der bloßen Hand bei weitem übertrifft ... Die ersten Auswirkungen geistiger Prozesse im Werkzeug gehorchen noch ganz den (biotischen – R. L.) Evolutionsgesetzen. Und doch liegt darin schon der Keim zur Überwindung ihrer alleinigen Bedeutsamkeit. Mit den ersten (künstlich zugerichteten – R. L.) Werkzeugen beginnt der Prozeß der Umwandlung von der Anpassung des Menschen an die Natur zu ihrer Kontrolle und teilweisen Beherrschung. Und wenn auch zunächst nur in kleinen Kieseln; die Umwelt begann damit menschliche Züge anzunehmen.«[66]

Im Tier-Mensch-Übergangsfeld wurde der Übergang vom gelegentlich-zufälligen Werkzeuggebrauch als Lebenserfordernis und zur Werkzeugherstellung für zukünf-

---

66 F. Klix: Erwachendes Denken, S. 34ff.

tigen Gebrauch, die Entstehung der menschlichen Arbeit, zum Kernprozeß der Menschwerdung. »*Man darf ... nicht vergessen, daß Quantitätsunterschiede in Qualitätsunterschiede übergehen.* Was bei einer Tierart *im Keime* vorhanden ist, kann bei einer anderen Tierart zum *kennzeichnenden Merkmal* werden. Das bezieht sich besonders auf den Gebrauch von Werkzeugen. Der Elefant bricht Zweige ab und benutzt sie, um Fliegen zu vertreiben. Das ist interessant und lehrreich. Aber in der Entwicklungsgeschichte der Art ›*Elefant*‹ hat der Gebrauch von Zweigen im Kampf gegen Fliegen wahrscheinlich keine wesentliche Rolle gespielt: die Elefanten sind nicht zu Elefanten geworden, weil ihre mehr oder weniger elefantenähnlichen Vorfahren sich mit Zweigen bewedelten. Nicht so beim Menschen«, schrieb schon Georgi W. Plechanow.[67]

Plechanows Überlegung knüpft an Gedanken von Karl Marx und Friedrich Engels über den Zusammenhang von Arbeit und Menschwerdung an, die sich im Kontext ihrer Schriften finden, von den »Ökonomisch-philosophischen Manuskripten« von Marx über die Marx-Engelssche »Deutsche Ideologie« und Marx' »Kapital« bis zu Engels' »Dialektik der Natur« – also keineswegs nur, wohl aber speziell thematisiert in Engels' Fragment »Anteil der Arbeit an der Menschwerdung des Affen«, das sich als kritische Ergänzung auf Darwins »Abstammung des Menschen« (1871) bezieht. Die Grundgedanken der Marx-Engelsschen »Arbeitstheorie der Menschwerdung« weisen über den seinerzeitigen biologisch-anthropologischen Kenntnis- und Vorstellungshorizont hinaus, innerhalb dessen Engels Verlauf und biotischen Evolutionsmechanis-

---

[67] G. W. Plechanow: Zur Frage der Entwicklung der monistischen Geschichtsauffassung, Berlin 1956, S. 142/143.

mus der Anthropogenese skizzierte. Ohne ihnen Gewalt anzutun, können sie mit modernen Auffassungen vom Verhalten als Schrittmacher der Evolution in Übereinstimmung gebracht werden.

Wie die Populationsgenetiker Richard Levins und Richard Lewontin betonen, bereitet die Aktivität des Organismus den Weg für seine eigene Evolution. Diese starke Wechselwirkung zwischen dem, was ein Organismus tut, und dem, was mit ihm geschieht, sei in der menschlichen Evolution besonders dramatisch. Engels' Essayfragment »Anteil der Arbeit an der Menschwerdung des Affen« untersucht diese Beziehungen im Rahmen der lamarckistischen Vorstellung einer direkten Vererbung erworbener Eigenschaften. »Aber wenn wir diese direkte Verursachung durch die Wirkung der natürlichen Auslese ersetzen, bleibt das kritische Argument gültig. Der Arbeitsprozeß, durch den die Menschenvorfahren Naturdinge modifizierten, um sie für den menschlichen Gebrauch passend zu machen, war selbst das einzigartig dastehende Kennzeichen der Lebensweise, die die Selektion auf Hand, Kehlkopf und Gehirn in einer positiven Rückkopplung richtete, die die Art, ihre Umwelt und ihren Modus der Wechselwirkung mit der Natur umwandelten.«[68]

---

[68] R. Levins/R. Lewontin: The Dialectical Biologist, Cambridge (Mass.)/London 1985, S. 58. – Vgl. J. Piaget: Das Verhalten – Triebkraft der Evolution, Salzburg 1980. – R. Piechocki: Verhalten als Schrittmacher der Evolution. In: Wissenschaft und Fortschritt 39 (1989) 11.

Von Nullwertahnen, Mängelwesen und Mörderaffen

Im 19. Jahrhundert bezog sich die weltanschauliche Auseinandersetzung um den Darwinismus wesentlich darauf, ob es die Evolution gibt und ob der Mensch vom Affen abstammt. Sie führte dazu, daß der biologische Entwicklungsgedanke und die Deszendenztheorie mitsamt ihrer Anwendung auf den Menschen in der Naturwissenschaft und weit darüber hinaus anerkannt wurden. Und sei es auch nur aus Erwägungen wie denen jenes Präsidenten der Princeton Universität, der – wie der Historiker Andrew D. White erzählt – erkannte, »daß das gefährlichste, was dem Christentum in Princeton geschehen konnte, war, Woche für Woche auf der Universitätskanzel feierlich zu verkünden, daß, wenn Entwicklung durch natürliche Auslese oder Entwicklung überhaupt wahr sei, die Schrift falsch sein müsse. Er sah ein, wie er uns erzählte, daß dies der sicherste Weg sei, die Studenten zu wirklich Ungläubigen zu machen. Deshalb untersagte er nicht nur solche gefährliche Predigten, sondern predigte selbst eine umgekehrte Lehre.«[1]

Zwar gibt es immer noch die sektiererische Ablehnung

---

1 A. D. White: Geschichte der Fehde zwischen Wissenschaft und Theologie in der Christenheit, Bd. I, Leipzig 1911, S. 78.

der naturwissenschaftlichen Einsichten in die Evolution im Kosmos und auf Erden als »Religion des Antichristen«[2]. Doch mit der weitgehenden Anerkennung von Entwicklungsgedanken und Deszendenztheorie gegen Ende des 19. und zu Anfang des 20. Jahrhunderts ging zugleich einher, daß generell die bewegenden Kräfte von Organismenevolution und Anthropogenese und der Stammbaum der Tiere und des Menschen verstärkt in das Blickfeld der weltanschaulichen Auseinandersetzung gerieten. Seither treten zwei gegen das wissenschaftliche Begreifen der Anthropogenese in ihrer Einheit von Kontinuität und Diskontinuität gerichtete Tendenzen hervor:

1. die Tendenz, die Entstehung des Menschen als eine mit der übrigen Organismenevolution unvergleichliche, zusammenhanglose Ausnahmeerscheinung darzustellen, das heißt den natürlichen Entwicklungszusammenhang von Tierwelt und Menschheit zu mystifizieren — sei es durch Konstruktionen stammesgeschichtlicher »Eigenwege« der Entwicklung zum Menschen, sei es durch Spekulationen über besondere Entwicklungsprinzipien der Menschwerdung und Menschheitsentwicklung[3];

2. die Tendenz, die Anthropogenese als einen Vorgang aufzufassen, in dem lediglich graduelle, quantitative Veränderungen stattgefunden haben, und damit das Besondere der Anthropogenese als Entstehungsprozeß der von der tierlichen qualitativ verschiedenen menschlichen Daseinsweise durch »Nichts-anderes-als«-Reduktionismus zu negieren.

---

[2] E. Ostermann: Das Glaubensbekenntnis der Evolution, Neuhausen/Stuttgart 1978, S. 7.
[3] Vgl. A. Neuberg: Urentwicklung des Menschen, Gütersloh 1828, S. 164 ff. — H. Querner: Stammesgeschichte des Menschen, Stuttgart/Berlin/Köln/Mainz 1968, S. 117 ff.

Stammen die Affen vom Menschen ab?

Die Konstruktion stammesgeschichtlicher »Eigenwege« umgeht die für viele immer noch anstößige Affenabstammung des Menschen. Die direkte Linie des Menschenursprungs wird in diesem rückschrittlichen Bestreben weiter und weiter in die Vergangenheit verlegt, im Extrem bis zum Anfang des Lebens auf der Erde. Dadurch erscheint zunächst die Entstehung der Affen, letzten Endes die gesamte Stammesgeschichte der Tiere als »Abfall« der Menschwerdung. Oder aber die sich verzweigende Stammesentwicklung wird zu einem bloßen Nebeneinander unabhängiger Linien entstellt. Die allgemeine Konsequenz derartigen Vorgehens ist in jedem Falle die Restauration vordarwinscher Naturauffassung. Der Anthropologe Hermann Klaatsch, der Anatom und Pathologe Max Westenhöfer, der Geologe und Paläontologe Edgar Dacqué, der der Ornithologie und Anthropologie beflissene evangelische Pastor Otto Kleinschmidt und andere, die auf ihren wissenschaftlichen Spezialgebieten viel Verdienstliches leisteten, gerieten mit ihren Konzeptionen von Evolution und Menschwerdung auf solche von der Wissenschaft abführenden Wege.

Ihre Auffassungen spielten in der ersten Hälfte des 20. Jahrhunderts zeitweilig in der wissenschaftlichen Diskussion eine Rolle, wurden in ihr überwunden und gerieten weitgehend in Vergessenheit. Nun werden sie wieder hervorgeholt und – mit den modischen Attributen »kritisch« und »alternativ« versehen – als wegweisend empfohlen. Der Limnologe und Laientheologe Joachim Illies berief sich auf sie in seinem Streit wider den »Zwang darwinistischer Denkschablonen«, um einem Schöpfergott in der Biologie Platz zu schaffen, »dessen Wille (als ›Faktor‹) hinter der Evolution steht.«[4] Der Mediziner Paul Lüth lobte »Eigenweg«-Konstrukteure wie Urheber besonderer Entwicklungsprinzipien der Menschwerdung, weil sie angeblich »von der Evolution ohne Scheuklappen sprechen können«.[5]

Gegen die Anfänge solchen Tuns bei Klaatsch und anderen Anthropologen wetterte noch der greise Haeckel: »Alle diese und ähnliche Versuche haben das gemeinsame Ziel, die bevorzugte ›Stellung des Menschen in der Natur‹ zu retten und die Kluft zwischen ihm und den übrigen Säugetieren möglichst zu erweitern, seine wahre Abstammung aber zu verschleiern. Es ist dies die bekannte *Parvenü-Tendenz,* die uns so häufig bei den geadelten Söhnen und Enkeln tüchtiger Männer begegnet, die sich aus eigener Kraft zu einer hohen Stellung emporgearbeitet haben. Der hohen Obrigkeit und der mit ihr verbündeten Kirche ist dieser Hochmut aber wohlgefällig, weil dadurch ihre eigene fossile Einbildung von der ›Gottähnlichkeit‹ des Menschen und dem bevorzugten ›Gottesgnadentum‹ der Fürsten gestützt wird. Dem Zoologen und Anthropologen, der diese wichtige Genealogie streng wissenschaftlich untersucht, sind diese anthropozentrischen Bestrebungen ebenso gleichgültig wie der Gothaische Hofkalender ...«[6]

Klaatsch und seine Anhänger meinten, der Mensch müsse direkt aus der Wurzel aller Säugetiere hervorgegangen sein, die sich wiederum der Urform aller Landwirbeltiere, ja der Wirbeltiere schlechthin anknüpfen lasse.

---

4 J. Illies: Schöpfung oder Evolution, Zürich 1979.
5 P. Lüth: Der Mensch ist kein Zufall, Frankfurt a. M. 1984, S. 225.
6 E. Haeckel: Der Kampf um den Entwickelungs-Gedanken, Berlin 1905, S. 58.

Sämtliche anderen Primaten, Säugetiere, Wirbeltiere überhaupt hätten sich später seitlich von der Entwicklungsbahn entfernt, die geradewegs zum Menschen führte. »Jedenfalls läßt sich mit *Bestimmtheit für alle Tieraffen* aussagen, daß sie *Abzweigungen von der menschlichen Richtung* sind und daher *keine Rolle als Vorfahrenformen* spielen können«, versicherte Klaatsch.[7] »Nach dieser Auffassung würde der Urmensch direkt vom Urprimaten oder Ursäuger abstammen und sämtliche anderen Säugetiere, die Affen inbegriffen, sich seitlich und später von der geraden Entwicklungsbahn entfernt haben. Man müßte demnach die Wurzel des menschlichen Stammbaums in der letzten Periode des paläozoischen Zeitalters zu suchen haben ...«, resümierte der Anthropologe C.H. Straatz zustimmend;[8] während der Anthropologe Ludwig Wilser ein »gütiges Geschick« pries, das die Menschenvorfahren vor einer »Vertierung« bewahrt habe, was immer dies heißen mag.[9]

Seit dem Anfang der zwanziger Jahre wurde diese Linie der Mystifikation der Menschwerdung von Westenhöfer weitergeführt, von dem anscheinend auch der Ausdruck »Eigenweg des Menschen« stammt. Für ihn ist es ebenfalls »nicht die äffische, sondern die menschliche Form, von der sich die äffische ... trennte. Die vulgäre Abstammungsformel, wenn man überhaupt derartige Formeln anwenden will, müßte daher heißen: Der Affe stammt vom Menschen ab ...«[10]

---

7 H. Klaatsch: Der Werdegang der Menschheit und die Entstehung der Kultur, Berlin/Leipzig/Wien/Stuttgart 1920, S. 62.
8 C. H. Straatz: Naturgeschichte des Menschen, Stuttgart 1904, S. 37.
9 L. Wilser: Leben und Heimat des Urmenschen, Leipzig 1910, S. 37.
10 M. Westenhöfer: Die Grundlage meiner Theorie vom Eigenweg des Menschen, Heidelberg 1948, S. 194.

Die Vorfahren des Menschen stellte sich Klaatsch als primitiv-unspezialisierte, wehrlose Wesen vor. Dabei kam er nicht umhin, sich die Frage vorzulegen, wo und wie sie wohl gelebt haben mochten. Auf seine Weise folgerichtig gelangte er zu dem Schluß, daß die Menschwerdung weitgehend dem Darwinschen Ringen um die Existenz und der natürlichen Auslese entzogen gewesen sein mußte, nur in mildem Klima und relativ gefahrenfreier Umgebung stattgefunden haben könne, vergleichbar dem biblischen Paradies und dem sagenhaften Goldenen Zeitalter. Spätestens an diesem Punkt ist unverkennbar, daß es nicht um Rekonstruktion der Anthropogenese geht, sondern um spekulative Konstruktion.

Diese geht so weit, Sagen und Mythen wie die vom biblischen Garten Eden als »Urerinnerungen« der Menschheit zu deuten.[11] Klaatsch führte die Drachensagen der Menschen zurück auf einen Konkurrenzkampf zwischen den Säugetieren und den großen Sauriern im Mesozoikum, und für Westenhöfer waren die Kämpfe Beowulfs mit Fabelwesen, von denen das altenglische Heldenepos »Beowulf« erzählt[12], ein Hinweis darauf, daß der Mensch zur Kreidezeit mit solchen Ungeheuern im Wasser lebte und kämpfte.

Es ist gewiß unsinnig, Sagen und Mythen als »Urerinnerungen« aus der Stammesgeschichte zu deuten. Weder gibt es eine Vererbung erworbener Gedächtnisinhalte noch gibt es eine sprachliche Überlieferung aus jenen

---

11 Vgl. O. Hamann: Die Herkunft des Menschen im Lichte der modernen Anthropologie. In: J. Riem (Hrsg.): Natur und Bibel in der Harmonie ihrer Offenbarung, Hamburg 1911, S. 330/331. – O. Hamann: Die Herkunft des Menschen, Hamburg 1924, S. 63/64.
12 Vgl. P. Herrmann: Deutsche Mythologie, Berlin 1991, S. 170ff. – M. Lehnert (Hrsg.): Beowulf, Leipzig 1986.

Zeiten. Drachen wie andere Fabelwesen haben nie irgendwo anders existiert als in der Phantasie der Menschen, die sie schufen und in Sagen, Mythen und Werken der bildenden Kunst darstellten. Auf die Wahrnehmung von vor 65 Millionen Jahren ausgestorbenen Tieren, deren Zeitgenossen Menschen nicht waren, gehen sie gewiß nicht zurück.[13]

Doch Dacqué brachte diesen Unsinn zu großer Blüte. Ihm waren Sagen und Mythen nicht nur bis ins Paläozoikum zurückreichende Erinnerungen, sondern damit auch Informationsquellen über anders nicht erfahrbare Vorgänge in der Vergangenheit. Er meinte, »naturgeschichtliche Ereignisse und Urzustände der Menschheit und der Landschaften und des Himmels aus ihnen herauslesen (zu) können, indem wir sie mit unserem Wissen der Erd- und Lebensgeschichte vergleichen«.[14] »Denen, die erkennen, daß wahres Verstehen Glauben ist«, widmete Dacqué das eben zitierte Buch. In der Tat benötigt davon eine besonders große Portion, wer ihm folgt. Hier geriet die Mystifikation der Menschwerdung auf der Linie Klaatschs und Westenhöfers durch die Verquickung von Naturwissenschaft und Mythologie selbst zum Mythos. Aber Mythen sind kein Bestandteil von Wissenschaft, Mythen sind für die Wissenschaft lediglich Untersuchungsobjekte.

An Klaatsch und Westenhöfer rügte Dacqué, daß sie noch zu materialistisch und evolutionistisch gewesen seien, zu sehr der von ihm für veraltet gehaltenen »Stammbaumlehre« verhaftet und überzeugt davon, daß die von ihnen angenommenen Urformen dereinst wirkliche Wesen waren. Für Dacqué waren sie das nicht: »...

---
13 Vgl. H. Mode: Fabeltiere und Dämonen, Leipzig 1983.
14 E. Dacqué: Urwelt, Sage und Menschheit, München/Berlin 1928, S. 37ff.

wie kein Tiertypus, kein Pflanzentyp jemals in seiner idealen Urform irgendwo physisch existierte, sondern immer nur und von Anfang an in einer oder vielen spezialisierten Arten, so ist auch der Mensch physisch und real-entwicklungsgeschichtlich niemals als Urform dagewesen. Es ist die jenseitige lebendige Entelechie, das jenseitige lebendige Urbild, die Urbildkraft, die sich manifestiert, einerseits als Menschenentwicklung, andererseits als Pflanzen- und Tierentwicklung, und darum den physischen Menschen ganz ebenso wie Tier und Pflanze erscheinen läßt.«[15]

Tatsächlich resultieren die »Urformen« bei Klaatsch und Westenhöfer aus einer Verwechslung und Vermengung von stammesgeschichtlichen Ahnen und morphologischen Typen. Ein morphologischer Typus ist – wissenschaftlich gesehen – ein ideelles Modell, das allgemeine Merkmale und Merkmalsmuster von Organismengruppen abbildet. Es entsteht auf der Grundlage anatomischen Vergleichens durch gedankliche Abstraktion vermittels Analyse und Synthese. Wird seine selbständige Existenz in seiner bloßen Allgemeinheit außerhalb des menschlichen Bewußtseins unterstellt, kann er als leibhaftiges Wesen der Dürftigkeit seiner Eigenschaften halber nicht einmal in einem Paradies leben. Als Ahnenform gedacht, ist er mangels jeder konkreten Umweltangepaßtheit ein »Nullwertahne«, wie ihn der Zoologe Adolf Remane treffend genannt hat.

Solche »Nullwertahnen« sind die Konsequenz gewisser Vorstellungen über die Spezialisierung der organismischen Funktionen und Strukturen, die sich um ein »Gesetz der Spezialisation« für den Ablauf der stammesge-

---

15 E. Dacqué: Spuren der Vorwelt, München 1930, S. 107.

schichtlichen Entwicklung ranken. »Das Gesetz fordert ..., daß Spezialisierungen einsinnig verlaufen, daß es Umspezialisierungen nicht gibt und daß die Lebewesen schließlich in eine Sackgasse geraten und aussterben. Von einer unspezialisierten Form führt also ein dauernder Todesmarsch in die Spezialisation«, erläutern die Zoologen Adolf Remane, Volker Storch und Ulrich Welsch. »Träfe dieses Gesetz zu, so gäbe es nur Einengung der Funktionen, allerdings verbunden mit Steigerung der einzelnen Leistung, es gäbe keinen Funktionswechsel und keine Funktionserweiterung. Es gäbe nur eine Einengung von Lebensweise und Lebensraum, keine Erweiterung und Umstellung.«[16] Demgegenüber zeigen die Autoren, daß Wandel der Funktionen, der Lebensweise und Überwechseln in andere Lebensräume sogar ein die Evolution beherrschendes Prinzip sind. Jeder Wechsel bedeute ein Umbiegen der Evolutionsrichtung vieler Organe, den Beginn neuer Spezialisationswege. Die Konsequenzen des »Spezialisationsgesetzes« träfen also in keiner Weise zu.

Das Unheil, das dieses »Gesetz« in der Phylogenetik angerichtet habe, beruhe auf folgenden Schlüssen: Innerhalb einer Spezialisationsreihe durchlaufe die Umformung verschiedene Gradstufen. Bezeichne man diese Stufen mit Zahlen, so beginne sie mit der geringen Anpassungsstufe 1 und führe etwa zur hohen Stufe 10. 1 habe aber die Spezialisation bereits begonnen, der unspezialisierte Ahne müsse demnach die Stufe 0 haben. »Man sucht diesen Nullwertahnen und findet ihn nicht. Man

---

[16] A. Remane/V. Storch/U. Welsch: Evolution, München 1975, S. 130. – Vgl. A. Remane: Die Grundlagen des natürlichen Systems, der vergleichenden Anatomie und der Phylogenetik, Leipzig 1956.

kann ihn nicht finden, weil jedes Lebewesen, lebend oder ausgestorben, einen Lebensort und eine Lebensweise gehabt haben muß. Aus dem Nichtfinden des Nullwertahnen zog man aber folgende Konsequenzen: alle fossilen Lebewesen waren schon irgendwie spezialisiert und angepaßt, also waren sie – wenn sie nur in einem Merkmal außerhalb der Reihenfolge 1 bis 10 lagen – nicht die Ahnen, sondern bereits wegspezialisierte Seitenäste. Man fand also keine echten Ahnenformen. Wenn man nicht wie Dacqué daraufhin den ganzen Stammeszusammenhang als Metaphysik erklärte, forderte man eine sprunghafte Entstehung erster Glieder aus unbekannter Wurzel.«[17]

Dacqué brachte die morphologischen Typen als »Nullwertahnen« dorthin, wo ihr Aufenthaltsort nur angenommen werden kann, wenn ihre vom Kontext menschlichen Erkennens unabhängige Existenz behauptet wird: in eine Phantasiewelt objektiver Idealität. Mit ihrer Annahme werden Erzeugnisse des menschlichen Denkens für unabhängig von ihm und als Erzeuger der materiellen Welt, einschließlich der Menschen, ausgegeben. Die Vorfahren des Menschen aber, das ist sicher, waren keine »Nullwertahnen« und ihr Aufenthaltsort weder ein irdisches Paradies noch ein objektiv-idealistisches Jenseits. Sie waren wirkliche, leibhaftige Lebewesen mit allgemeinen, besonderen und individuellen Eigenschaften. Sie waren bestimmten sich verändernden Umwelten angepaßt, in denen sie aufgrund ihrer genetischen Variabilität natürlicher Auslese im Ringen um die Existenz ausgesetzt waren.

Wurde bei Dacqué kosmogonische und philosophische Mythenbildung zum Ausfluß der innerhalb der Naturwis-

---

17 Ebenda, S. 132.

senschaft begonnenen »Eigenweg«-Konstruktion, mündete diese bei Kleinschmidt in eine modernisierte Fassung der Konstanz der Arten in Gestalt seiner »Formenkreislehre« ein.[18] »Es gibt kaum ein Wesen, das so deutlich als eine Welt für sich mit ihrem eigenen Entwicklungsweg dasteht, wie der Mensch«, schrieb er[19] und distanzierte sich sowohl von der Auffassung des Menschen als spätes Entwicklungsprodukt der Natur als auch von Dacqués Betrachtung des Menschen als ältestes Geschöpf. Vielmehr sei der Mensch, »wenn man ihn nach rein zoologischen Gesichtspunkten beurteilt, ... ein besonderer Formenkreis und hat wie jeder tierische Formenkreis seine eigene Entwicklungslinie«.[20]

Kleinschmidt sprach von »Formenkreisen«, die in sich geographisch vertretende Rassen und weiter in Spielarten differenziert sind, als den basalen Einheiten der zoologischen Systematik und Tiergeographie. Sein Begriff des Formenkreises sollte den Artbegriff ablösen. Für die rezente Tierwelt hat die Kleinschmidtsche Formenkreislehre anregend auf die Klärung von taxonomischen und zoogeographischen Problemen gewirkt. Evolution aber erkannte ihr Autor nur im Rahmen dieser Formenkreise an, während er stammesgeschichtliche Zusammenhänge zwischen ihnen bestritt. An die Stelle eines Stammbaumes trat für ihn das »Bild einer Entstehung des Lebens in Form eines Rasens, der aus vielen Urwesen aufkeimt«.[21] Eine Unzahl paralleler Nachbarlinien, selbständiger Urstämme,

---

18 Vgl. O. Kleinschmidt: Die Formenkreislehre und das Weltwerden des Lebens, Halle (Saale) 1926.
19 O. Kleinschmidt: Naturwissenschaft und Glaubenserkenntnis, Berlin 1930, S. 109.
20 Ebenda, S. 101.
21 Ebenda, S. 92.

sei aus eigenen Urformen offenbar nullwertahnenhaften Charakters von den »Wurzeln des Lebens« her aufgestiegen, habe seine ersten Entwicklungsstadien zunächst fern vom »Kampf ums Dasein« in Ruhe durchgemacht und sich dann in geographischer Differenzierung evolutionär entfaltet, so auch der menschliche Formenkreis.

Wenn es Ähnlichkeiten zwischen Formenkreisen gebe, etwa zwischen dem menschlichen und denen der Wirbeltiere, so sei dies die Folge der Nachbarschaft der Urstämme und ihrer Entwicklungsbedingungen. »Wie ein Schmetterling erst lange versteckt als Raupe lebt und dann als Falter weite Strecken überfliegt, so ist die Menschheit vermutlich in einem stillen Erdenwinkel, vielleicht in einem versunkenen Nordland, langsam herangereift und hat dann in großartigen Rassenentwicklungen Völkerwellen über Völkerwellen über alle gangbaren Stellen des Erdballs hinausgesandt, bis alle Erdteile bewohnt waren ...«, meinte Kleinschmidt.[22] In seiner Konzeption des »Eigenweges« wird der natürliche Entwicklungszusammenhang zwischen Tierwelt und Menschheit zugleich mit dem der Tierwelt selbst verneint.

Ersatz der naturwissenschaftlichen Erkenntnis natürlicher Entwicklungszusammenhänge durch irrationalen Mythos und spekulative Naturphilosophie bei Dacqué oder durch die Restauration der vordarwinschen Doktrin von der Konstanz der Arten als Konstanz von Anbeginn an isolierter, zusammenhangloser Formenkreise bei Kleinschmidt – auf solchen Abwegen endet die Konstruktion von »Eigenwegen«, in der sich die Aversion gegen die Affenabstammung äußert. Es gibt gewiß noch manche andere Variante und Nuance dieser Tendenz, die Mensch-

---

22 Ebenda, S. 124.

werdung zu mystifizieren, doch kaum ohne wesentlich anderen Ertrag.

Der Mensch als Mängelwesen

Setzt die »Eigenweg«-Konstruktion beim Wie, bei den Verlaufswegen der Evolution zum Menschen an, so die Mystifikation der Menschwerdung durch besondere Entwicklungsprinzipien beim Warum, bei den bewegenden Kräften dieses Vorgangs. Bestimmte Momente seiner Bedingtheit und Bestimmtheit werden aus ihrem verwickelten Gesamtgefüge gedanklich isoliert und verselbständigt. In dieser entstellten Weise dienen sie als Prinzipien nicht der Rekonstruktion, sondern wiederum der spekulativen Konstruktion der Anthropogenese. So beschaffen sind unter anderem das »Prinzip der Körperausschaltung« von Paul Alsberg und das »Retardationsprinzip der Menschwerdung« von Louis Bolk, während bei dem Zoologen Adolf Portmann mysterienschwangerer Agnostizismus an die Stelle eines derartigen Prinzips tritt.

Wesentlich verbunden ist die Annahme solcher Prinzipien mit der Auffassung vom Menschen als Mängelwesen. Das ist eine Betrachtungsweise, die die kennzeichnende Verschiedenheit des Menschen im Vergleich mit den Tieren in dem sieht, was der Mensch nicht hat: in seinen Mängeln.[23] Diese Betrachtungsweise reicht vom Altertum bis zur Gegenwart. In diesem Zeitraum vollzogen

---

23 Vgl. K. Lorenz: Einführung in die philosophische Anthropologie, Darmstadt 1990, S. 50ff. – R. Müller: Menschenbild und Humanismus in der Antike, Leipzig 1980, S. 49ff. – A. Peiper: Die Eigenart der kindlichen Hirntätigkeit, Leipzig 1961, S. 633ff. – V. Sommer: Der Mensch ist kein Mängelwesen. In: Kosmos 87 (1991) 12.

sich Aufstieg und Niedergang der Auffassung vom Menschen als Mängelwesen, deren Überlieferung in einem Mythos begann und die in faschistischer und konservativer Ideologie endete. Nach der Entstehung der menschlichen Abstammungslehre wurde sie mit besonderen Entwicklungsprinzipien der Menschwerdung verknüpft.

Wohl ältester Beleg der Konzeption vom Menschen als Mängelwesen ist Platons Dialog »Protagoras«. Darin läßt Platon den Protagoras erzählen, wie die Götter die Tiere und den Menschen schufen und wie es dabei geschah, daß Epimetheus alle vorhandenen Kräfte unter den Tieren aufteilte. Für den Menschen aber behielt er nichts übrig und war ratlos, was er mit ihm tun solle. »In dieser Ratlosigkeit nun kommt ihm Prometheus die Verteilung zu beschauen und sieht die übrigen Tiere zwar in allen Stücken weislich bedacht, den Menschen aber nackt, unbeschuhet, unbedeckt, unbewaffnet ... Gleichermaßen also der Verlegenheit unterliegend, welcherlei Rettung er dem Menschen noch ausfände, stiehlt Prometheus die kunstreiche Weisheit des Hephaistos und der Athene nebst dem Feuer, und so schenkt er sie dem Menschen.«[24]

Intellekt und technische Fähigkeiten des Menschen sowie sein gesellschaftliches Zusammenleben, durch die er sich den Tieren gegenüber bevorzugt zeigt, werden so als Ausgleich für seine mangelhafte körperliche Ausstattung gedeutet. Diese Interpretation überdauerte ihre Einkleidung in einen Schöpfungsmythos. Im 18. Jahrhundert wurde sie in der bürgerlichen Aufklärung wieder aufgenommen. Wirksam wurde sie vor allem in der Fassung, die ihr Johann Gottfried Herder in seiner Abhandlung »Über den Ursprung der Sprache« (1772) gab. Als nacktes

---

24 Platon: Werke, Bd. I/1, Berlin 1984, S. 179.

und instinktloses Tier betrachtet, sei der Mensch das elendeste aller Wesen. Doch habe ihm die Natur die Gabe des Verstandes und der Besonnenheit verliehen, die ihn veranlasse, sich mit anderen Menschen zusammenzuschließen, und ihn zu beständiger Vervollkommnung befähige.

In Antike und Aufklärung war die Betrachtung des Menschen als Mängelwesen ein fruchtbarer Denkansatz. Er regte Ideen an, die der Einsicht in die menschliche Gesellschaftlichkeit und die Entstehung der Arbeit als Kernprozeß der Menschwerdung den Weg bereiteten. Andererseits hat die zunehmend genauere Kenntnis der Tiere und des Menschen ergeben, daß die schematische Gegenüberstellung der mit Körperbau und Instinkten ihren Lebensbedingungen perfekt eingepaßten Tiere und des in dieser Hinsicht nur durch Mängel gekennzeichneten Menschen unhaltbar ist. Zum Verschwinden der Mängelwesen-Konzeption führte das aber nicht. Vielmehr wurde sie nun vorwiegend gegen das wissenschaftliche Begreifen des Menschen, seiner Entstehung und Entwicklung gewendet.

So beabsichtigte Alsberg »eine Wiedereinsetzung des Menschen in alte Rechte und Vorrechte ..., um die ihn eine irrtümliche Auslegung der Entwicklungslehre gebracht hat«, durch die ihm »der metaphysische Himmel verhängt wird«.[25] Über die Einführung seines Prinzips der Menschheitsentwicklung, das in der Menschwerdung einsetzt und sie von der Evolution der Tiere abhebt, gelangte er zu einer irrationalen Auffassung der Anthropogenese und der Kulturgeschichte insgesamt. Dieses Entwicklungsprinzip leitete Alsberg aus einem auf die

---

25 P. Alsberg: Das Menschheitsrätsel, Dresden 1922, S. 11.

traditionelle Weise der Mängelwesen-Argumentation ausgeführten Vergleich von tierlicher und menschlicher Körper- und Lebensform ab. Menschlichen und tierlichen Körperbau läßt er sich dadurch unterscheiden, daß der Tierkörper der Natur hervorragend angepaßt sei, während »der menschliche Körper aller Schutz- und Trutzvorrichtungen ermangelt und daher den Zustand der Wehrlosigkeit und Hilflosigkeit gegenüber der Natur darbietet«.[26] Hingegen fertige kein Tier Werkzeuge, Waffen, Kleider an, mache Feuer, spreche und begreife. Fernab vom sachlichen Verständnis der menschlichen Arbeit, ihrer technischen Mittel und ihrer Bedeutung für Menschwerdung und Menschheitsentwicklung verkündet er »das Prinzip der Körperausschaltung vermittels künstlicher Werkzeuge« als Entwicklungsprinzip der Menschheit.

Die »Körperausschaltung« sei Selbstzweck, während das Werkzeug nur und allein um ihretwillen da sei. »Mit dem Werkzeug und in dem Werkzeug entwickelt sich der Mensch. Nun hat aber das Werkzeug nur den einen Sinn und Zweck der Körperausschaltung, und es steckt hinter dem Wunsche nach Vervollkommnung der Werkzeuge in Wirklichkeit der Drang nach Vermehrung der Körperausschaltung«, betonte Alsberg.[27] Nicht nur die materielle Technik, sondern auch Sprache und Denken, Wissenschaft, Kunst und Moral, Kultur insgesamt deutete er als Äußerungen dieses irrationalen Dranges. Biotische Voraussetzungen, Umweltbedingungen und Lebensbedürfnisse im Prozeß der Menschwerdung kamen nicht in Alsbergs Blickfeld.

Vorstellungen, daß primär eine Steigerung der geisti-

---

26 Ebenda, S. 47.
27 Ebenda, S. 175.

gen Fähigkeiten für die Entstehung des Menschen wesentlich gewesen sei, lehnte Alsberg ab. »Körperliche Minderwertigkeit« und »geistige Überwertigkeit« seien vielmehr beide auf das »Prinzip der Körperausschaltung« zurückführbar. Bereits die erste Werkzeugbenutzung habe eine »körperliche Verkümmerung« im Gefolge gehabt: »Der Urmensch, den wir uns körperlich der Natur noch vollkommen angepaßt zu denken haben, der noch nicht Feuer, Kleidung usw. kannte, büßte durch sein Werkzeug, den rohen Stein, seinen Kletterfuß ein, da die Benutzung des Werkzeugs zum aufrechten Gehen zwang.«[28]

Seitdem habe die Werkzeugbenutzung progressive Veränderungen von Organen bewirkt, die – wie Hand und Gehirn – ihre Funktion im Verfertigen und Bedienen von Werkzeugen haben, und vor allem körperlichen Niedergang entsprechend der funktionellen Organausschaltung durch in Gebrauch gekommene Werkzeuge, einschließlich Instinktverkümmerung als Folge von Vernunfterwerbung.

Bei dem Unternehmen, die vorgebliche körperliche Minderwertigkeit des Menschen zu belegen, übertrieb Alsberg die Perfektion tierischer Angepaßtheit, untertrieb andererseits die physische Leistungsfähigkeit des Menschen und sah in sehr heterogenen Erscheinungen, die in der Zeit seit der Körperaufrichtung aufgetreten sind, Symptome von körperlichem Verfall der Menschheit – von der Fellosigkeit des Menschen bis zu modernen Zivilisationsschäden. Als Gegenmaßnahme empfahl er Körperpflege durch Sport und Kosmetik.

Den Ursprung seines »Prinzips der Körperausschal-

---

28 Ebenda, S. 126.

tung« ließ Alsberg im dunkeln. »Vermögen wir auch zu durchschauen, wie der Mensch aus dem Affen hervorgegangen ist, so doch nicht, daß er nun plötzlich da ist«, versicherte er.[29] Er wandte sich dagegen, daß die Wesensverschiedenheit von Tier und Mensch, wie er sie sah, etwa durch Entwicklung vermittelt sei. Es handele sich um Unterschiede der Wesensqualität und nicht nur des Grades, graduelle Unterschiede aber könnten niemals zu solchen des Wesens gesteigert werden. Der Eintritt von Neuem, das Aufsteigen der Entwicklung sei nicht kausal erklärbar. »Um die Aufwärtsbewegungen in der Entwicklung und die Erscheinung des Menschen zu verstehen, müssen wir notgedrungen der Entwicklung ein Ziel, einen Zweck, einen Sinn unterlegen«, meinte Alsberg und überließ diese Aufgabe »metaphysischen, das Erfahrungsmäßige überfliegenden Spekulationen«.[30] Wie Alsberg vor Augen führt, ist auch die menschliche Fähigkeit, Werkzeuge herzustellen und zu benutzen, nicht dagegen gefeit, zu Mystifikationen von Werden und Wesen des Menschen herangezogen zu werden.

Ähnlich monoman wie Alsberg sein »Prinzip der Körperausschaltung« traktierte Bolk sein »Retardationsprinzip«. Die Entstehung der menschlichen Körperform war ihm »nicht der Effekt einer Anpassung an sich ändernde äußere Umstände, sie wurde nicht bedingt durch einen struggle for life, sie war nicht die Resultante einer natürlichen oder sexuellen Zuchtwahl«.[31] Begriffe wie »Werkzeug« oder »Arbeit« kommen bei Bolk schon gar nicht vor. Statt dessen unterlegte er der Anthropogenese einen

---

29 Ebenda, S. 503
30 Ebenda, S. 504/505.
31 L. Bolk: Das Problem der Menschwerdung, Jena 1926, S. 9.

»inneren organischen Entwicklungsfaktor«, der wohl auch bei anderen Primaten nachweisbar, aber bei der Entstehung des Menschen vorherrschend gewesen sei: eine Hemmung (Retardation) der Individualentwicklung im Verlauf der Hominidenevolution durch eine unbekannte endogene Veränderung im endokrinen System, in der chemischen Beschaffenheit oder der quantitativen Mischung der Hormone.

»Was in dem Entwicklungsgang der Affen ein Durchgangsstadium war, ist beim Menschen zum Endstadium der Form geworden«, versicherte Bolk[32] und kennzeichnete den Menschen in zugespitzter Formulierung »in körperlicher Hinsicht als einen zur Geschlechtsreife gelangten Primatenfetus.«[33]. Die Hominisierung der Form sei im Wesen eine Fetalisierung gewesen. Deshalb nannte Bolk seine Auffassung der Anthropogenese auch »Fetalisationshypothese«. Zum Zwecke ihres Beleges teilte er die menschlichen Körpermerkmale in primäre und konsekutive ein. Als »primär« galten ihm jene Merkmale, die ihm das Essentielle der menschlichen Form verkörperten, also aus seinem »Retardationsprinzip« deutbar erschienen, zum Beispiel die Orthognathie, die Unbehaartheit, die Form der Ohrmuschel und das hohe Hirngewicht. Als »konsekutiv« bezeichnete Bolk die nicht dazu passenden Merkmale, die er hauptsächlich als Folgewirkungen des aufrechten Ganges ansah. Diesen betrachtete er ebenfalls als konsekutives Merkmal: »Nicht weil der Körper sich aufrichtete, wurde die Menschwerdung vorbereitet, sondern weil die Form sich vermenschlichte, richtete sich

---

32 Ebenda, S. 7.
33 Ebenda, S. 8.

der Körper auf.«[34] Diese These befindet sich offensichtlich im Gegensatz zum inzwischen belegten Hergang.

Beziehungen zwischen Form und Funktion sowie Organismus und Umwelt, insbesondere die Frage, wie der »zur Geschlechtsreife gelangte Primatenfetus« außerhalb des Uterus existieren konnte, ließ Bolk gänzlich außer Betracht. Er disqualifizierte seine Fetalisationshypothese zur Mystifikation der Menschwerdung, indem er die ontogenetische Retardation zum ausnahmsweise bestimmenden und endogenen Evolutionsfaktor der Anthropogenese erhob und sie der darwinistischen Evolutionstheorie entgegenstellte. Aus vergleichend-anatomischer Sicht hat der Anatom Dietrich Starck eine kritische Analyse der Bolkschen und verwandter Konzeptionen gegeben, die zugleich die seit dem 19. Jahrhundert geführte Diskussion resümiert.[35] Er zeigt, daß es keine »Fetalisation« ganzer Organismen bzw. Arten, sondern allenfalls einzelner Merkmale gibt und betont die Mosaikevolution der Merkmale im Konnex der Menschwerdung. Nach Gould gehören zu den Elementen in Bolks Vorstellungen, die aus sachlichen Gründen entschieden zurückzuweisen sind:

1. die Einteilung der menschlichen Körpermerkmale in primäre Ergebnisse der retardierten Entwicklung, die das »Essentielle« der menschlichen Form ausdrücken, und sekundäre Merkmale von »nur« adaptiver Bedeutung;

2. das Postulat, daß die Retardation alle »essentiellen« Merkmale durch ein einziges koordiniertes Ereignis in gleichem Maße beeinflußt hat;

3. die Suche nach der Ursache der Retardation in einer

---

[34] Ebenda, S. 6.
[35] D. Starck: Der heutige Stand des Fetalisationsproblems, Hamburg/Berlin 1962.

einzigen chemischen Veränderung im System der hormonalen Steuerung der Wachstums- und Entwicklungsvorgänge;
4. das völlige Fehlen jeder Überlegung zur adaptiven Bedeutung solcher Retardation.[36]

Der Verhaltensbiologe Erik Zimen verweist darauf, daß Bolks Fetalisationshypothese »einen enormen Einfluß auf viele deutsche Evolutionsbiologen, Haustierforscher und Morphologen seiner und der folgenden nationalsozialistischen Zeit hatte. Zuvor schon hatte E. Fischer *Die Rassenmerkmale des Menschen als Domestikationserscheinung* dargestellt. So wurde in den dreißiger Jahren versucht, mit Hilfe der Haustierforschung, der Humanbiologie und der Rassenkunde die angebliche Überlegenheit der kaukasischen und hier, nota bene, der ›arischen‹ als der am weitesten retardierten und somit fortschrittlichsten Rasse darzustellen. Ebenso bemühte sich die Haustierforschung, vor dem Verfall der idealistischen Grundhaltung und des Aufopferungswillens der deutschen Jugend zu warnen. Insgesamt haben in jenen Jahren nicht wenige Biologen, Mediziner und ›Rassehygieniker‹ einen erheblichen Beitrag zum Rassenwahn der Nationalsozialisten und zu den davon nicht zu trennenden Massenverbrechen geleistet.«[37]

In diesem Milieu und auf Bolks Fetalisationshypothese als hauptsächlicher Grundlage fußend entstand auch die philosophische Anthropologie Arnold Gehlens. Deren Hauptwerk »Der Mensch, seine Natur und Stellung in der Welt«, in dem er sein in düsteren Farben gehaltenes Zerrbild vom Menschen als »Mängel- und Zuchtwesen« vor-

---

36 S. J. Gould: Ontogeny and Phylogeny, Cambridge (Mass.)/London 1977, S. 361.
37 E. Zimen: Der Hund, München 1988, S. 155.

stellte, erschien erstmals 1940. »Morphologisch ist ... der Mensch im Gegensatz zu allen höheren Säugern hauptsächlich durch *Mängel* bestimmt, die jeweils im exakt biologischen Sinne als Unangepaßtheiten, Unspezialisiertheiten, als Primitivismen, d. h. als Unentwickeltes, zu bezeichnen sind: als wesentlich negativ«, versicherte Gehlen.[38]

Die Entstehung seines Mängelwesens durch Bolksche Fetalisation verlegte Gehlen — »Eigenweg«-Konstruktionen analog — in eine paradiesische Umwelt und erlegte ihm im weiteren auf, es müsse »die Mängelbedingungen seiner Existenz eigenständig in Chancen seiner Lebensfristung umarbeiten«.[39] Es »entlaste« sich von ihnen durch »Handlungen«. Unter solche »Entlastung« subordinierte Gehlen sämtliche körperliche und geistige Tätigkeit. Dazu stattete er das Mängelwesen mit einem »konstitutionellen Antriebsüberschuß« aus, durch den es unter einen »Formierungszwang« gestellt sei, so daß es in »Zucht« genommen werden müsse. Von hier führte Gehlen die Mystifikation der Menschwerdung bis zur Rechtfertigung konservativer und faschistischer Herrschaftsformen für die spätbürgerliche Gesellschaft. Galt ihm zunächst der Hitlerfaschismus als »Tatbeweis« seiner Konzeption[40], wurde er später mit einer modifizierten Version zu einem Exponenten elitär-konservativen, antidemokratischen Denkens.

Sachlich ist die Gehlensche wie jede andere Charakteristik des Menschen als Mängelwesen unzutreffend. So

---

38 A. Gehlen: Der Mensch, seine Natur und Stellung in der Welt, Bonn 1955, S. 34/35.
39 Ebenda, S. 38.
40 Vgl. A. Gehlen: Der Mensch, seine Natur und Stellung in der Welt, Berlin 1940, S. 465.

konstatierte der Pädiater Albrecht Peiper: »Gehlen ... nennt das Neugeborene unorientiert – und übersieht die Hautschutzreflexe; er nennt es bewegungsunfähig – und hat noch nie ein Neugeborenes zappeln sehen. Als Naturwesen betrachtet, sei der Mensch ›hoffnungslos unangepaßt‹, weil er morphologisch so gut wie keine Spezialisierung besitze. Welch eine morphologische Spezialisierung ist die Mutterbrust! Wie sehr hing der letzte Schritt der Menschwerdung von der morphologischen Fortentwicklung des Großhirns ab!«[41]

Und der Psychologe Wolfgang Schmidbauer resümiert unter Anführung vielfältiger Belege, daß völkerkundliche Feldforschung und physiologische Studien den Menschen als ein erstaunlich leistungsfähiges und lebenszähes Wesen gezeigt haben, das durch sein breites Spektrum biotisch wertvoller Funktionen praktisch alle anderen Tiere übertreffe, selbst wenn man seinen kulturschaffenden Intellekt ausklammere. »Verbunden mit den anderen Eigenschaften, die den Menschen auszeichnen – seiner Sprache, Technologie und seinem überlegenen Gedächtnis –, mögen die anatomischen und physiologischen Vorzüge von Homo sekundär scheinen. Aber übersehen darf man sie nicht; keineswegs ist es statthaft, sie zu leugnen und durch diesen scheinbaren Mangel die Kultur zu erklären. Nur der Mensch, hat Laughlin pointiert formuliert, kann in zwei oder drei Tagen ein Pferd bis zur völligen Erschöpfung hetzen und sich dann überlegen, ob er es nun essen, reiten, vor eine Last spannen oder anbeten soll ...«[42]

---

41 A. Peiper: Die Eigenart der kindlichen Hirntätigkeit, S. 635. – Vgl. A. Gehlen: Der Mensch, seine Natur und Stellung in der Welt, Bonn 1955, S. 141.
42 W. Schmidbauer: Die Bedeutung der Jagd für die menschliche Evolution. In:

Derartige Reflexionen unterstellen natürlich weitgehend Menschen, deren phänotypische Individualität nicht durch arbeitsteilige Spezialisierung einseitig ausgebildet und deren physisches Leistungsvermögen nicht durch Bewegungsarmut zurückgebildet ist. Im übrigen geht es keinesfalls darum, den Menschen als »Krone der Evolution« mit der Gloriole physischer Vollkommenheit auszustaffieren, wenn das Mängelwesen-Konzept zurückgewiesen wird. Als naturgeschichtliches Produkt der biotischen Evolution ist der Mensch nicht mehr und nicht minder vollkommen und teleonomisch organisiert als andere Produkte der Evolution, was nicht zuletzt auch konstitutionelle Dispositionen für vielfältige Krankheiten und Leiden einschließt.

Mit Retardation der Individualentwicklung und Neotenie als ihrem Ergebnis als Momenten des Bolk-Gehlenschen Zerrbildes von Menschwerdung und Mensch aber ist noch eine Weiterung verbunden: die These von der »Selbstdomestikation« des Menschen. »Es erübrigt sich wohl, auf die erdrückende Kasuistik der typischen Domestikationsmerkmale des modernen Menschen einzugehen. Jeder, der für derlei Dinge Augen hat, sieht sie ohne weiteres als eine Selbstverständlichkeit, und niemand wird an ihrer Wesensgleichheit mit den an Haustieren ausgeprägten zweifeln«, meinte der Verhaltensbiologe Konrad Lorenz.[43] Kurzerhand wird für blind erklärt, wer

---

W. Schmidbauer (Hrsg.): Evolutionstheorie und Verhaltensforschung, Hamburg 1974, S. 210.
43 K. Lorenz: Psychologie und Stammesgeschichte (1954). In: K. Lorenz: Über tierisches und menschliches Verhalten, Bd. II, München 1965, S. 241. – Vgl. T. J. Kalikow: Die ethologische Theorie von Konrad Lorenz: Erklärung und Ideologie, 1938 bis 1943. In: H. Mehrtens, S. Richter (Hrsg.): Naturwissenschaft, Technik und NS-Ideologie, Frankfurt a. M. 1980.

seine Ansicht nicht teilt. Weiter verweist Lorenz darauf, daß nicht nur beim Menschen, sondern auch bei Haustieren Neotenie auftritt. Da Haustiere domestiziert sind, müsse sich auch der Mensch selbst domestiziert haben.

Diese von Lorenz hergestellte Verbindung zwischen Neotenie und Domestikation ist jedoch gegenstandslos, denn Neotenie ist weder auf den Menschen allein, noch auf ihn und seine Haustiere beschränkt. Vielmehr ist es ein im Tier- wie auch im Pflanzenreich nicht seltenes Ergebnis der Evolution der Individualentwicklung. Angesichts dieser Sachlage ist der Begriff der »Selbstdomestikation« inhaltsleer. Bemerkenswert ist, daß sich gerade Domestikationsforscher gegen die These von einer »Selbstdomestikation« des Menschen wenden und es ablehnen, Menschwerdung und Menschheitsentwicklung mit Haustierwerdung gleichzusetzen. So erklärte Wolf Herre: »Sicher ist, daß bei einer Domestikation *eine* Art – der Mensch – über Generationen aktiv in das Leben einer *anderen* Art – des Haustieres – eingreift, zum eigenen Nutzen. Dies ist beim Menschen nicht der Fall und kann auch nicht für Gruppen von Menschen als entscheidendes biologisches Phänomen herausgestellt werden. Beim Menschen wird die Fortpflanzung einer abgegrenzten Gruppe nicht über Generationen von einer anderen Art oder Gruppe beeinflußt, wird nicht generationenlang auf Nutzen gezüchtet, hat keine andere Art oder Gruppe über Generationen vor biologischen Feinden geschützt, und es ist keine Stammart bekannt, bei der irgendeine andere Art oder Gruppe die für eine Domestikation kennzeichnenden Prozesse zur Anwendung brachte. Moderne zivilisatorische Besonderheiten dürfen nicht extrapoliert werden. Gewiß gibt es manche Ähnlichkeiten in körperlichen Eigenarten zwischen Menschen und Haustieren, die als

Parallelbildungen Fragen aufwerfen. Aber es darf nicht übersehen werden, daß entscheidende Unterschiede bestehen. Dazu gehört die aus dem Tierreich herausragende Entwicklung des menschlichen Gehirns, insbesondere des Neocortex, der sich im Hausstand so bemerkenswert zurückbildet. Daher kann die Entwicklung zum Menschen der Entstehung der Haustiere nicht gleichgesetzt werden.«[44]

Die Ablehnung von Bolkscher Fetalisationshypothese und Lorenzscher Selbstdomestikationsthese besagt nichts dagegen, daß der Mensch in morpho-physiologischer Hinsicht unter anderem durch Neotenie charakterisiert ist. Wie im vorigen Kapitel dargelegt wurde, bezieht sich diese Aussage nicht auf Stadien der Individualentwicklung, sondern auf Merkmale und Merkmalsmuster. Sie stützt sich auch auf vergleichend-anatomische Befunde Bolks, jedoch entkleidet der antidarwinistischen Bolkschen Deutung dieser Befunde.[45] Unter »Neotenie« versteht man in diesem Zusammenhang die Beibehaltung von Merkmalen der Struktur und Funktion von bestimmten Organen aus Jugendstadien stammesgeschichtlicher Vorfahren im Erwachsenenalter der Nachkommen, die aus zeitlichen Verschiebungen in der somatischen Entwicklung während der Evolution der Individualentwicklung resultiert. »Neotenie« kennzeichnet also nicht den Organismus als Ganzes, sondern Teile des Organismus. Darin wird im Gegensatz zu Bolk ein Phänomen von gene-

---

44 W. Herre: Grundfragen zoologischer Domestikationsforschung, Halle (Saale) 1980, S. 13/14. (Nova Acta Leopoldina, Neue Folge, Nr. 241, Bd. 52.) – Vgl. W. Herre/M. Röhrs: Haustiere – zoologisch gesehen, Jena 1973, S. 187 ff. – E. Zimen: Der Hund, S. 154 ff.
45 Vgl. S. J. Gould: Ontogeny and Phylogeny, S. 356 ff. – S. J. Gould: The child as man's real father. In: S. J. Gould: Ever since Darwin, Harmondsworth 1980.

reller Bedeutung für die Evolution der Individualentwicklung gesehen, keine Ausnahmeerscheinung, und mit Mutationen, die die Regulation der Genaktivitäten in der Individualentwicklung verändern, und natürlicher Auslese (dominierender K-Selektion) erklärt. Der Ökologe Josef H. Reichholf bezweifelt, daß Neotenie einen wesentlichen Anteil am Prozeß der Menschwerdung gehabt habe. Doch versteht er unter »Neotenie« noch in Bolkscher Lesart den »Vorgang des Verharrens auf einem (frühen) Jugendstadium bis zur Geschlechtsreife«.[46] Neotenie als Charakteristikum von Merkmalen und Merkmalsmustern ist von Reichholfs Skepsis nicht betroffen.

Während Alsberg und Bolk mit antidarwinistischer Attitüde die Anthropogenese durch ihre Menschwerdungs-»Prinzipien« verdunkelten, erhob der Zoologe Adolf Portmann die Dunkelheit selbst zum Prinzip des menschlichen Ursprungs. Er lehnte die biologische Evolutionslehre ebenso ab wie antidarwinistische »Eigenweg«-Konstruktionen und Menschwerdungs-»Prinzipien«; auch Teilhard de Chardin ging ihm viel zu weit. »Je klarer uns die menschliche Daseinsform vor Augen steht, um so folgenschwerer tritt die Gewißheit hervor, daß die Frage nach dem Ursprung des Menschen wie die ebenso schwere nach der Entstehung der großen Gestaltenkreise des Lebendigen mit den Mitteln der Forschung heute nicht beantwortet werden kann«, versicherte Portmann.[47]

Im Vergleich von Tier und Mensch suchte Portmann Gründe für eine sich der Vergleichbarkeit und Erklärbarkeit durch natürliche Entwicklungsprozesse entziehenden

---

46 J. H. Reichholf: Das Rätsel der Menschwerdung, Stuttgart 1990, S. 158.
47 A. Portmann: Zoologie und das neue Bild des Menschen, Hamburg 1956, S. 112.

Besonderheit des Menschen. In verabsolutierender Betrachtungsweise stellt er das »umweltgebundene« Tier dem »weltoffenen« Menschen gegenüber. Denken und Sprache, die Geschichtlichkeit der Sozialstrukturen des Menschen und die Kultur als seine »zweite Natur« werden als Phänomene behandelt, die den naturwissenschaftlichen Zugang zum Ursprung des Menschen ausschließen. Auf die von diesen Phänomenen gekennzeichnete menschliche Daseinsform ließ er zugleich den in seiner Eigenart übersteigerten individuellen Entwicklungsgang des Menschen sinnvoll hingeordnet sein. Portmanns empirische Ergebnisse seiner vergleichenden zoologisch-anthropologischen Untersuchungen haben unabhängig von seiner Interpretation Bedeutung für die Erkenntnis der menschlichen Individualentwicklung. Dazu gehörte insbesondere Portmanns Entdeckung, daß der Mensch eine »physiologische Frühgeburt« ist, die bereits auf einem früheren Entwicklungsstadium als die Babys anderer höherer Säugetiere den mütterlichen Uterus verlassen muß. Dabei scheint ein Zusammenhang zwischen der Vorverlegung der Geburt und der Entwicklung des Kopfumfangs während der Evolution zum Menschen zu bestehen.[48]

»Wo sich heute noch weithin die oberflächliche Behauptung des Wissens um den Ursprung breit macht, da wird bald still und ernst ein neuer Geist die Herrschaft antreten: das Wissen um die Größe des Geheimnisgrundes.

---

48 Vgl. S. J. Gould: Ontogeny and Phylogeny, S. 369ff. – S. J. Gould: Human babies as embryos. In: S. J. Gould: Ever since Darwin. – B. Hassenstein: Der biologische Typus des menschlichen Säuglings. In: B. Wilhelmi (Hrsg.): Theoretische Grundlagen und Probleme der Biologie, Jena 1988. – J. Illies: Adolf Portmann, Freiburg/Basel/Wien 1981, S. 182ff. – R. Kugler: Philosophische Aspekte der Biologie Adolf Portmanns, Zürich 1967, S. 43ff. – A. Montagu: Zum Kind reifen, Stuttgart 1991, S. 128ff.

Vor diesem Dunkel wird das Bild des Menschen erscheinen. Doch nicht das fraglose der alten Mythen, in denen der Mensch selbstverständlicher Mittelpunkt war — auch nicht jenes allzu einfache Bild von der emporgekommenen Amöbe!«, prophezeite Portmann.[49] Der Text wurde 1944 zum ersten Male veröffentlicht. Die seitherige Erweiterung und Vertiefung des Wissens, das Portmann als oberflächliche Behauptung abtat, hat gezeigt, daß er sich wie schon mancher Ignorabimus-Prophet vor ihm gründlich irrte.

Haeckel, Darwin und der Sozialdarwinismus

Der Tendenz, mittels »Eigenweg«-Konstruktionen und Spekulationen über besondere Entwicklungsprinzipien der Menschwerdung den natürlichen Entwicklungszusammenhang zwischen Tierwelt und Menschheit zu mystifizieren, steht die Tendenz gegenüber, die Anthropogenese als einen Vorgang anzusehen, der lediglich graduelle, quantitative Veränderungen hervorgebracht hat, und Menschwerdung und Menschheitsentwicklung durch einfache Fortschreibung der biotischen Evolutionsgesetzlichkeit zu erklären. Die Konsequenz solchen Vorgehens ist biologistisch-reduktionistische Deutung des Menschen und seines Gesellschaftslebens, von Sozialdarwinismus und rassistischen Doktrinen über »höhere« und »niedere« Menschenrassen bis zu Konzeptionen heutiger Human-Ethologie und Human-Soziobiologie. Mit ihnen wurden und werden die menschliche Abstam-

---

49 A. Portmann: Zoologie und das neue Bild des Menschen, S. 112.

mungslehre und die daran anschließende Frühgeschichte der Menschheit im bürgerlichen Denken verknüpft.

So war Ernst Haeckel nicht nur ein hervorragender Verfechter der Einsicht in die tierliche Abkunft des Menschen, sondern verband damit auch die Verbreitung sozialdarwinistischer und rassenideologischer Gedankengänge. »... auch in den bürgerlichen und gesellingen Verhältnissen sind es wieder dieselben Prinzipien, der Kampf ums Dasein und die natürliche Züchtung, welche die Völker unwiderstehlich vorwärtstreiben und stufenweise zu höherer Kultur emporheben«, behauptete er bereits 1863 in seinem Vortrag vor der Versammlung deutscher Naturforscher und Ärzte, der zu den Gründungsdokumenten der menschlichen Abstammungslehre gehört.[50] Die seinerzeit schon wohlbegründete Erkenntnis von der Zugehörigkeit der Gegenwartsmenschheit zur einen Art Homo sapiens wurde von ihm abgelehnt. Statt dessen sah er die Menschheit taxonomisch als Familie an, die er in 4 Gattungen, 12 Arten und 36 Rassen aufteilte. Er ließ sie zwar stammesgeschichtlich einheitlichen Ursprungs sein, doch plazierte er sie auf unterschiedlichen Entwicklungsstufen. Als höchstentwickelte und vollkommenste Menschenart betrachtete er die des »mittelländischen Menschen« und hob in ihr die »indogermanische Rasse« als alle übrigen Menschenrassen geistig überragend hervor. Nach seiner Meinung habe »die mittelländische Spezies, und innerhalb derselben die indogermanische Rasse, vermöge ihrer höheren Gehirnentwicklung alle übrigen Rassen und Arten im Kampfe ums Dasein überflügelt, und

---

50 E. Haeckel: Der Kampf um den Entwicklungsgedanken, Leipzig 1967, S. 38/39.

spannt schon jetzt das Netz ihrer Herrschaft über die ganze Erdkugel aus«.[51]

Haeckels damit gegebene biologistische Deutung der von Europa ausgehenden Entwicklung des Kapitalismus und seines Kolonialsystems ist charakteristisch für die sozialdarwinistisch-rassistische Ideologie des aufstrebenden und über die Grenzen seiner Mutterländer und seines Ursprungskontinents expandierenden Kapitalismus. Wie wenig dergleichen eine Besonderheit der anthropologischen Auffassungen Haeckels war, ist daraus ersichtlich, daß Antidarwinisten wie Klaatsch, Wilser und Bolk die Irrlehre von der Überlegenheit der »weißen Rasse« ebenfalls in ihren Menschwerdungskonzeptionen verankerten. Über Bolk beispielsweise teilte Gehlen lobend mit: »Bolk bekennt sich ... ausdrücklich als einen überzeugten Anhänger von der ›Ungleichheit der Rassen‹«, und er weise nach, »daß die mongolische Rasse einen typischen fetalen Erscheinungskomplex festhält, der bei der nordischen Rasse fehlt ... Bolk sagt: Nicht alle Rassen sind auf dem Wege der Menschwerdung gleich weit fortgeschritten.«[52]

Haeckels Darwinismus-Version ebenso wie seine weltanschaulichen und politischen Positionen sind immer noch umstritten. Überhaupt ist das meiste, was bis in die jüngste Zeit über Haeckel geschrieben wurde, zu welchem Thema und von welchem Standpunkt es auch sei, Literatur pro oder contra Haeckel. Das spricht für seine Bedeutung und den Aktualitätsgehalt der Kontroversen, in deren Mittelpunkt er einst stand und die heute auch als Streit um ihn weiter ausgefochten werden. Das gipfelt ei-

---

51 E. Haeckel: Natürliche Schöpfungs-Geschichte, Berlin 1909, S. 752/753.
52 A. Gehlen: Der Mensch, seine Natur und seine Stellung in der Welt, Berlin 1940, S. 117/118.

nerseits in extremen Behauptungen, Haeckel sei ein führender Ideologe des deutschen Rassismus, Nationalismus und Imperialismus, Vorläufer und Wegbereiter des Hitlerfaschismus gewesen, die so gewiß nicht zutreffen.[53] Andererseits wurde derselbe Haeckel Ende der fünfziger/Anfang der sechziger Jahre gleichsam zum naturwissenschaftlichen Nationalheiligen der DDR verklärt, wie jene vielen publizierten Äußerungen über Haeckel bezeugen, die besonders im Jahre 1959 erschienen, als der 130. Todestag von Lamarck, der 150. Geburtstag von Darwin und der 125. Geburtstag von Haeckel mit einer Jubiläumskampagne begangen wurden.

Was sich damals in der DDR als, um einen gängigen Ausdruck der Zeit zu gebrauchen, »unser Haeckel-Bild« abzeichnete, wurde von Walter Ulbricht — der als Mitglied der Sozialistischen Arbeiterjugend einst Haeckels »Welträtsel« gelesen hatte — im November 1960 in einer Rede in Jena bekräftigt. Darin teilte er auch mit, daß Haeckel als naturwissenschaftlicher Materialist keine Kenntnis von den Gesetzen der gesellschaftlichen Entwicklung gehabt und deshalb auch oft falsche politische Schlußfolgerungen gezogen habe. »Diese Fehler sind aber zeitbedingt und nicht die wesentliche Seite im Schaffen Haeckels«, erklärte er und betonte: »Ernst Haeckel gehört zu den Großen unserer Geschichte wegen seiner wissenschaftlichen Leistungen, nicht wegen seiner Fehler.«[54]

Im Zuge solcher unzweifelhaft nicht materialistischen, sondern manichäischen Geschichtsbetrachtung, die

---

53 Vgl. A. Bäumer: NS-Biologie, Stuttgart 1990, S. 217ff. — A. Hermann: Wie die Wissenschaft ihre Unschuld verlor, Frankfurt a. M./Berlin/Wien 1984, S. 73ff. — R. Mocek: Neugier und Nutzen, Berlin 1988, S. 164ff.
54 W. Ulbricht: Ein Pionier der wissenschaftlichen Wahrheit. In: Neues Deutschland, 25. November 1960, S. 4.

Haeckel für die Seite des Guten vereinnahmte und Unpassendes als läßliche Sünden vergab, kennzeichneten dann Huldigungen wie diese das Haeckel-Bild um 1960: »Mag die Forschung von heute über Haeckels Resultate hinausgewachsen sein, mögen manche seiner wissenschaftlichen Deutungen sich als fehlerhaft erwiesen haben: trotz allem bleibt Haeckel der Kämpfer, Bahnbrecher und Anreger einer fortschrittlichen Naturwissenschaft, die uns – auf der festen Grundlage des dialektischen Materialismus – die Erkennbarkeit der Welt und ihrer Gesetzmäßigkeiten lehrt, die uns befähigt, die Natur mehr und mehr zu beherrschen und die uns zugleich auch eine Leuchte ist auf dem Weg in die sozialistische Gesellschaft.

Ernst Haeckel ist aber mit seiner Wahrheitsliebe, seinem Fleiß und seinem schöpferischen Denken ganz besonders für die studentische Jugend ein lebendiges Vorbild.«[55]

Spezifische Akzente brachte der bis in die sechziger Jahre wirksam gewesene und bei manchen bis heute nachwirkende Lyssenkoismus in die Haeckel-Deutung, indem er Haeckel – den geradezu fanatischen Verfechter des Glaubens an eine »Vererbung erworbener Eigenschaften« – einen Ehrenplatz in der von ihm gekennzeichneten Entwicklungslinie sogenannter fortschrittlicher Biologie von Lamarck bis Lyssenko gab.[56] Vom Fall des Lyssenkoismus im Jahre 1964 konnte das Haeckel-Bild in der DDR nicht unberührt bleiben, ebensowenig von dem Gewichtsverlust, dem einige Jahre später Ulbricht-

---

55 A. W. Quellmalz: Ernst Haeckel. In: Forum, 1962, Nr. 8, S. 12.
56 Vgl. R. Löther: Wegbereiter der Genetik – Gregor Johann Mendel und August Weismann, Leipzig/Jena/Berlin 1989, Frankfurt a. M. 1990, S. 75 ff. – G. Schneider: Die Evolutionstheorie, Berlin 1950, S. 37 ff.

Worte unterlagen. Mit den Jahren wurden die Farben blasser, in denen dieses Bild gemalt wurde, die Töne leiser, in denen es gepriesen wurde, und Jubiläen wurden weniger ins Licht der Öffentlichkeit gerückt. Zudem wurden in den letzten Jahren der DDR zumindest in wissenschaftlichen Publikationen und Diskussionen die verdrängten Seiten Haeckelschen Wirkens kritischer zur Sprache gebracht. Befördert wurden das Weiterwirken des Haeckel-Bildes made in GDR nicht zuletzt durch das Volksbildungswesen und die Vergabe von Haeckel-Medaillen und -Preisen. Öffentlich direkt in Frage gestellt wurde es nicht. Die biologiehistorische Forschung in der DDR hielt sich all die Jahre aus dem ideologisch-propagandistischen Treiben um Haeckel heraus.

Im Jahre 1960 lag am Institut für Gesellschaftswissenschaften beim Zentralkomitee der SED in Berlin eine Dissertation vor und wurde zur Veröffentlichung als Buch vorbereitet, die sich in unverkennbarem Gegensatz zum in der DDR popularisierten Haeckel-Bild befand. Auch in ihr werden wesentliche Persönlichkeitsmerkmale Haeckels und Züge seines Wirkens als positiv und vorbildlich gewertet. Doch stoße, so ihr Autor Günther Höpfner, gerade die Einordnung Haeckels in die guten Traditionen der deutschen Wissenschaft auf erhebliche Schwierigkeiten. Dafür verweist Höpfner auf die Widersprüchlichkeit Haeckels und seiner Lehre, die fortschrittliche und reaktionäre Tendenzen und Wirkungen einschlösse, wobei das Reaktionäre in Artikeln und Vorträgen marxistischer Autoren der DDR häufig einfach übergangen, verschwiegen oder sogar geleugnet werde, was in einigen Fällen aus schlichter Ignoranz resultiere. Haeckels »Fehler« — der Begriff treffe die Sache höchst ungenügend — bestünden vor allem in seiner Unterstützung des Kolonialismus, der Agitation der Alldeutschen, rassistischen Äußerungen über außereuropäische und slawische Völker, seiner Forderung nach Germanisierung Ost- und Westeuropas und in eugenisch-rassenhygienischen Forderungen. Die Arbeit wurde auf Beschluß des Sekretariats des Zentralkomitees der SED unterdrückt, die bereits vorliegenden Korrekturfahnen der Buchpublikation bis auf ein Exemplar, das der Autor retten konnte, vernichtet, der Autor gemaßregelt. Erst 30 Jahre später konnte er seine Dissertation verteidigen und mit ihr ihres hohen wissenschaftlichen Wertes halber zugleich promovieren und habilitieren.[57] Höpfner hatte sich des einzigen Gegenmittels bedient, daß es gegen historische Legendenbildung gibt, der Zuwendung zu den Quellen, um zu einem unvoreingenommen-objektiven Begreifen des historischen Haeckels in seiner Zeit zu gelangen.

Daß biologistische Anschauungen, wie sie Haeckel in die menschliche Abstammungslehre einbrachte, eine mögliche, aber keineswegs eine notwendige Konsequenz sind, bezeugt nicht zuletzt Charles Darwin. Sollen die Namen von »...ismen« die Urheberschaft anzeigen, ist »Sozialdarwinismus« völlig irreführend, denn Darwin war kein Sozialdarwinist. So hat denn der Evolutionsbiologe Ernst Mayr darauf hingewiesen, daß der Philosoph Herbert Spencer der eigentliche Urheber des Sozial»darwinismus« war und vorgeschlagen, besser von »Sozialspencerismus« zu sprechen.[58]

Darwin erklärte die Menschwerdung als Ergebnis natür-

---

[57] Vgl. G. Höpfner: Zur Biographie Ernst Haeckels – Ein Beitrag zu seiner politisch-sozialen und philosophischen Entwicklung, Diss., Berlin 1990. – S. Steffen/R. Zilch: Es war wie gegen Watte kämpfen. In: Wochenpost, 1991, Nr. 15, S. 14.
[58] Vgl. E. Mayr: Die Entwicklung der biologischen Gedankenwelt, Berlin/Heidelberg/New York/Tokyo 1984, S. 703.

licher (Umwelt-) und sexueller Selektion. Besonders bemühte er sich um den Nachweis, daß der Mensch nicht nur körperlich, sondern auch geistig seinen näheren Stammverwandten kontinuierlich verbunden sei. »Wenn nun auch der geistige Unterschied zwischen dem Menschen und den höheren Tieren groß ist, so ist er es doch sicherlich nur dem Grade und nicht der Art nach«, schrieb Darwin. Zu diesem Fazit gelangte er durch – vielfach mit Anekdoten belegte – Vergleiche der psychischen Fähigkeiten und Leistungen von Menschen und Tieren, in denen er die Tiere sehr vermenschlichend betrachtete. So meinte er, »daß die Sinne und Intuitionen, die verschiedenen Gemütsbewegungen und Fähigkeiten, wie Liebe, Gedächtnis, Aufmerksamkeit, Neugier, Nachahmung, Verstand usw., deren sich der Mensch berühmt, in einem beginnenden, zuweilen sogar in gut entwickeltem Zustande auch bei Tieren vorhanden sind«.[59] Bei solchem Vergleichen schneiden Tiere manchmal auch besser ab als Menschen, zum Beispiel, wenn Darwin mitteilt: »Ein amerikanischer Affe, ein *Ateles*, der von Branntwein betrunken wurde, wollte später nie wieder davon trinken, war also klüger als mancher Mensch.«[60]

Mit Alfred Russel Wallace sah Darwin den Menschen imstande, »sich mit seinem unveränderten Körper mit dem veränderlichen Weltall in Einklang zu setzen«. Während die Tiere ihren Körperbau abändern müßten, um unter stark veränderten Lebensverhältnissen weiter zu leben, sei der Mensch außerordentlich befähigt, seine

---

59 Ch. Darwin: Die Abstammung des Menschen und die geschlechtliche Zuchtwahl, Leipzig 1952, S. 134. – Vgl. G. Tembrock: Charles Darwin und die Verhaltensforschung. In: Wissenschaft und Fortschritt 32 (1984) 4.
60 Ch. Darwin: Die Abstammung des Menschen und die geschlechtliche Zuchtwahl, S. 17.

Gewohnheiten, sein Verhalten neuen Lebensbedingungen anzupassen: Er ersinne Waffen, Werkzeuge und mannigfaltige Pläne, um sich Nahrung zu verschaffen und sich zu verteidigen. Ziehe er in ein kälteres Klima, so benutze er Kleider, baue Hütten und mache Feuer; und am Feuer koche er die sonst unverdauliche Nahrung. Er helfe seinen Mitmenschen in mannigfacher Weise und sehe künftige Ereignisse voraus.[61]

Als »vielleicht bestes und höchstes Unterscheidungsmerkmal zwischen Mensch und Tier« benannte Darwin den »moralischen Sinn« des Menschen.[62] »Moralisch ist ein Wesen, das über seine früheren Handlungen und deren Beweggründe nachdenkt, die einen billigt und die anderen mißbilligt. Die bedeutsame Tatsache, daß einzig und allein der Mensch diese Bezeichnung verdient, unterscheidet ihn am meisten von den Tieren«, erklärte er.[63] In der Tradition utilitaristischer Ethik verknüpfte er das Streben der Menschen nach dem eigenen Wohl mit dem allgemeinen Wohl und dem »Prinzip des größten Glücks« als moralischem Maßstab. Unter dem Evolutionsaspekt strebte er zu zeigen, »daß die sozialen Instinkte (das erste Prinzip der moralischen Konstitution des Menschen) mit Hilfe der regen geistigen Kräfte und der Wirkung der Gewohnheit ganz natürlich zu der goldenen Regel führen: ›Was du willst, daß man dir tue, das tue auch anderen‹, und diese Regel ist der Grundstein der Moral«.[64]

Als »unvollkommen und fragmentarisch« beurteilte Darwin, was er über die evolutive Herausbildung der in-

---

61 Ebenda, S. 135.
62 Ebenda, S. 134.
63 Ebenda, S. 608.
64 Ebenda, S. 134.

tellektuellen, sozialen und moralischen Fähigkeiten der Menschen unter dem Wirken der natürlichen Auslese an Vermutungen darlegte. Er stellte sich vor, daß dieser Evolutionsvorgang bei den Urmenschen oder ihren äffischen Vorfahren begonnen habe und verfolgte ihn bei »Wilden« und »zivilisierten Völkern«. Vor allem dachte er darüber nach, welche Vorteile Eigenschaften wie Treue, Mut und Sympathie zwischen den Mitgliedern von Menschengemeinschaften oder Erfindungsgabe im Überlebenskampf der Individuen und Gemeinschaften haben und welcher Selektionswert ihnen eigen sei. Für die fortschreitende Entwicklung der Völker und der Menschheit betonte er, daß alle zivilisierten Völker dereinst Barbaren waren, was deutliche Spuren in ihnen hinterlassen habe, und daß die »Wilden« von sich aus fähig sind, kulturell voranzukommen.

Auch Rückschritte von Völkern hinter einen Stand der Zivilisation, den sie zuvor einmal erreicht hatten, diskutierte Darwin. Für die Menschheitsgeschichte insgesamt kam er zu dem Schluß, daß der Fortschritt allgemeiner war als der Rückschritt und daß der Mensch, wenn auch mit langsamen, oft unterbrochenen Schritten, bis zum höchsten bisher erreichten Stand in Wissen, Moral und Religion emporgestiegen sei, so daß er in Zukunft noch weiter vorankommen könne.

Als ein Hemmnis für die Wirksamkeit der natürlichen Auslese bei den Kulturvölkern, der diese Entwicklung letztlich zu danken sei, betrachtete Darwin, daß an Körper und Geist schwache Mitglieder der Gesellschaft Beistand zum Überleben erhalten und sich fortpflanzen können. Dies sei eine Folge jenes Instinkts der Sympathie, der zu den sozialen Instinkten des Menschen gehöre. Doch seinem Walten könne nicht gewehrt werden, »selbst wenn starke Vernunftgründe dagegen sprechen, ohne den edelsten Teil unserer Natur zu verletzen«. Mit einer Vernachlässigung der Schwachen und Hilflosen »würden wir nur einen zweifelhaften Vorteil um den Preis eines überwältigenden Übels erkaufen«.[65] Obwohl Darwin die Humanität höher stand als das ungehemmte Wirken der natürlichen Auslese, war bereits die Problemstellung verfehlt, wie der »rote Fürst« Pjotr Kropotkin, Darwinist und Anti-Sozialdarwinist, zeigte. Darwins Bemerkungen über den angeblichen Nachteil der Erhaltung der »an Körper und Geist Schwachen« hielt er entgegen: »Als ob nicht Tausende von körperlich schwachen und hinfälligen Dichtern, Gelehrten, Erfindern und Reformatoren, zusammen mit wiederum Tausenden sogenannter ›Narren‹ und ›geistesschwachen Enthusiasten‹ die wertvollsten Truppen wären, die die Menschheit in ihrem Kampf ums Dasein mit geistigen und moralischen Waffen gebraucht, die doch gerade Darwin in eben denselben Kapiteln der ›Abstammung des Menschen‹ so emphatisch betont hatte.«[66]

Bei einem anderen Selektionshemmnis fand Darwin keine Gründe, es in Kauf zu nehmen. »In allen Ländern mit großen stehenden Heeren«, schrieb er, »werden die kräftigsten jungen Männer in diese eingereiht, sind also in Kriegszeiten einem frühen Tod ausgesetzt; außerdem ergeben sie sich oft dem Laster und sind in ihres Lebens Blütezeit verhindert zu heiraten.«[67] »Make love not war!« wäre eine (freilich im viktorianischen England unaussprechlich gewesene) Schlußfolgerung aus dieser Sach-

---

65 Ebenda, S. 142.
66 P. Kropotkin: Gegenseitige Hilfe in der Tier- und Menschenwelt, Leipzig 1910, S. 3.
67 Ch. Darwin: Die Abstammung des Menschen und die geschlechtliche Zuchtwahl, S. 142.

lage. Insgesamt hielt Darwin den Fortschritt bei hochzivilisierten Völkern weitaus mehr von guter Jugenderziehung als von natürlicher Auslese abhängig.

Entschieden trat Darwin gegen Menschenverachtung und Unterdrückung ein, wo sie ihm begegneten. Liberale und humanistische Überzeugungen sowie starkes Mitgefühl angesichts menschlichen Leids feiten ihn dagegen, Unmenschlichkeiten hinzunehmen oder gar zu rechtfertigen.

Das tritt besonders in seinen Stellungnahmen gegen die Sklaverei hervor, die er während seiner Weltreise als Naturforscher mit der »Beagle« in den damaligen spanischen Kolonien in Südamerika kennengelernt hatte und in seinem Reisebericht mehrfach anprangerte. »Ich habe gesehen, wie ein kleiner Junge, sechs oder sieben Jahre alt, dreimal mit einer Reitpeitsche, ehe ich dazwischentreten konnte, über seinen nackten bloßen Kopf geschlagen wurde, weil er mir ein Glas Wasser gereicht hatte, das nicht ganz rein war; ich sah, wie sein Vater bei einem bloßen Blick aus dem Auge seines Herrn zitterte. Diese letzte Grausamkeit habe ich als Zeuge in einer spanischen Kolonie miterlebt, in welcher, wie allgemein gesagt wird, die Sklaven noch besser behandelt werden als von den Portugiesen, Engländern oder anderen europäischen Nationen«, berichtete er und kommentierte: »Und diese Handlungen werden von Leuten ausgeführt und verteidigt, welche bekennen, ihren Nächsten wie sich selbst zu lieben, welche an Gott glauben und welche beten, daß sein Wille auf Erde geschehe! Es macht unser Blut aufwallen und doch unser Herz erzittern, wenn wir bedenken, daß wir Engländer und unsere amerikanischen Nachkommen mit ihrem übermütigen Geschrei nach Freiheit so schuldbeladen sind ...«[68]

Darwins leidenschaftlicher humanistischer Protest gegen die Sklaverei wurde durch seine Einsicht untersetzt, daß alle Menschen von einer Art sind. Er begründete, daß die verschiedenen Menschenrassen sowohl einheitlichen Ursprungs sind als auch sich in biologischer Hinsicht auf dem gleichen allgemeinen physischen und psychischen Entwicklungsniveau befinden. Sein heute vollauf bestätigter Standpunkt war, »daß die verschiedenen Rassen von einer einzigen Stammform abstammen, die in ihrer körperlichen Bildung und in reichlichem Maße auch in geistiger Beziehung vollkommen menschenartig gewesen sein muß, bevor die Periode eintrat, wo die Rassen voneinander abweichen«.[69]

Von wenigen von Darwins und Haeckels wissenschaftlichen Zeitgenossen läßt sich sagen, daß sie sich den Inhumanitäten von Sozialdarwinismus und Rassenideologie so weitgehend verweigerten oder gar kritische Gegenpositionen bezogen. Wie Kropotkin vermerkte, gelangten die zahlreichen Nachfolger Darwins schließlich dazu, »sich das Reich der Tiere als eine Welt fortwährenden Kampfes zwischen halbverhungerten Individuen vorzustellen, jedes nach des anderen Blut dürstend. Die moderne Literatur widerhallte von dem Kriegsruf: ›Wehe den Besiegten!‹, als ob das das letzte Wort moderner Biologie wäre. Sie erhoben den ›erbarmungslosen‹ Kampf um persönliche Vorteile zu der Höhe eines biologischen Prinzips, dem der Mensch sich ebenfalls unterwerfen müsse, aus Gefahr,

---

[68] Ch. Darwin: Reise um die Welt 1831 – 1836, Berlin 1986, S. 366 ff.
[69] Ch. Darwin: Der Ausdruck der Gemütsbewegungen bei Menschen und Tieren, Halle a. d. Saale 1896, S. 354.

andernfalls in einer Welt, die sich auf gegenseitige Vernichtung gründete, zu unterliegen. Auch wenn wir die Nationalökonomen beiseite lassen, die von der Naturwissenschaft nur ein paar Schlagworte kennen, die sie aus populärwissenschaftlichen Büchern entnommen haben, so müssen wir doch zugeben, daß selbst die anerkanntesten Verfechter des Darwinismus ihr Bestes taten, diese falschen Ideen zu vertreten.«[70]

Die Begründung von Gegenpositionen zum Sozialdarwinismus erfolgte einmal auf naturwissenschaftlichem Gebiet, um den Sozialdarwinismus auf seinem Vorgehen methodologisch analoge Weise zu entkräften. Dazu gehört der Versuch des Zoologen Karl Keßler, der von Kropotkin ausgebaut und auch seiner anarchokommunistischen Sozialutopie zugrunde gelegt wurde, den Darwinismus zu *ergänzen*, indem zum Daseinskampf die gegenseitige Hilfe als Naturgesetz und wesentlicher Evolutionsfaktor hinzugefügt wurde.[71] Dazu gehörte weiter die fundierte Absage des Biologen und Haeckel-Schülers Oscar Hertwig an den Sozialdarwinismus, an Nietzsches Herrenmoral, an eugenisch-rassenhygienische Menschenzüchtungsprojekte und Kriegsverherrlichung, bei der er sich auch bemühte, die biologische Evolutionstheorie Darwins zu *widerlegen* und Darwinismus nebst Sozialdarwinismus seine eigene Evolutionskonzeption nebst einer organizistischen Staats- und Gesellschaftsauffassung entgegenzustellen.[72] Solche Versuche, im Kampf gegen den Sozial-

---

70 P. Kropotkin: Gegenseitige Hilfe in der Tier- und Menschenwelt, S. 3/4.
71 Vgl. P. Kropotkin: Gegenseitige Hilfe in der Tier- und Menschenwelt. – N. Pirumova/B. Itenberg/V. Antonov: Russia and the West: 19th Century, Moskau 1990, S. 363ff.
72 Vgl. O. Hertwig: Zur Abwehr des ethischen, des sozialen, des politischen Darwinismus, Jena 1921. – P. J. Weindling: Darwinism and Social Darwinism in

darwinismus die biologische Evolutionstheorie zu ergänzen oder zu widerlegen, haben keinen Bestand gehabt, während ihre Autoren die Analyse und Kritik des Sozialdarwinismus bereicherten.

Eine zweite Gruppe von Gegenpositionen zum Sozialdarwinismus hingegen erkennt die Gültigkeit der Darwinschen Evolutionstheorie für die lebende Natur vollauf an, korrigiert sozialdarwinistische Entstellungen und ist auf den Nachweis konzentriert, daß die Entwicklung der Menschheit wesentlich sozio-kulturelle Evolution ist und sozio-kulturelle Evolution etwas anderes als biotische Evolution. So betonte Dobzhansky, daß anorganische, organische und menschliche Evolution in verschiedenen Dimensionen oder auf verschiedenen Ebenen der evolutionären Entwicklung des Universums stattfinden. Die Veränderungen in der organischen Evolution seien schneller als in der anorganischen. Zweifellos sei die anorganische Evolution mit dem Erscheinen des Lebens nicht zum Stehen gekommen; die organische Evolution überlagere die anorganische. Die biologische Evolution der Menschheit sei langsamer als die kulturelle; biologische Veränderungen hörten nicht auf, als die Kultur aufkam; die kulturelle Evolution überlagere die biologische und die anorganische. Die evolutionären Veränderungen in den verschiedenen Dimensionen seien durch Rückkopplungsbeziehungen verbunden. »Die kosmische Evolution ging über den Bereich der anorganischen Evolution hinaus, als sie Leben hervorbrachte. Die Entstehung des Menschen war ein Hinausschreiten über die biologische Evolution, weil es einen neuen Bereich von Möglichkeiten, von Prozessen

---

Imperial Germany: The Contribution of the Cell Biologist Oscar Hertwig (1849–1922), Stuttgart/New York 1991.

und Ereignissen eröffnete, die ausschließlich im Menschen oder unter dem Einfluß des Menschen stattfinden.«[73]

Zu dieser zweiten Gruppe von Gegenpositionen zum Sozialdarwinismus gehört auch die von Marx und Engels begründete materialistische Geschichts- und Gesellschaftsauffassung, der historische Materialismus. Von anderen Konzeptionen sozio-kultureller Evolution und erst recht vom Sozialdarwinismus unterscheidet sich der historische Materialismus im Verständnis der Menschwerdung und der Entstehung des Neuen beim Menschen dadurch, daß er in der Entstehung und Entwicklung der Arbeit den entscheidenden Vorgang sieht. »Dem Kopf, der Entwicklung und Tätigkeit des Gehirns, wurden alle Verdienste an der rasch fortschreitenden Zivilisation zugeschrieben; die Menschen gewöhnten sich daran, ihr Tun aus ihrem Denken zu erklären statt aus ihren Bedürfnissen (die dabei allerdings im Kopf sich widerspiegeln, zum Bewußtsein kommen) – und so entstand mit der Zeit jene idealistische Weltanschauung, die namentlich seit dem Untergang der antiken Welt die Köpfe beherrscht hat. Sie herrscht noch so sehr, daß selbst die materialistischsten Naturforscher der Darwinschen Schule sich noch keine klare Vorstellung von der Entstehung des Menschen machen können, weil sie unter jenem Einfluß die Rolle nicht erkennen, die die Arbeit dabei gespielt hat.«[74]

---

73 Th. Dobzhansky: Mendelism, Darwinism, and Evolutionism. In: Proceedings of the American Philosophical Society, 109 (1965) 4, S. 212.
74 F. Engels: Dialektik der Natur. In: K. Marx/F. Engels: Werke, Bd. 20, S. 451.

Entstellte Ahnen

Die Version des Sozialdarwinismus, die Haeckel und seine Zeitgenossen vertraten, war dessen »optimistische« Variante: Kampf ums Dasein und natürliche Auslese galten als Triebkräfte fortschreitender Entwicklung zum Besseren, was immer man unter »Besserem« auch verstand. Hingegen haben in den letzten Jahrzehnten biologistische Konzeptionen der Menschwerdung und Menschheitsentwicklung Verbreitung gefunden, die das rationale Denken des Homo sapiens herabsetzen und seine Zukunft verdüstern. Gesellschaftliche Widersprüche und Verfallserscheinungen sowie die globalen Existenzprobleme der Menschheit werden zum Ausdruck von Konflikten zwischen der evolutionär entstandenen menschlichen Erbnatur und den heutigen Lebensumständen mystifiziert, gegen die vernünftiges Denken und Handeln keine Kraft besitzt. Möglichkeiten progressiver Gesellschaftsveränderung werden mit einem Fatalismus widervernünftiger ererbter Verhaltensdeterminanten in Abrede gestellt, der an religiöse Vorstellungen von der Erbsünde gemahnt und ihre Funktion übernimmt.

»... welch bessere Entschuldigung gäbe es für unsere enttäuschende Unfähigkeit, die bestehenden inneren Krisen und internationalen Probleme zu lösen, als die Idee, daß die Menschheit durch eine alte und unausrottbare Erbschaft von den Tieren her getrieben werde? Unfähig, unsere Bedingungen zu erleichtern, wenden wir uns wieder einmal biologischen Erklärungen zu, genauso wie die Generation vor uns den Status quo durch einen sozialen Darwinismus rationalisierte«, vermerkte der Anthropologe Irven De Vore einsichtsvoll.[75] Und der Zoologe und Begründer der Soziobiologie Edward O. Wilson schrieb ironisch: »Die gegenwärtige Popularität von Tierverhaltensforschern stammt zu einem guten Teil aus dem Trost und der Beruhigung, welche ihre Entdeckungen der Menschheit bieten. Schließlich ist es tröstlich zu überlegen, daß unsere Sünden lediglich tierische Sünden (Erbsünden, wenn man will) und daß wir nicht mehr sind als nackte Affen, die im Augenblick durch ihre schlampig gebaute Zivilisation desorientiert werden.«[76]

Den Auftakt einschlägiger Mystifikationen der Menschwerdung gab in den fünfziger Jahren der um die Entdeckung der Australopithecinen verdiente Anatom Raymond Dart. Er schrieb den Australopithecinen »eine mörderische und kannibalische Lebensweise« zu.[77] Als Waffen bei der Jagd auf Beutetiere und ihresgleichen sollten ihnen große Tierknochen mit kräftigen Gelenkenden, Kieferteile und Antilopengehörne gedient haben (sogenannte osteodontokeratische oder Knochen-Zahn-Horn-Kultur). In die Paläoanthropologie fanden diese Spekulationen keinen Eingang. Vielmehr wurden sie von Forschern wie Donald Johanson und Richard Leakey entschieden zurückgewiesen.[78]

Die Fossilfunde, auf die sich Dart für seine Spekula-

---

75 I. De Vore: Die Evolution der menschlichen Gesellschaft. In: W. Schmidtbauer (Hrsg.): Evolutionstheorie und Verhaltensforschung, Hamburg 1974, S. 194.
76 E. O. Wilson: Wettbewerb und Aggression im Verhalten von Tier und Mensch. In: W. Schmidtbauer (Hrsg.): Evolutionstheorie und Verhaltensforschung, S. 261.
77 R. Dart: Cultural Status of South African man, Washington 1956, S. 326.
78 Vgl. D. Johanson/M. Edey: Lucy, München 1982. – R. Leakey/R. Lewin: Die Menschen vom See, Frankfurt a. M./Berlin/Wien 1982. – R. E. Leakey/R. Lewin: Wie der Mensch zum Menschen wurde, München 1985.

tionen berief, fanden ihre Erklärung als Überreste der Mahlzeiten von Leoparden, Hyänen und anderen Beutegreifern.

Von dem Publizisten Robert Ardrey aber wurden Darts Ansichten begeistert aufgegriffen, ausgebaut und in mehreren Büchern vermarktet. In der westlichen Welt bekamen sie hohe Auflagen. »... als die bedeutungsvollste unserer Gaben erwies sich das Vermächtnis des ›Mörderaffen‹, unseres unmittelbaren Vorfahren. Schon in den ersten langen Tagen unseres Beginnens waren wir im Besitz der Waffe, eines Instrumentes, das etwas älter ist als wir selbst«, verkündete Ardrey und verleumdete den Menschen als »Raubtier, dessen natürlicher Instinkt ihn dazu treibt, mit der Waffe zu töten«.[79]

Ardreys Killer- und Gangsterphilosophie ist zugleich ein besonders extremer Ausdruck der Behauptung, daß der menschlichen Natur als Erbe tierlicher Ahnen ein sich zwangsläufig durchsetzender Aggressionstrieb innewohne. Damit wird eine pseudowissenschaftliche Deutung der Ursachen von Kriegen und der in der Welt anwachsenden Brutalität und Gewaltkriminalität unternommen, die von den in den sozialen und ökonomischen Verhältnissen liegenden Ursachen ablenkt. Im Ausbau dieser als gegenstandslos nachgewiesenen Behauptung werden Australopithecinen in Phantasiewesen wie den »Mörderaffen« Ardreys oder den vergleichsweise etwas harmloseren »Raubaffen« von Desmond Morris verwandelt und in dieser Beschaffenheit als unmittelbare Vorfahren des Menschen ausgegeben, während Konrad Lorenz

---

79 R. Ardrey: Adam kam aus Afrika, München 1969, S. 7, 334.

die Jahrtausende der Frühsteinzeit für eine besondere Selektion auf Aggressivität in Anspruch nahm.[80]

Umfangreiche kritische Auseinandersetzungen und Forschungen von Verhaltensbiologen, Anthropologen, Psychologen, Soziologen, Philosophen und anderen haben zu dem Ergebnis geführt, daß es einen in der menschlichen Natur gelegenen, in Genen und Gehirn programmierten, unweigerlich und spontan durchbrechenden Aggressionstrieb nicht gibt. Zum Ertrag dieser Aggressionstrieb-Debatte gehören:

1. Die Frage ist nicht, ob als »aggressiv« bezeichnete Verhaltensweisen beim Menschen biotische Grundlagen haben, sondern wie diese beschaffen sind. Dabei sind biotische (genetische und im Nervensystem gelegene) Verhaltensgrundlagen generell Potential und nicht Fatum. Das heißt aber, was von ihnen ausgeht, ist beeinflußbar. Die Ursachen dafür, wie dieses Potential realisiert wird, sind in der Lebensgeschichte der Individuen zu suchen, die die Wechselbeziehungen mit ihren sozialen Umwelten durch Handeln und Lernen einschließt.

2. Die zoologische Verhaltensforschung kennt genügend Gründe, innerartliches Kampfverhalten nicht auf einen besonderen Aggressionstrieb zurückzuführen, sondern anders zu erklären. Eben vom Aggressionstrieb bei Tieren aber gehen Aggressionstrieb-Konzepte für den Menschen aus. Per Analogieschluß und unter Berufung auf die Abstammungslehre wird der angeblich im Tierreich vorhandene Trieb auch dem Menschen zugeschrieben. Die Stammesgeschichte des Menschen verfälschend, läßt man ihn sich dort durch eine Selektion auf

---

80 K. Lorenz: Das sogenannte Böse, Wien 1963. – D. Morris: Der nackte Affe, München 1968.

Aggressivität noch verstärken und projiziert am Schreibtisch erfundene »Raub«- und »Mörderaffen« in die Reihe der Menschenvorfahren. Von Wissenschaft kann hier nicht die Rede sein.

3. Die Phänomene, die in Biologie, Humanwissenschaften und Sozialwissenschaften mit dem Terminus »Aggression« belegt worden sind, sind ihrem Wesen nach viel zu unterschiedlich, als daß man sie einheitlich erklären könnte. So wäre es höchst abwegig, etwa Ursachengleichheit oder wesentliche Zusammenhänge zwischen dem Verhalten von Einzelmenschen, die Affekte wie Zorn und Wut und Gefühle der Feindseligkeit in destruktiven Handlungen gegen andere Menschen oder Dinge abreagieren, und jener sozialökonomisch bedingten Aggressivität des deutschen Imperialismus zu postulieren, der die Welt im 20. Jahrhundert zweimal in Kriegsbrand setzte. Vorbereitet wurden beide Weltkriege allerdings auch psychologisch. Viele Jahrtausende sind Menschen für den Krieg erzogen, ihr Denken und Fühlen auf den Krieg eingestellt worden, nicht zuletzt durch daraufhin konstruierte Feindbilder. Friedensfähigkeit des Menschen und gewaltfreies Zusammenleben impliziert Erziehung für den Frieden und zu Toleranz und Güte. Die Natur des Menschen ist dafür empfänglich.

Von einzelnen Trieben und Instinkten erweiterten Lionel Tiger und Robin Fox, der eine Anthropologe, der andere Soziologe, das Feld ihrer gemeinsamen Spekulation auf die Grundlagen des menschlichen Verhaltens insgesamt. Sie schreiben den Menschen ein ererbtes Verhaltensrepertoire zu, das in 70 Millionen Jahren Primatenevolution eingespielt und den Lebensverhältnissen der altsteinzeitlichen Jäger angemessen gewesen sei, während »die ackerbautreibenden und industriellen Zivilisationen dem grundlegenden Programm des menschlichen Lebewesens nichts hinzugefügt haben«.[81] Kriege und Gewalttätigkeiten, Umweltverschmutzung und Bevölkerungsexplosion, Verfall der Städte und Rassenkonflikte, kurz: alle sozialen Übel und speziell ihre US-amerikanischen Erscheinungsformen sind diesen Autoren Folgen der Diskrepanz zwischen dem, was sie als artspezifische »Biogrammatik« des menschlichen Verhaltens ansehen, und dem sie überfordernden großstädtischen Milieu.

Sehen Tiger und Fox die menschliche Spezies deshalb in Schwierigkeiten, aus denen sie nur eine Rückbesinnung auf die ihnen von diesen Autoren zugeschriebene Natur retten kann, gilt sie dem Wissenschaftspublizisten Theo Loebsack als hoffnungslos verlorener, zum Aussterben verurteilter Fehlschlag in der Evolution der Organismen. In der ökologischen Krise sieht er den Untergang der Menschheit herannahen. Die Ursache dafür will er in der Evolution des menschlichen Großhirns gefunden haben. »Das Großhirn hat es bewirkt und zugelassen, daß gegenwärtig rund 100 Millionen Tonnen sich rasch vermehrender menschlicher Biomasse den Planeten Erde bevölkert, ihn auspowert und seine Rohstoffreserven unbekümmert um den Bedarf künftiger Generationen plündert und damit immer rascher die Lebensgrundlage zerstört, zu der es keine Alternative gibt«, versichert er und kommt zu dem Schluß: »Der Planet wird überleben, nicht der Mensch.«[82] Mit spekulativen Analogien zum Aussterben von Tierarten sucht er seine nihilistische Prophezeiung zu belegen, während er die Folgen der industriell-kapitalisti-

---

81 L. Tiger/R. Fox: Das Herrentier, München/Gütersloh/Wien 1973, S. 36.
82 Th. Loebsack: Versuch und Irrtum, München/Gütersloh/Wien 1974, S. 16, 315.

schen Produktionsweise im Stoffwechsel zwischen Mensch und Natur den Strukturen und Funktionen des menschlichen Großhirns anlastet.

Zur Quelle der gesellschaftlich, nämlich im Ergebnis der Entwicklung des Kapitalismus hervorgebrachten Existenzschwierigkeiten der Gegenwartsmenschheit erklärt auch der Schriftsteller und Philosoph Arthur Koestler die Evolutionsgeschichte des Menschenhirns. Die Entwicklung des Großhirns in den letzten 500 000 Jahren habe eine »geistig unausgeglichene Spezies« entstehen lassen, bei der sich »altes Gehirn und neues Gehirn, Gefühl und Intellekt, Glaube und Vernunft in den Haaren liegen«, denn die Evolution habe »ein paar Schrauben zwischen dem Neocortex und dem Hypothalamus locker gelassen«.[83] Dieser »Konstruktionsfehler« bedinge eine ungenügende Koordinierung zwischen limbischem System und Großhirnrinde und eine unzulängliche Kontrolle der letzteren über das erstere. Das sei die Ursache dafür, daß die Menschheit mit ihren Problemen nicht fertig werde. Allerdings sieht Koestler noch eine Alternative zum Aussterben. Nachdem er den Homo sapiens als geisteskrank diagnostiziert hat, setzt er auf die Medizin, um ihn zu kurieren, und zwar mit einer noch zu entdeckenden »Kombination hilfreicher Enzyme«. Sie könnte »dem Neocortex ein Veto gegen die Torheiten des archaischen Hirns ermöglichen, den krassen Fehler der Evolution korrigieren, die Emotionen mit der Vernunft in Einklang bringen und den Übergang vom Wahnsinnigen zum Menschen einleiten«.[84]

Früher wurden, wie Engels bemerkte, dem Kopf, der

---

83 A. Koestler: Der Mensch – Irrläufer der Evolution, München 1981, S. 20.
84 Ebenda, S. 31.

Entwicklung und Tätigkeit des Gehirns, alle Verdienste an der rasch fortschreitenden Zivilisation zugeschrieben. Den Niedergang der westlichen Zivilisation und die Probleme, die der Menschheit daraus erwachsen, interpretiert spätbürgerliches Denken nun auf die gleiche verfehlte Weise. Entstellten Ahnen schreibt es alle Schuld zu. Gemeint sind Gegenwart und Zukunft der Menschheit, wenn ihre Vergangenheit derart entstellt und verfälscht wird. Doch kein stammesgeschichtliches Erbe verhindert, daß die Menschheit angesichts der Gefahren für ihren Fortbestand die Fähigkeiten und Voraussetzungen dafür besitzt, ihre Zukunft durch vernünftiges Denken und Handeln friedlich und menschenwürdig zu gestalten.

Biopsychosoziale Einheit Mensch

»Es ist gefährlich, den Menschen zu oft daran zu erinnern, wie sehr er den Tieren gleicht, ohne ihm seine Größe zu zeigen. Es ist aber auch gefährlich, ihm seine Größe zu zeigen, ohne seine Niedrigkeit sehen zu lassen. Aber noch gefährlicher ist es, ihn über beides in Unwissenheit zu lassen. Heilsam ist es, ihm beides vorzustellen«, mahnte im 17. Jahrhundert Blaise Pascal.[1] Diese Mahnung zu befolgen gebieten — unabhängig vom Kontext der Pascalschen Philosophie — Wissenschaftlichkeit und Humanismus gleichermaßen. Zur Antwort auf die Frage beizutragen, was sie am Ende des 20. Jahrhunderts im Zusammenhang mit der Erkenntnis der lebenden Natur und der Erkenntnis des Menschen bedeutet, soll nun versucht werden.

Mensch und Determinismus

Zunächst sei dafür skizziert, wie die biologische Forschung beim Erkennen der lebenden Natur vorgeht. Die biologische Forschung gewinnt ihren Zugang zu den ver-

---

1 B. Pascal: Geist und Herz, Berlin 1962, S. 169/170.

schiedenen Strukturen und Prozessen der lebenden Natur durch Ausschnitte aus dem individuellen Lebenszyklus von Tieren, Pflanzen und Mikroorganismen, den »Semaphoronten« (Merkmalsträgern), wie sie der Zoologe Willi Hennig genannt hat.[2] Wie Hennig gezeigt hat, sind sie die unmittelbaren sinnlich-gegenständlichen Erkenntnisobjekte der Biologie. Im Prozeß der Erforschung der lebenden Natur ist der Semaphoront der Knotenpunkt, an dem der Weg bis hinab zu den molekularen Grundlagen des Lebens ebenso beginnt wie das Verfolgen des vermaschten Netzwerkes von Beziehungen zur übrigen Natur, in denen sich ein Organismus befindet und die ihn als Bestandteil überorganismischer Systeme wie Populationen und Ökosysteme begreifen lassen. Ein Semaphoront ist ein organismisches Individuum während einer bestimmten Zeitspanne seines Lebens, in der seine zu erforschenden Eigenschaften relativ unverändert bleiben. Die Zeitspanne kann unendlich klein gedacht werden (minimaler Grenzfall) oder mit der Lebensdauer eines Individuums zusammenfallen (maximaler Grenzfall).

Geht man vom Semaphoronten aus, so zeichnen sich vier allgemeine Richtungen biologischer Forschung ab, die ihren Ausgang von vier allgemeinen, auf jeden Semaphoronten anwendbaren Gesichtspunkten nehmen und zu den verschiedenen Strukturen und Prozessen der lebenden Natur führen.[3]

---

[2] Vgl. W. Hennig: Grundzüge einer Theorie der phylogenetischen Systematik, Berlin 1950.
[3] Vgl. R. Löther: Biologie. In: H. Hörz et al. (Hrsg.): Philosophie und Naturwissenschaften. Wörterbuch zu den philosophischen Fragen der Naturwissenschaften, Bd. 1, Berlin 1991, S. 131/132.

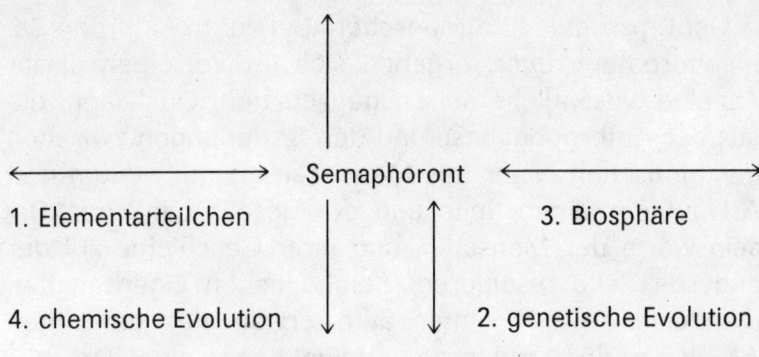

1. Elementarteilchen
2. genetische Evolution
3. Biosphäre
4. chemische Evolution

1. die raum-zeitliche Organisation des Semaphoronten, der aus Organen und Organsystemen, Geweben, Zellen, Zellorganellen, Molekülen, Atomen usw. besteht;

2. die Zugehörigkeit des Semaphoronten zu einem individuellen und ontogenetischen Entwicklungszyklus;

3. die Zugehörigkeit des Semaphoronten zu überorganismischen Systemen (Population und Art, Biozönose, Biostroma);

4. die Stellung des Semaphoronten als Komponente überorganismischer Systeme in der Evolution.

In der angegebenen Reihenfolge hebt jeweils der nachfolgende den vorhergehenden Aspekt in sich auf, ohne ihm seine relative Eigenständigkeit und den Erkenntniswert zu nehmen. Der zweite Aspekt bezieht den ersten zeitlich, der dritte den zweiten räumlich in sich ein, der vierte den dritten wiederum zeitlich. Er übergreift die anderen drei insofern, als sich diese auf die gegenwärtige Prozeßfront der darüber hinausführenden Evolution beziehen, und integriert sie letztlich in sich. Daraus ergibt sich auch die innere Struktur der Biologie und der Rahmen ihrer Theorien.[4]

---

4 Vgl. R. Löther: Die Beherrschung der Mannigfaltigkeit, Jena 1972.

Geht man nun zum Menschen und zum »Anthropo-Semaphoronten« über, ergeben sich im Verfolgen dieser Aspekte wesentliche neue Eigenschaften, Qualitäten, die aus der Anthropogenese und den Beziehungen zwischen der biotischen Natur des Menschen als Individuum und Art auf der einen Seite und der gesellschaftlichen Daseinsweise der Menschen und ihrer Geschichte auf der anderen Seite resultieren. Solche neuen Eigenschaften manifestieren sich unter dem ersten der genannten Aspekte in den Strukturen und Funktionen eines Organismus, der für das Leben in der Gesellschaft und ihrer Kultur beschaffen ist. Sie treten unter dem zweiten Aspekt auf in der Einheit der morpho-physiologischen Entwicklung und der Bildung und Entwicklung als Gesellschaftsmitglied, in der Persönlichkeitsentwicklung als individuelle Erscheinungsform der Wechselbeziehungen von Biotischem, Psychischem und Sozio-Kulturellem. Sie erscheinen unter dem dritten Aspekt auf der Ebene der Populationen in der sozio-kulturell bedingten und bestimmten Bewegung und Entwicklung der durch gesellschaftliche Beziehungen zusammengeschlossenen Bevölkerungen und ihren populationsgenetischen Effekten; auf der Ebene der Biozönosen in den Zusammenhängen zwischen den Menschengesellschaften und ihren natürlichen Umwelten, die von der gesellschaftlichen Produktionsweise bestimmt werden; auf der Ebene des Biostromas in den Beziehungen zwischen der Menschheit und der lebenden Natur des Planeten Erde insgesamt. Unter dem vierten Aspekt schließlich zeigt sich, daß die biotische Evolution der Populationen und der ganzen Art des Homo sapiens seit der Anthropogenese zur Folgeerscheinung sozio-kultureller Prozesse geworden ist, eingebettet in den Gesamtprozeß der Menschheitsgeschichte, die ihrem Wesen nach sozio-kulturelle Evolution und Veränderung der umgebenden Natur durch die Menschen ist, die in die Evolution der Biosphäre eingreift. »›In der Biologie ergibt nichts Sinn, wenn man es nicht im Lichte der Evolution betrachtet‹, hat der große Evolutionsbiologe Theodosius Dobzhansky einmal geschrieben. Dem müssen wir hinzufügen, daß ›nichts in der Evolution des Menschen Sinn ergibt, wenn man es nicht im Licht der Geschichte betrachtet‹«, schreibt Dobzhanskys Meisterschüler Richard Lewontin treffend.[5]

Geht man vom Semaphoronten und vom Anthropo-Semaphoronten aus, tritt also wesentlich Verschiedenes ins Blickfeld, dessen Vergleich die Spezifik des Menschseins sowie ihre Bedingtheit und Bestimmtheit durch Gesellschaft und Kultur in ihrem geschichtlichen Fortschreiten offenbart. Die menschliche Natur ist die immanente Voraussetzung des kulturgeformten Menschseins in der Gesellschaft. Sie ermöglicht diese Spezifik, entfaltet sich mit deren Ausbildung und wandelt sich infolge der sozio-kulturellen Evolution in bestimmten Größenordnungen. Diese Sachlage bestimmt auch die Bedingungen für die Anwendbarkeit allgemeiner biologischer Theorien auf den Menschen. Darüber hinaus bildet sie die Ausgangsbasis für die Forschungskonzeption, die den Menschen empirisch und theoretisch als »biopsychosoziale Einheit« zu erkennen trachtet.[6] Aus ihr erwächst die Positionsbe-

---

5 R. Lewontin: Menschen, Heidelberg 1986, S. 175.
6 Vgl. Biopsychosoziale Einheit Mensch. In: Wissenschaftliche Zeitschrift der Humboldt-Universität zu Berlin. Mathematisch-Naturwissenschaftliche Reihe 36 (1987) 7. – J. Hermann/H. Ullrich (Hrsg.): Menschwerdung, Berlin 1991. – H. Hörz: Der Mensch als biopsychosoziale Einheit – Wesen, Genese und Determinanten. In: E. Geißler/H. Hörz (Hrsg.): Vom Gen zum Verhalten, Berlin 1988. – R. Löther (Hrsg.): Tiersozietäten und Menschengesellschaften, Jena

stimmung in den andauernden Kontroversen über Natur und Kultur, Erbanlagen und Umwelt, Angeborenes und Erworbenes als Bestimmungen des Menschen.

Diese Kontroversen werden um die Bedingtheit und Bestimmtheit, um die Determiniertheit des Menschen geführt. Die Problematik ist älter als biologische Evolutionslehre und Genetik. Geistesgeschichtlich lassen sich heutige Kontroversen zumindest bis auf René Descartes und John Locke zurückverfolgen. Während Descartes die Existenz angeborener Ideen annahm, war für Locke nichts im Verstand, was nicht zuvor in den Sinnen gewesen war, die den Menschen mit der Außenwelt verbinden. Daran schlossen sich nicht nur erkenntnistheoretische Debatten zwischen Vertretern des Rationalismus und des Sensualismus an. Am Sensualismus knüpfte auch die »gesellschaftliche Milieutheorie« an, die in der französischen Aufklärung von Denkern wie Paul Heinrich Dietrich Holbach und Claude-Adrien Helvétius vertreten wurde. Für sie waren die Menschen Produkte ihres sozialen Milieus (»sozialer Determinismus«).

»Wir sind nur das, was die uns umgebenden Gegenstände aus uns machen«, erklärte Helvétius[7], und an anderer Stelle: »... da alle unsere Ideen von den Sinnen stammen, *ist man zu dem, was man ist, nicht geboren, sondern man wird es.*«[8] Von Natur aus seien alle Menschen mit den gleichen geistigen Fähigkeiten ausgestattet. Unterschiede in Geist und Charakter des Menschen seien keinesfalls eine Folge von Unterschieden des Körperbaus,

---

1988. – R. Rochhausen (Hrsg.): Bildung und Entwicklung natur- und humanwissenschaftlicher Theorien, Berlin 1983, S. 196 ff.
7 C.-A. Helvétius: Vom Geist, Berlin/Weimar 1973, S. 459.
8 C.-A. Helvétius: Vom Menschen, Berlin/Weimar 1976, S. 111.

des Temperaments oder der Feinheit der Sinne. Der Mensch werde ohne Bedürfnisse – außer Hunger und Durst – und ohne Leidenschaften geboren. Von Natur aus sei er weder gut noch böse, auch habe er keine angeborenen Ideen, da alle Ideen aus der sinnlichen Wahrnehmung hervorgehen. »Alles, sogar die Selbstliebe, ist in uns erworben. Man lernt, sich zu lieben, menschlich oder unmenschlich, tugendhaft oder lasterhaft zu sein. Der moralische Mensch ist ganz Erziehung und Nachahmung«, versicherte Helvétius.[9]

Die gesellschaftliche Milieutheorie richtete sich gegen die Einbildung des Feudaladels, daß in der gottgegebenen Weltordnung die gesellschaftliche Ungleichheit der Menschen im feudalen Ständestaat aus ihrer Geburt folge, die ihre soziale Stellung, ihren Stand und Rang begründe. Sie steht am Anfang der Genealogie jener ideologischen Strömung, die als »Biologismus« oder »biologischer Determinismus« bezeichnet wird, wie andererseits die gesellschaftliche Milieutheorie in unter »Soziologismus« oder »kultureller Determinismus« subsumierten Konzeptionen in der bürgerlichen Gesellschaft fortwirkt.[10] Seit dem 19. Jahrhundert traten beide Strömungen zunehmend in wechselseitige Beziehungen mit Biologie, Anthropologie, Psychologie, Ethnographie und anderen Fachwissenschaften. Dazu gehört, daß man sich auf den Fachwissenschaften entnommene Argumente stützt, daß Fachwissen-

---

9 Ebenda, S. 240.
10 Vgl. I. Dölling: Der Mensch und sein Weib, Berlin 1991. – S. J. Gould: Der falsch vermessene Mensch, Basel/Boston/Stuttgart 1983. – J. Herbig/R. Hohlfeld (Hrsg.): Die zweite Schöpfung, München/Wien 1990. – R. C. Lewontin/S. Rose/L. J. Kamin: Die Gene sind es nicht ..., München/Weinheim 1988. – H. L. Kaye: The Social Meaning of Modern Biology, New Haven/London 1986. – W. Quitzow: Intelligenz – Erbe oder Umwelt?, Stuttgart 1990.

schaftler biologistische wie auch soziologistische Konzeptionen entwickeln und ganze Wissenschaftsdisziplinen unter deren Einfluß geraten können. Dabei ist kultureller Determinismus eher eine interne Angelegenheit von Human-, Sozial- und Geisteswissenschaften, während Biologismen weithin das gesellschaftliche Bewußtsein durchsetzen. Erscheinungsformen biologistischer Ideologie wie patriarchalischer Sexismus, Rassismus, Sozialdarwinismus und eugenisch-rassenhygienische Doktrinen der Menschenzüchtung und -vernichtung erschienen im 19. und 20. Jahrhundert, besonders nach der Entstehung von biologischer Evolutionslehre und Genetik, in scheinwissenschaftlicher Verkleidung. In Deutschland gingen sie in die nationalsozialistische Ideologie der Menschenvernichtung ein.[11]

Kontrovers diskutiert und dabei auch dem biologischen Determinismus zugeordnet bzw. als »biologischer Fatalismus« (Jost Herbig) spezifiziert werden seit zwei Jahrzehnten die jüngsten Sprößlinge biologischen Evolutionsdenkens in ihrer Anwendung auf den Menschen: Soziobiologie, evolutionäre Erkenntnistheorie und evolutionäre Ethik, die sich mit den biotischen Grundlagen tierlichen und menschlichen Sozialverhaltens und mit den stammesgeschichtlich gewordenen Grundlagen des Erkenntnisvermögens, mit der »Rückseite des Spiegels« (Konrad Lorenz), befassen. Die Problematik dieser Forschungsrichtungen ist zu vielschichtig, die Standpunkte und

---

11 Vgl. A. Bäumer: NS-Biologie, Stuttgart 1990. – B. Müller-Hill: Tödliche Wissenschaft, Reinbek 1984, Berlin 1990. – B. Müller-Hill: Genetik nach Auschwitz. In: J. Herbig/R. Hohlfeld (Hrsg.): Die zweite Schöpfung. – L. Segal: Die Hohenpriester der Vernichtung, Berlin 1991. – A. Thom/G. I. Caregorodcev (Hrsg.): Medizin unterm Hakenkreuz, Berlin 1989. – P. Weingart/J. Kroll/K. Bayertz: Rasse, Blut und Gene, Frankfurt a. M. 1988.

Stellungnahmen sind zu differenziert, um das Pro und Contra hier insgesamt mit der nötigen Sorgfalt erörtern zu können.[12] Die wissenschaftliche Legitimität der Untersuchung dessen, was die genannten Forschungsrichtungen zu ihren Forschungsgegenständen gewählt haben, und die heuristische Fruchtbarkeit, die sich erwiesen hat, sollten jedenfalls außer Zweifel stehen.

Weise bemerkt der Biologe Jean-Marie Legay: »Die einzige gesunde Reaktion auf die entstandenen Diskussionen kann nur die Aussage sein, daß die Soziobiologie eine Wissenschaft ist und daß sie nur leben und sich entwickeln wird, wenn ihre Fehler und Irrwege schonungslos kritisiert werden.«[13] Das könnte auch für die evolutionäre Erkenntnistheorie oder die evolutionäre Ethik oder auch die Humanethologie gesagt worden sein. Dabei ist vorausgesetzt, daß es auf diesen Gebieten nicht nur Fehler und Irrwege gibt.

Herbig schreibt zum »biologischen Fatalismus« evolutionärer Erkenntnistheorie und Ethik unter anderem: »Zunächst führt der biologistische Fatalist die politische Krise der modernen Welt auf unsere evolutionäre Herkunft zurück. Ursachen, so verkündet er, seien angeblich *nur* einem Eiszeitjägerdasein angepaßte, angeborene Erkenntnisstrukturen und Verhaltensprogramme, die er, um seine

---

12 Vgl. u. a. E. Geißler/H. Hörz (Hrsg.): Vom Gen zum Verhalten. – J. Herbig/R. Hohlfeld (Hrsg.): Die zweite Schöpfung. – J.-M. Legay: Wer hat Angst vor der Wissenschaft?, Leipzig/Jena/Berlin 1984, S. 71ff. – R. C. Lewontin/S. Rose/L. J. Kamin: Die Gene sind es nicht ... – R. Löther (Hrsg.): Tiersozietäten und Menschengesellschaften. – U. Lüke: Evolutionäre Erkenntnistheorie und Theologie, Stuttgart 1990. – R. Spaemann/P. Koslowski/R. Löw (Hrsg.): Evolutionstheorie und menschliches Selbstverständnis, Weinheim 1984. – F. M. Wuketits: Gene, Kultur und Moral, Darmstadt 1990.
13 J. M. Legay: Wer hat Angst vor der Wissenschaft?, S. 76.

Theorie begrifflich als ›Wissenschaft‹ zu legitimieren, ›Evolutionäre Ethik‹ und ›Evolutionäre Erkenntnistheorie‹ nennt. *Politisch* gesteuerte Fehlentwicklungen der Industriezivilisation werden dadurch auf der Ebene von Naturereignissen gedeutet. Das Aussterben der Dinosaurier dient nicht lediglich als Metapher, sondern sie wird als Modell für die drohende Selbstvernichtung des Menschen verstanden. Beides scheint auf eine prinzipiell gleichartige *genetische* Fehlprogrammierung zurückführbar zu sein.«[14]

Weiter legt Herbig dar, daß dieser Reduktionismus, der eine fehlerhafte Politik als Ausdruck einer genetischen Fehlprogrammierung des Menschen deute, die Krise als unüberwindbar erscheinen lasse. Indem Politik als biologisches Phänomen interpretiert werde, würden ausgerechnet jene kulturellen Erkenntnis- und Handlungsmöglichkeiten negiert, die den Ansatz zur Lösung der Probleme bieten. Der Autor verweist auf die beachtliche öffentliche Resonanz solcher biologistischen Schicksalsergebenheit. Sie zeige die wachsende Bereitschaft, sich um die Last der Verantwortung zu drücken. »Würde sie allgemein gelten, dann würde eine − falsche − Theorie zur sich selbst erfüllenden Prophezeiung.«[15]

Demgegenüber betont Herbig, der sich auf aussagekräftige kulturgeschichtliche Untersuchungen stützt, das »kulturelle Experiment« sei heute so offen, wie es für die Eiszeitjäger offen war. Wissenschaft und Politik böten die dem kulturellen Instrumentarium der modernen Technik gemäßen kulturellen Erkenntnis- und Handlungsmöglich-

---

14 J. Herbig: Nahrung für die Götter, München/Wien 1988, S. 454. − Vgl. J. Herbig: Der Fluß der Erkenntnis, Hamburg 1991.
15 Ebenda, S. 453.

keiten. Die derzeitige Krise der wissenschaftlich-technischen Welt habe soziale und politische Ursachen. Wissenschaft und Technik liefern nur die Hebel, mit denen diese Ursachen auf Natur und Menschheit übertragen werden. Worauf es ankomme, sei die Kontrolle des wissenschaftlich-technischen Fortschritts durch Kontrolle der Interessen, die über den Einsatz der Technik entscheiden. »Die ökologische und soziale Brisanz der Zivilisationsprobleme liegt im Fundament unseres Wirtschaftssystems, in der Verbindung von Partikularinteressen mit der vom Staat systematisch geförderten Forschung und Technikentwicklung«, konstatiert Herbig.[16]

Seine Kritik führt vor Augen, welche Rolle entstellte Ahnen, wie sie im vorigen Kapitel vorgestellt wurden, unter den Lebenden spielen. Sie trifft die kulturkritischen Ambitionen von Vertretern evolutionärer Erkenntnistheorie und Ethik. Die Frage ist aber, ob wissenschaftlich aufgemachter Fatalismus schon alles ist, was auf diesen Gebieten hervorgebracht wird oder ob nicht das Kind mit dem Bade ausgeschüttet wird, wenn nicht nur eine irreführende Vorstellung aus diesen Gebieten analysiert und kritisiert wird, sondern damit die Gebiete zugleich insgesamt verworfen werden.

In der Vergangenheit hat es nicht wenige Bemerkungen darüber gegeben, was aus der biologischen Evolutionslehre für die Erkenntnis des menschlichen Erkennens folge, darunter von Denkern wie Charles Darwin, Ernst Haeckel und August Weismann, Ludwig Boltzmann und Ernst Mach, Friedrich Engels, Wladimir I. Lenin und Georg Simmel. Doch erst in den siebziger Jahren des 20. Jahrhunderts hat sich die evolutionäre Erkenntnistheo-

---

16 Ebenda, S. 486/487.

rie im Grenzbereich von Evolutionsbiologie, Verhaltensbiologie, Psychologie, philosophischer Erkenntnistheorie und anderen etabliert, um die in der Organismenevolution gewordenen Grundlagen des menschlichen Erkennens zu erforschen. Programmatisch schreibt der Physiker und Philosoph Gerhard Vollmer: »Die Evolutionäre Erkenntnistheorie ist eine junge Disziplin, die philosophische und einzelwissenschaftliche Elemente miteinander verbindet. Sie geht von der These aus, daß Erkennen eine Gehirnfunktion und als solche zugleich ein Ergebnis der biologischen Evolution ist; sie untersucht die Argumente, die für oder gegen eine solche Auffassung sprechen, und prüft ihre erkenntnistheoretischen Konsequenzen. Sie stützt sich dabei auf Befunde der Wahrnehmungs-, Entwicklungs- und Lernpsychologie, der Linguistik, der Neurophysiologie, der vergleichenden Verhaltensforschung, der Genetik, vor allem aber der Evolutionstheorie in ihrer heute anerkannten Form.«[17] Da ist gewiß mehr und anderes zu erwarten als Spekulationen über Grenzen des Erkennens aufgrund ererbter Erkenntnisstrukturen der Menschen des Pleistozäns. Bei der Frage, warum biotisch Mögliches im gesellschaftlichen Lebensprozeß der Menschen wirklich wird, endet allerdings die Kompetenz evolutionärer Erkenntnistheorie wie auch evolutionärer Ethik.

Ähnliches wie über evolutionäre Erkenntnistheorie und Ethik läßt sich auch über die Soziobiologie sagen, die ebenfalls seit den siebziger Jahren als Wissenschaftsdisziplin existiert. »In der Soziobiologie wird versucht, bisher weitgehend getrennte Wissenschaftsbereiche zu einer Synthese zu vereinen. Zahlreiche Arbeiten setzen dem-

---

17 G. Vollmer: Evolution und Projektion – Ansätze zu einer zeitgemäßen Erkenntnistheorie. In: Universitas 44 (1989) 12, S. 1135.

entsprechend erhebliche mathematische, genetische, populationsbiologische und ökologische Kenntnisse voraus. Mangelnde Vertrautheit mit manchen dieser Fachgebiete, verbunden mit der zum Teil neuen (und nicht immer glücklichen) soziobiologischen Terminologie, führt schon heute dazu, daß Kollegen oft aneinander vorbeireden und aufgrund von Mißverständnissen in heftige Auseinandersetzungen geraten«, charakterisiert der Verhaltensbiologe Heinz-Ulrich Reyer die Situation unter den Fachleuten.[18]

Dem größeren Publikum aber, das über die im Zitat genannten Kenntnisse gar nicht verfügt, wird die Soziobiologie seit Richard Dawkins' Bestseller »The Selfish Gene« (1976) vor allem in Geschichten über den »Egoismus der Gene« vorgestellt[19], in denen biologischer Reduktionismus und Determinismus zum Teil groteske Formen annehmen. Trifft das schon für den Bereich der Biologie zu, so erst recht bei der Deutung sozio-kultureller Phänomene. Die Grundaussage dieser Geschichten ist immer die gleiche: Lebewesen sind die »Überlebensmaschinen« ihrer »egoistischen Gene«, die das Verhalten von Tier und Mensch – auch das (nur scheinbar) uneigennützige – bewirken, um die Anzahl der Kopien dieser Gene mit geringstem Aufwand in den nachfolgenden Generationen maximal zu vergrößern. »Wie ein richtig hartgesottener

---

18 H.-U. Reyer: Soziale Strategien und ihre Evolution. In: Naturwissenschaftliche Rundschau 35 (1982) 1, S. 6.
19 Vgl. u. a. E. Dahl: Im Anfang war der Egoismus, Düsseldorf/Wien/New York 1991. – R. Dawkins: Das egoistische Gen, Berlin/Heidelberg/New York 1978. – C. Vogel: Eigennutz und Gemeinwohl: eine evolutionsbiologische Kontroverse. In: Unterricht Biologie, H. 141, 13. Jg., Januar 1989. – W. Wickler/U. Seibt: Das Prinzip Eigennutz, Hamburg 1977, grundlegend überarb. Neuausgabe München/Zürich 1991.

Wall-Street-Banker überlegt sich das egoistische Gen sehr genau, in welche Geschäfte es investiert, und es haßt nichts so sehr wie Fehlinvestitionen: Gehen die Geschäfte schlecht, dann kennt es keinen Pardon mehr!«, wird beispielsweise mitgeteilt.[20]

Selbstverständlich wird solchen Auskünften vorangestellt, sie seien nicht wörtlich zu nehmen, man drücke sich metaphorisch aus. Das Dilemma solcher Metaphorik ist aber, daß sie sich nicht in sinnhaltige biologische Aussagen übersetzen läßt. Die Sprache derartiger »Soziobiologie« ist mit den Sprachen von Evolutionsbiologie, Genetik und anderen nicht kompatibel. So könnte das, was in den Geschichten von den »egoistischen Genen« »Gen« genannt wird, auch einen ganz anderen Namen bekommen, nur mit dem Unterschied, daß »Gen« nach Wissenschaft klingt. Wenn in der Genetik von »Genen« gesprochen wird, ist jedenfalls von etwas anderem die Rede, auch wenn es denselben Namen trägt.

Die Gene, mit denen sich die Genetik befaßt, sind funktionelle Einheiten der Vererbung, die sich auf den fadenförmigen Makromolekülen der Desoxyribonukleinsäure (DNS) in den Zellen der Lebewesen befinden. Es sind *Informationsspeicher*: In ihren Strukturen ist die Erbinformation für die Regulation des Zellstoffwechsels, insbesondere für die Synthese von Proteinen und auch von Ribonukleinsäuren (RNS) gespeichert. Für sich »machen« die Gene nichts, so wenig, wie etwa eine Diskette im Computer. Die identische Verdoppelung der DNS-Moleküle ebenso wie die Biosynthese von Proteinen und RNS aufgrund der DNS-gespeicherten genetischen Information sind Leistungen im System der Zelle, in der Wechsel-

---

20 E. Dahl: Im Anfang war der Egoismus, S. 165.

wirkung ihrer Komponenten. Gegen die These von Dawkins und anderen, daß Gene allein die wahren Verursacher von Leben und Evolution und Organismen nur ihre zeitweiligen Behälter seien, wendet Stephen Jay Gould treffend ein, »daß er (Dawkins) Buchhaltung, die man effizient auf der Ebene der Gene führen kann, mit Kausalität verwechselt«.[21]

Weiter kollidieren die Geschichten von den »egoistischen Genen« mit der ihnen innewohnenden Reduzierung des Evolutionsgeschehens auf die Ebene der Gene mit der hierarchischen Organisation des Lebenden, die bereits auf der molekularen Ebene Wechselbeziehungen zwischen Genen einschließen, die sich in keiner Egoismus-Metaphorik ausdrücken lassen, ganz abgesehen vom irreduziblen Geschehen auf anderen Ebenen des Lebenden. »Es ist eine simple, aber fundamentale Tatsache, daß das Leben verschiedene Integrationsstufen entwickelt hat – die biochemische oder molekulare, die zellulare, die individuelle wie schließlich die Stufe des Zusammenschlusses zu Populationen und ökologischen Gemeinschaften. Jede Stufe hat ihre eigenen Gesetze und Ordnungsprinzipien, die erforscht und verstanden sein wollen; man kann sie nicht aus den Gesetzen und Ordnungsprinzipien anderer Stufen deduzieren«, stellte Dobzhansky fest.[22] Diese Sachlage schließt ein, daß es auch Selektionsvorgänge auf verschiedenen Ebenen gibt, von der molekularen Ebene über die Ebene der Organismen bis hin zur Ebene der Populationen und Arten, wäh-

---

21 S. J. Gould: Evolutionäre Flexibilität und menschliches Bewußtsein. In: P. Koslowski/P. Kreuzer/R. Löw (Hrsg.): Evolution und Freiheit, Stuttgart 1984, S. 28.
22 Th. Dobzhansky: Dynamik der menschlichen Evolution, Frankfurt a. M. 1965, S. 11. – Vgl. Th. Dobzhansky/E. Boesiger/D. Sperlich: Beiträge zur Evolutionstheorie, Jena 1980, S. 9ff.

rend sich für die Verfasser von Geschichten über die »egoistischen Gene« Selektion einzig und allein zwischen diesen abspielen soll.

Um nur noch eine der weiteren Ungereimtheiten der Geschichten von den »egoistischen Genen« zu erwähnen: Der »Egoismus« der Gene bestimmt sie zu Konkurrenten, anders können sie nicht. »Wo ausschließlich Konkurrenz herrscht, liegen Bedingungen eines Nullsummenspieles vor, in dem der Sieg des einen stets die Niederlage eines anderen bedeutet ... In ihnen ist tatsächlich Eigennutz der einzige Erfolgsgarant«, schreibt der Zoologe Sievert Lorenzen in seiner Auseinandersetzung mit dem »Als-ob-Egoismus der Gene«. »Wer aber hat je begründet, daß die biologische Evolution oder irgendein biologischer Selbstorganisationsprozeß ausschließlich den Bedingungen eines Nullsummenspiels gehorcht? Niemand. Im Gegenteil, man hat auf allen Niveaus biologischer Selbstorganisation außer Konkurrenz auch immer überwältigend viel Kooperation gefunden.«[23] Auch zwischen Genen sowie zwischen Genen und anderen selbstorganisierenden Strukturen des Organismus gebe es derartige Zusammenhänge. Die Annahme eines Als-ob-Egoismus der Gene sei genauso falsch wie der Als-ob-Eindruck, daß die Sonne um die Erde kreise.

»Soziobiologie ist ein weiterer Versuch, Adam Smith eine naturwissenschaftliche Fundierung zu verschaffen. Sie kombiniert Vulgärmendelismus, Vulgärdarwinismus und vulgären Reduktionismus im Dienste des Status quo«, urteilen Lewontin, Rose und Kamin.[24] Die Geschichten

---

23 S. Lorenzen: Egoismus ist nicht alles. In: Kosmos 85 (1989) 12, S. 55.
24 R. C. Lewontin/S. Rose/L. J. Kamin: Die Gene sind es nicht ..., S. 217.

von den »egoistischen Genen« jedenfalls bestätigen dieses Urteil.

Aus der Sicht der Auffassung vom Menschen als biopsychosoziale Einheit liegt bei biologischem wie bei sozialem und kulturellem Determinismus ein in verschiedene Richtungen gehender methodologischer Reduktionismus vor. Vorhandene Bestimmungen des Menschseins werden aus ihrer Integration in eine Gesamtheit von Wechselwirkungszusammenhängen gelöst, verabsolutiert, mehr oder weniger mit phantastischen Eigenschaften versehen und zu zugrunde liegenden Ursachen linearer Kausalität erklärt. Als Antworten auf die Frage nach der Bedingtheit und Bestimmtheit des Menschen und seines Verhaltens sind biologischer wie sozialer und kultureller Determinismus und Reduktionismus Varianten der verfehlten Konzeption des mechanischen Determinismus mit seinem Erkenntnisideal, dem Laplaceschen Dämon. Wahrheitsfindung über den Menschen und sein Verhalten kann deshalb keinen »goldenen Mittelweg« zwischen ihnen einschlagen.

Die Forschungskonzeption vom Menschen als biopsychosoziale Einheit entstand in der Auseinandersetzung nicht nur mit der Reduzierung des Menschen auf Biologisches, sondern nicht minder auch mit der Vulgärinterpretation der Marxschen Formel vom menschlichen Wesen als »ensemble der gesellschaftlichen Verhältnisse«[25] zum sozialen Determinismus und Glauben an die Allmacht von Umwelt und Erziehung. Angestrebt ist, biologischen wie sozialen und kulturellen Determinismus kritisch und konstruktiv durch neue Konzepte zu überwinden. Neue Fragestellungen, Sichtweisen und Vorschläge für Problemlö-

---

25 K. Marx: [Thesen über Feuerbach]. In: K. Marx/F. Engels: Werke, Bd. 3, S. 6.

sungen sollen in der empirischen und theoretischen Erforschung des Menschen heuristisch wirksam werden. Vor allem soll die mit dem Begriff der Selbstorganisation verbundene Erneuerung des Struktur-, System-, Prozeß- und Entwicklungsdenkens auch für das Begreifen des Menschseins fruchtbar gemacht werden.[26]

Als Schlüsselproblem zur Überwindung des auf den Menschen angewandten mechanischen Determinismus mit Hilfe des Selbstorganisationsdenkens zeichnet sich das alte Problem des Willens und der Willensfreiheit ab. Wie der Wissenschaftsphilosoph John Erpenbeck dargelegt hat, läßt sich auf der Basis des Selbstorganisationsgedankens erstmals eine Erklärung des Willensphänomens erwarten, die nicht reduktionistisch ist und die auch nicht zu rein geistigen Konstruktionen Zuflucht nimmt.[27]

»Freiheit ist das Vermögen, einen Zustand von selbst anzufangen, wie es Kant unübertrefflich ausdrückte. Willensfreiheit ist das innere Vermögen, Handlungsfreiheit das äußere Vermögen, einen Zustand von selbst anzufangen«, schreibt Erpenbeck.[28] Der Wille stelle sich damit als Möglichkeit und Antrieb des Menschen dar, diese Freiheit auszubilden und zu nutzen, um das eigene Handeln und sich selbst zu bestimmen. Das gelte sowohl für Individuen wie für Gruppen. Dieser Konzeption gemäß sei der Wille vom bloßen physischen und emotional-motivationalen Antrieb abgehoben. Dieser Antrieb sei Vorausset-

---

26 Vgl. H. Hörz: Menschliches Verhalten als Selbstorganisation? In: H.-H. Emons (Hrsg.): Das Wesen des Menschen, Berlin 1989.
27 Vgl. J. Erpenbeck: Reflex, Wille und Selbstorganisation. In: E. Geißler/ G. Tembrock (Hrsg.): Natürliche Evolution von Lernstrategien, Berlin 1990. – J. Erpenbeck: Wille und Selbstorganisation. In: academie spectrum 22 (1991) 7.
28 J. Erpenbeck: Wille und Selbstorganisation. In: academie spectrum 22 (1991) 7, S. 34.

zung allen Wollens, der Willen lasse sich aber nicht auf ihn reduzieren. Vielmehr könne man nicht vom eigentlichen menschlichen Willen sprechen, wo keine Willensfreiheit, keine kreative Leistung, sondern nur eine reflektorische möglich sei. Auch die Fähigkeit, sich zwischen vorgegebenen Alternativen entscheiden zu können, eine Handlung zu tun oder zu unterlassen, also der Entscheidungswillen, sei Voraussetzung, nicht bestimmendes Moment des eigentlichen menschlichen Willens.

Der Zugang zum wissenschaftlichen Verständnis des Willens aber, einschließlich auch der gesellschaftlichen Willensbildung, sagt Erpenbeck, führt über den Selbstorganisationsbegriff. Willenspsychologie umfasse Prozesse der geistigen und handlungsmäßigen Selbstorganisation. »Nur wenn wir verstehen, wie durch sich selbst organisierende Strukturbildungen im menschlichen Gehirn Denk- und Handlungsmöglichkeiten kreativ entstehen, die noch nie da, die auf keine Weise vorherzusehen waren, begreifen wir einzelwissenschaftlich das ›Vermögen, einen Zustand von selbst anzufangen‹! Nur wenn wir erfassen, wie sich in der Gesellschaft Strukturen kreativ selbst organisieren und verändern, ohne von ›außen‹ oder von ›oben‹ angeordnet zu sein, begreifen wir das ›Vermögen, einen Zustand von selbst anzufangen‹ auch für diesen Bereich. Damit begreifen wir den Willen als Schöpfungswillen: jede Willensleistung umfaßt Kreativität, jede kreative Leistung besitzt willentliche Momente.«[29]

---

29 Ebenda.

Dimensionen menschlicher Gesundheit und Krankheit

»Was ist jede Krankheit als in seiner Freiheit gehemmtes Leben?«, fragte Marx.[30] Die Begriffe der Gesundheit und der Krankheit bezeichnen Erscheinungsformen der organismischen Lebenstätigkeit, die einander ausschließen, ineinander übergehen und sich in der Unterschiedlichkeit von Eigenschaften des lebenden Systems und seiner Beziehungen zur Umwelt äußern. Sie charakterisieren eine Seite der Lebenstätigkeit des organismischen Individuums: seinen Gesundheitszustand. Der allgemeine Begriff der Krankheit ist zugleich der Oberbegriff für die Vielheit der verschiedenen Arten von Krankheiten der Pflanzen, Tiere und des Menschen, die in Krankheitsklassifikationen erfaßt werden. Rund 30 000 sind heute beim Menschen bekannt. Wenn Gesundheit und Krankheit als Formen des Gesundheitszustandes hervorgehoben werden, weiß man natürlich, daß die Menschen oder andere Lebewesen nicht alle eindeutig in entweder Gesunde oder Kranke eingeteilt werden können. Gesundheit und Krankheit füllen die Skala der Möglichkeiten des individuellen Gesundheitszustandes nicht aus. Sie enthält ferner sowohl ein differenziertes Übergangsfeld zwischen Gesundheit und Krankheit als auch mit Krankheiten ihrer Entstehung nach verbundene andere Formen geschädigten Lebens, physischer und psychischer Behinderung.

Humanistische wertbestimmte Weltorientierung bestimmt das menschliche Leben als das wertvollste Gut eines jeden Menschen und die Gesundheit als die beste

---

30 K. Marx: Debatten über die Preßfreiheit. In: K. Marx/F. Engels: Werke, Bd. 1, S. 59.

der möglichen Beschaffenheiten für die organismischen Grundlagen des Menschseins. Krankheiten bleiben jedoch nicht aus. Sie gehören zu den Vorkommnissen im menschlichen Leben, über die jedermann früher oder später eigene Erfahrungen sammelt und eine Meinung hat. Erst die Erfahrungen des Krankseins pflegen die Menschen ernsthaft auch über die Gesundheit nachdenken zu lassen. »Die beste Krankheit taugt nichts«, »Gesundheit schätzt man erst, wenn man sie verloren hat« und »Der Gesunde weiß nichts von seinem Reichtum« sind sprichwörtliche Volksweisheiten, die das bezeugen. Die Fragen nach dem Wesen von Gesundheit und Krankheit, nach Möglichkeiten, Krankheiten zu heilen sowie die Gesundheit zu bewahren und zu fördern, bewegen die Menschen seit alters her. Lang war der Weg von Vorstellungen, daß Krankheiten durch Dämonen bewirkt werden, die vom Körper Besitz ergreifen oder als göttliche Strafe oder Prüfung über den Menschen verhängt werden, bis zu rationalen und wissenschaftlich begründeten Auffassungen über Gesundheit und Krankheit.

Es waren materialistisches philosophisches Denken und naturwissenschaftlich-medizinische Forschung, die dazu führten, Gesundheit und Krankheit als Formen biotischer Lebenstätigkeit aufzufassen und aus materiellen Ursachen zu erklären. »Wie die Krankheit nur ein Zubehör der lebenden, organisierten Wesen ist, mögen sie nun tierische oder pflanzliche sein, so kann sie auch nur als eine der Erscheinungsmöglichkeiten gefaßt werden, unter denen das Leben der einzelnen organisierten Körper sich zu offenbaren vermag. Es besteht daher kein wesentlicher Unterschied in den Bedingungen, unter denen die allgemeinsten Lebensgesetze zur Erscheinung kommen, die Kräfte und Stoffe des Leibes wirksam werden. Der einheitliche

Grund aller Erscheinungen, gesunder wie kranker, ist nur das Leben selbst, und eine von dem übrigen Leben abgelöste, neben ihm bestehende und für sich seiende Krankheit besteht nicht«, erkannte Rudolf Virchow.[31]

Damit ist auf die Beziehungen zwischen organismischem Leben, Gesundheit und Krankheit verwiesen, um das Wesen von Gesundheit und Krankheit zu begreifen. Auch für menschliche Gesundheit und Krankheit ist dieses naturwissenschaftlich-biologische Herangehen grundlegend, reicht allerdings nicht aus. Sind Gesundheit und Krankheit beim Menschen doch vielfältig mit seiner soziokulturellen Daseinsweise und ihrer Entwicklung sowie seiner Psyche verbunden. Sie bedingen Besonderes, das bei Pflanze und Tier nicht vorkommt. Deshalb muß ein umfassendes Begreifen menschlicher Gesundheit und Krankheit nicht nur ihrer biotischen Dimension gerecht werden, sondern diese im Zusammenhang mit ihrer sozio-kulturellen und ihrer psychischen Dimension sehen, das heißt den Menschen als biopsychosoziale Einheit.[32]

Der Mensch kann gesund und krank sein, weil er ein Lebewesen ist. Wie der Stoff- und Energiewechsel, die Reizbarkeit, die Fortpflanzung und die Sterblichkeit ist auch die Pathibilität, das Krankwerdenkönnen, ein spezifi-

---

31 Zit. nach F. Boenheim (Hrsg.): Virchow – Werk und Wirkung, Berlin 1957, S. 140.
32 Vgl. W. Jantzen: Selbstorganisation, Ontogenese des psychischen Abbilds und Psychosomatik. In: Gestalt Theory 7 (1985) 4. – J. S. House/K. R. Landis/ D. Umberson: Social relationships and health. In: Science 241 (1988), S. 540–545. – A. Thom: Gesundheit – Krankheit. In: H. J. Sandkühler (Hrsg.): Europäische Enzyklopädie zu Philosophie und Wissenschaften, Hamburg 1990. – Th. v. Uexküll/W. Wesiack: Theorie der Humanmedizin, München/Wien/Baltimore 1991.

sches Merkmal der Lebewesen. Gesundheit und Krankheit sind ihrem Wesen nach mit der Spezifik lebender Systeme und ihrer Evolution verbunden.[33] Sie sind so alt wie das Leben selbst und treten auf jeder Organisationshöhe auf. Die Evolution der Organismen schließt die Evolution ihrer Pathibilität ein. Je höher die Lebewesen morphophysiologisch organisiert, je komplizierter ihr Bau und ihre Leistungen sind und je länger ihre Individualentwicklung dauert, um so größer ist auch die Zahl der Erkrankungsmöglichkeiten und um so komplizierter können die Krankheitsprozesse sein.

Die Krankheiten bilden eine Zone der Lebenstätigkeit, die sich im Laufe der stammesgeschichtlichen Höherentwicklung der Organismen erweitert hat. In ihr wirkt das Leben durch die selbstregulatorischen Potenzen des Organismus, die sich in der Entwicklung vom Niederen zum Höheren vergrößert haben, dem Tode entgegen. Die Krankheiten, und darin besteht generell ihre lebensdienliche Funktion, ermöglichen den Fortbestand des Lebens unter und nach schädigenden Einwirkungen, bei Störungen des lebenden Systems, die es ohne seine Pathibilität zerstören würden. Die Beziehungen zwischen Organismus und Umwelt schließen ein, daß während der Individualentwicklung des Organismus bestimmte Einwirkungen aus der Umwelt auftreten oder fehlen können, was früher oder später zur Krankheit führt. Das geschieht dann, wenn Beziehungen zwischen Organismus und Umwelt nach Intensität, Extensität oder Qualität ein bestimm-

---

33 Vgl. R. Löther: Evolutionary aspects of health and disease. In: J. Mlikovsky/ V. J. A. Novak (eds.): Evolution and Morphogenesis, Praha 1985. – L.-C. Schulz: Krankheitsmechanismen als Überlebenshilfe in den Fährnissen der Evolution. In: Naturwissenschaftliche Rundschau 43 (1989) 5.

tes Maß über- oder unterschreiten, daß sich seitens der Organismen stammesgeschichtlich herausgebildet hat. Die einwirkenden Umweltkomponenten oder ihr Mangel erscheinen dann als äußere Krankheitsursachen. Dazu gehören chemisch-toxische, mechanische, thermische und aktinische (Strahlungs-) Krankheitsursachen, ein Zuviel oder Zuwenig in der Stoffzufuhr und die Einwirkungen biotischer Krankheitserreger (Viren, Mikroorganismen, Pilze, Würmer und andere). Durch einmalige oder wiederholte, kurz- oder langfristige Einwirkungen schädigen sie Strukturen und Funktionen des lebenden Systems und stören das Beziehungsgefüge seiner Teile insgesamt. Stirbt der Organismus daran nicht gleich, reagiert er mit einer Krankheit.

Einen Schlüssel zum Verständnis des Wesens der Krankheiten bildet der Begriff der Homöostase (griech. *homoios* = ähnlich; *stasis* = Zustand, Lage). Im vorigen Jahrhundert entdeckte der Physiologe Claude Bernard, daß die Lebewesen die Beständigkeit ihres inneren Milieus inmitten der Veränderungen in ihrer Umwelt bewahren. Diese aus der organismischen Selbstregulation resultierende Tendenz der Lebenstätigkeit nannte der Physiologe Walter B. Cannon Anfang der dreißiger Jahre des 20. Jahrhunderts »Homöostase« – ein Wort, das sich nicht nur in der medizinischen und biologischen Literatur, sondern seit Norbert Wiener auch in der kybernetischen Literatur findet, während der so benannte Sachverhalt seine allgemeine Erklärung aus dem kybernetischen Prinzip der Rückkopplung, des Regelkreises, findet.

»Eine große Gruppe von Fällen, in denen irgendeine Art von Rückkopplung nicht nur als Beispiel physiologischer Phänomene angesehen wird, sondern für die Fortdauer des Lebens wesentlich ist, wird im Komplex der sogenannten *Homöostase* gefunden. Die Bedingungen, unter denen Leben, besonders gesundes Leben in den höheren Tieren, fortdauern kann, sind eng begrenzt. Eine Schwankung der Körpertemperatur um ein halbes Grad ist im allgemeinen ein Krankheitszeichen, und eine dauernde Veränderung um 5 Grad ist mit dem Leben nicht zu vereinbaren. Der osmotische Druck des Blutes und seine Wasserstoffionenkonzentration müssen in engen Grenzen gehalten werden. Die Zerfallsprodukte des Körpers müssen ausgeschieden werden, bevor sie zu giftigen Konzentrationen gelangen. Außerdem müssen unsere Leukozyten und unsere chemischen Abwehrstoffe gegen Infektionen in angemessener Menge vorhanden sein; unsere Herzfrequenz und unser Blutdruck dürfen weder zu hoch noch zu niedrig sein ... Kurz, unser innerer Haushalt muß Thermostate, automatische Regler für Wasserstoffionenkonzentration, mechanische Steuerorgane und ähnliches in einer Menge enthalten, die für ein großes chemisches Werk angemessen wäre. Diese insgesamt sind als unser homöostatischer Mechanismus bekannt«, resümiert Wiener anschaulich.[34]

Homöostase des inneren Milieus des Organismus bedeutet die Aufrechterhaltung der lebensnotwendigen Parameter (Kenngrößen) des Organismus, die konstant gehalten werden müssen oder nur in engen Grenzen schwanken dürfen, bedeutet Isothermie, Isotonie, Isohydrie, Isoionie usw. Sie wird durch das teils neural, teils hormonal vermittelte Zusammenwirken einer Gesamtheit von Funktionen auf allen Strukturebenen des Organismus und im Verhalten des Gesamtorganismus in seiner Umwelt realisiert. Die Körpertemperatur der Säugetiere bei-

---

[34] N. Wiener: Kybernetik, Reinbek 1968, S. 146/147.

spielsweise wird unter anderem dadurch gewährleistet, daß vermittels der Durchblutung des Unterhautgewebes der Wärmeaustausch zwischen Organismus und Umwelt geregelt wird und von einer bestimmten Höhe der Umgebungstemperatur ab noch die Schweißabsonderung und die Atmung in den Regelungsprozeß einbezogen werden, um überschüssige Körperwärme abzugeben.

Veränderungen der Parameter sind mit dem zeitlichen Ablauf der Lebenserscheinungen verbunden, die sowohl die periodische Wiederkehr von Erscheinungen in lebenden Systemen (Biorhythmik) als auch ihre irreversible Veränderung im Verlauf der Individualentwicklung einschließen. »In einem Lebewesen sind«, wie die Chronobiologen Horst und Ingrid Mletzko schreiben, »eine Vielzahl rhythmischer Vorgänge zu einem geordneten Zeitablauf miteinander verknüpft. Die Maxima verschiedener Leistungen können zur annähernd gleichen Zeit auftreten, andere Funktionen erreichen zu unterschiedlichen Zeiten ihre größte Leistung. Die Schwingungsbeziehungen ergeben sich aus dem funktionellen Zusammenhang der Parameter. So wäre es unökonomisch, wenn während des Schlafens die Exkretionstätigkeit der Nieren maximal wäre. Zum anderen ist es unerläßlich, daß Maxima bestimmter Prozesse anderen vorauseilen, um z. B. beim Gallensaft rechtzeitig vorrätig zu sein.«[35]

Unter ontogenetischem Aspekt entspricht der Homöostase die »Homöorhese« (Conrad H. Waddington) oder »epigenetische Homöostase« (D. L. Nanney). Darunter ist ein dynamisches Gleichgewicht zwischen Vorgängen der Formbildung zu verstehen, das auf regulatorischen Wechselbeziehungen zwischen ihnen beruht. Dabei werden

---

35 H. G. Mletzko/I. Mletzko: Biorhythmik, Wittenberg Lutherstadt 1985, S. 10.

auch Vorgänge kompensatorisch in ihre Entwicklungsbahn zurückgebracht, die unter äußeren Einflüssen davon abgewichen waren. »Den Ausdruck Homöorhese verwenden wir dann, wenn das, was stabilisiert wird, nicht eine konstante Größe ist, sondern ein bestimmter zeitlicher Ablauf. Wenn irgendein Ereignis ein homöorhetisches System zu verändern droht, so bringt der Kontrollmechanismus das System nicht etwa in den Zustand zurück, den es vor dieser Veränderung hatte, sondern dorthin, wo es normalerweise in der Zwischenzeit gelangt wäre«, erläutert der Entwicklungsgenetiker Waddington.[36] Er vergleicht ein homöorhetisches System mit einem Fluß, der längs eines Tales abwärts fließt und, durch einen Erdrutsch aus dem Talgrund weggedrängt, sein Bett erst ein Stückchen unterhalb des Hindernisses wiederfindet.

Die Homöostase (in ihrer Einheit mit Homöorhese und Biorhythmik) ist das Fundament der Gesundheit. Ein Lebewesen ist gesund, wenn es im Wechsel der Situationen und während der Veränderungen seiner Umwelt sein inneres Gleichgewicht, die Stabilität seiner lebensnotwendigen Parameter bewahrt und auf dieser Grundlage seine weitere Lebenstätigkeit vollzieht. »Die Beständigkeit des inneren Milieus ist die Vorbedingung für das freie Leben«, lautet ein berühmter Ausspruch Claude Bernards.[37] So ist Gesundheit das funktionelle Optimum des lebenden Systems in der Gesamtheit seiner Lebensäußerungen gegenüber der Umwelt. Die Gesamtheit der möglichen Lebensäußerungen wie ihr Optimum variieren stammesge-

---

36 C. H. Waddington: Der gegenwärtige Stand der Evolutionstheorie. In: A. Koestler/J. R. Smythies (Hrsg.): Das neue Menschenbild, Wien/München/Zürich 1970, S. 349. – Vgl. J. Piaget: Biologie und Erkenntnis, Frankfurt a. M. 1983.
37 Zit. nach W. G. Walter: Das lebende Gehirn, München/Zürich 1963, S. 32.

schichtlich bedingt nach Art, Geschlecht, Stadium der Individualentwicklung und den durch Erbe und Umwelt in der Individualentwicklung geformten inneren Bedingungen (der Konstitution) sowie der aktuellen Kondition der Lebewesen. Demgegenüber bedeutet Krankheit eine Einschränkung der möglichen Lebensäußerungen in den Beziehungen zwischen Organismus und Umwelt, die darauf zurückgeht, daß — wie Wassili F. Sershantow, P. A. Makkawejski und W. A. Martschenko, ein Philosoph und zwei Mediziner, gezeigt haben[38] — die Homöostase gestört und die Funktion der homöostatischen Mechanismen darauf gerichtet ist, das alte oder ein neues inneres Gleichgewicht zu suchen und zu schützen. Krankheit kann mit Wiederherstellung der Gesundheit, mit einem bedingt angepaßten Zustand eingeschränkter Lebenstätigkeit (einem Leiden) oder mit dem Tod enden.

Die genannten drei Autoren unterscheiden fünf Systeme, die in wechselnder Aktivität und Kombination zur Wahrung der Homöostase und bei der Suche nach ihr während der Krankheit zusammenwirken:

— das System auf die Wahrung und die Suche nach der Homöostase gerichteter Verhaltensaktivitäten, an dem beim Menschen auch sein bewußtes Verhalten beteiligt ist — bis hin zur Inanspruchnahme ärztlicher Hilfe bei subjektiven Krankheitsbeschwerden;

— das neuro-endokrine System der Streß-Reaktion;

— das vegetativ-somatische System der vom vegetativen Nervensystem gesteuerten körperlichen Reaktionen;

— das reparativ-kompensatorische System der Zell- und Geweberegeneration;

---

38 Vgl. W. F. Sershantow/P. A. Makkawejski/W. A. Martschenko: Organismus — Persönlichkeit — Krankheit, Jena 1980.

— das Abwehrsystem der Immunreaktionen und der Phagozytose.

Eine Reihe von Krankheiten entsteht dadurch, daß die Homöostase aufgrund einer Fehlfunktion dieser Systeme gestört ist.

Der Internist Wolfgang Gerok verweist auf verschiedene Reaktionstypen in lebenden Systemen: 1. Reaktionen im oder nahe beim Gleichgewicht, die streng determiniert sind; 2. oszillierende Reaktionen mit konstanter Frequenz und Amplitude oder mit Quasiperiodik durch Überlagerung von zwei oder mehr Schwingungen; 3. chaotische Reaktionen. Mit Krankheiten kann sowohl Übergewicht des Chaos als auch der Verlust der Möglichkeit zu chaotischen Reaktionen verbunden sein. »Die geordneten Reaktionen verleihen den lebenden Systemen Stabilität und Konstanz, die oszillierenden Reaktionen dienen außerdem als extrem ›stoßsichere‹ innere Uhr«, schreibt Gerok. »Die chaotischen Reaktionen ermöglichen dagegen die Flexibilität eines biologischen Systems, seine rasche Anpassung an veränderte Umweltbedingungen durch ›trial and error‹ und die Kreation neuer Eigenschaften des Systems.

Stabilisierung des Bewährten und Konstanz einerseits, Flexibilität und Kreativität andererseits — dies sind die Eigenschaften, die von den verschiedenen Reaktionstypen lebender Systeme gewährleistet werden. Gesundheit ist die Wanderung auf dem Grat, auf dem sich Chaos und Ordnung ständig die Waage halten.«[39]

---

[39] W. Gerok: Ordnung und Chaos als Elemente von Gesundheit und Krankheit. In: W. Gerok et al. (Hrsg.): Ordnung und Chaos in der unbelebten und belebten Natur, Stuttgart 1989, S. 26/27.

Soziale und psychische Dimensionen des Gesundheitszustandes

Gesundes und krankes Leben stehen in übergreifenden Zusammenhängen. Die Biologie zeigt die Integration der Lebewesen in ökologische und genealogische Wechselwirkungsgefüge, mit denen die Entstehung, der Verlauf und die Häufigkeit von Krankheiten zusammenhängen, sowie den Zusammenhang der Krankheiten mit der Organismenevolution, der durch die natürliche Auslese vermittelt wird. Die humanmedizinische Erkenntnis aber führt mit innerer Notwendigkeit auf das Beziehungsgefüge der Gesellschaft, von dem das individuelle Dasein der Menschen in Gesundheit und Krankheit abhängt.

Gesundheit und Krankheit des Menschen sind in seiner biotischen Dimension verwurzelt. Materielles Substrat des Gesundheitszustandes wie aller anderen Attribute der menschlichen Lebenstätigkeit ist der menschliche Organismus, sind seine Strukturen, Funktionen und Prozesse. Ursachen, Bedingungen und Gesetzmäßigkeiten, von denen der Gesundheitszustand der Menschen abhängt, ergeben sich von der molekularen Ebene bis zum Gesamtsystem des menschlichen Organismus. Sie ergeben sich weiter aus der menschlichen Persönlichkeit und den sie formenden sozialen Verhältnissen sowie ihren daraus resultierenden Beziehungen zu den Ergebnissen der gesellschaftlichen Arbeit und zur natürlichen Umwelt. Zugleich geht der Gesundheitszustand in die Bestimmtheit der menschlichen Arbeitskraft ein. Der Gesundheitszustand ist vielfältig und unterschiedlich in das gesellschaftliche Leben integriert, das auf der Arbeit zur Produktion materieller Güter – der grundlegenden aller sozialen Tätigkeiten des Menschen – basiert.

Im gesellschaftlichen Zusammenleben erweist sich Gesundheit als die Fähigkeit des menschlichen Individuums, die konkret-historisch in einer gegebenen Gesellschaft möglichen Formen aktiver Teilnahme an der Gestaltung des gesellschaftlichen Lebens bewußt und zielstrebig zu realisieren und dabei Befriedigung und Genuß an den materiellen und geistigen Gütern zu haben. Demgegenüber bedeutet Krankheit eine wesentliche Einschränkung dieser Fähigkeiten, die über die Veränderung körperlicher und/oder psychischer Funktionen erfolgt und zugleich eine Existenzform menschlichen Lebens ist, die die soziale Stellung und subjektive Situation des Individuums wesentlich verändert und beeinträchtigt.

Für die Wechselbeziehungen von Biotischem und Gesellschaftlichem in bezug auf Gesundheit und Krankheit des Menschen sind unter anderem folgende Prinzipien wichtig, die der Sozialhygieniker Alfred Grotjahn auf der Basis umfangreichen Faktenmaterials für das Studium der Krankheiten unter sozialem Aspekt herausarbeitete:

– die Bedeutung einer Krankheit für die Gesellschaft ist vor allem durch die Häufigkeit ihres Vorkommens bedingt;

– die sozialen Verhältnisse können Krankheitsdispositionen schaffen oder bedingen, selbst Krankheiten verursachen, die Verursachung von Krankheiten vermitteln oder ihren Verlauf beeinflussen;

– Krankheiten wirken sich auf die sozialen Bedingungen aus.[40]

---

[40] Vgl. A. Grotjahn: Leitsätze zur sozialen und degenerativen Hygiene, Karlsruhe 1922. – D. Tutzke: Alfred Grotjahn, Leipzig 1979.

Eine historische Erscheinungsform der Wechselbeziehungen von Biotischem und Gesellschaftlichem ist die Veränderung der Lebenserwartung, der Struktur der Morbidität und der Todesursachen im Verlauf der sozio-kulturellen Evolution. Sie ist insgesamt und letztlich gesellschaftlich, durch die Entwicklung der gesellschaftlichen Produktivkräfte, durch Klassenkämpfe und soziale Umwälzungen bedingt. So nahm die mittlere Lebenserwartung aufgrund der industriellen Revolution des 18. und 19. Jahrhunderts in den industriell entwickelten Ländern durch die Verbesserung der materiellen Lebensbedingungen, die Entwicklung der Hygiene, die Fortschritte der Medizin und die auf immer breitere Anteile der Bevölkerung ausgedehnte medizinische Versorgung rasch zu. Dieser Prozeß wurde besonders durch die Zurückdrängung der akuten Infektionskrankheiten geprägt (unter anderem Pocken, Pest, Cholera, Typhus, Diphtherie, Malaria, Gelbfieber und Tuberkulose). Er führte zu einem einschneidenden Umbau der Altersstruktur der Bevölkerung. Damit traten die für höhere Lebensalter charakteristischen chronisch-degenerativen Krankheiten (Herz-Kreislauf-Erkrankungen, degenerative Erkrankungen des Bewegungsapparates, bösartige Geschwülste) immer mehr in das Blickfeld der Medizin und stellten die medizinische Forschung vor neue Probleme.

Nicht zuletzt bei der Suche nach den Ursachen dieser chronischen Krankheiten haben sich die mono- und linearkausale Denkweise des mechanischen Determinismus und eine einseitig nur naturwissenschaftlich orientierte Medizin als dem Menschen inadäquat erwiesen. Es entstand die Konzeption von der »multifaktoriellen Genese« dieser Krankheiten. Dabei gilt es bereits heute, bei durchaus noch lückenhaftem Tatsachenwissen, als sicher, daß im Gefüge der Ursachen und Bedingungen für die Entstehung fast aller dieser chronisch-degenerativen Krankheiten soziale Faktoren eine wichtige Rolle spielen. Gleiches gilt auch für die ebenfalls stärker in den Vordergrund tretenden vielfältigen psychonervalen Störungen.

Dabei sind auch im Stellenwert der medizinisch bedeutsamen sozialen Faktoren wichtige Veränderungen eingetreten. Vorrangig sind in den industriell entwickelten Ländern nicht mehr die mit den materiellen Lebensbedingungen gegebenen sozialen Faktoren. Obwohl ihr Einfluß auch heute keineswegs vernachlässigt werden darf, sind an ihre Stelle weitgehend Einflüsse der zwischenmenschlichen Beziehungen und der sozio-kulturellen Umwelt getreten, insbesondere in ihrer Manifestation als Verhaltensweisen. Es handelt sich um Faktoren wie Wertorientierungen und Verhaltensmuster, die durch tradiertes gesellschaftliches Bewußtsein vermittelt werden und mit den materiellen Lebensbedingungen in Widerspruch geraten sind. Nicht nur die Entstehung, auch der Verlauf und der Ausgang der chronischen Krankheiten sind sozial beeinflußt. Für die Therapie dieser Krankheiten ist oftmals die Änderung der Lebensweise genau so wichtig oder sogar wichtiger als die medikamentöse Beeinflussung. Hoffnung auf Heilung dieser Krankheiten ist zumeist illusorisch, das Problem, das zu meistern ist, besteht im Leben mit der Krankheit. Ein bedeutsames gesellschaftliches Problem ist auch die soziale Eingliederung der chronisch Kranken und der durch Mißbildung, Unfall oder Krankheit Geschädigten oder durch ein Leiden Behinderten geworden.[41]

---

41 Vgl. W. Jantzen: Behinderung. In: H. J. Sandkühler: Europäische Enzyklopädie zu Philosophie und Wissenschaft.

Mit den neu in den Vordergrund getretenen sozialen Faktoren wächst gleichzeitig die Bedeutung des Subjektiven und des Psychischen als Vermittlung zwischen Biotischem und Gesellschaftlichem für den Gesundheitszustand. Gesellschaft und Kultur, Psychisches und Physiologisches stehen in wechselseitigem Zusammenhang und lassen sich nicht aufeinander reduzieren. Das Psychische ist kein Epiphänomen physiologischer Prozesse, sondern erfüllt eine Funktion, die mit rein physiologischen Mitteln nicht vollzogen werden könnte: die psychische Widerspiegelung als Komponente der Beziehungen von Organismus und Umwelt. Wie im Verhalten der höheren Tiere ist auch beim Menschen die psychische Leistung von der bedürfnisbefriedigenden Tätigkeit abhängig. Zugleich besitzt sie beim Menschen eine neue Qualität, ist sie doch in den Gesamtprozeß der materiellen Veränderung der umgebenden Wirklichkeit durch den Menschen, die materielle Praxis als Existenzweise der Gesellschaft, einbezogen.

Krankheit und Leiden der Menschen führen immer, wenn auch in Abhängigkeit von der Art und Schwere des Geschehens in unterschiedlichem Maße, zu einer Veränderung der gesamten Lebenssituation des betroffenen Individuums. In der Regel gehören zu diesen Veränderungen eine Einschränkung der Handlungsmöglichkeiten im Hinblick auf die von der Persönlichkeit als wesentlich angesehenen Aufgaben und Pflichten, ein bestimmtes Maß von Hilflosigkeit und Angewiesensein auf Unterstützung und Pflege durch andere und der Zwang zum Nachdenken über die weiteren Folgen der begonnenen Einschränkungen der Leistungsfähigkeit. Die psychische Reaktion auf die krankheitsbedingte neue Situation kann in ihrem Inhalt und ihrer Tendenz sehr unterschiedlich sein, gehört aber zum komplexen Prozeß der sich durch Krankheit und Leiden generell ändernden Stellung des Individuums und muß deshalb im ärztlichen und sonstigen Verhalten zum Kranken und Leidenden beachtet werden.

Schwerwiegende und lang andauernde Krankheits- und Leidenszustände können unter bestimmten Bedingungen der Persönlichkeitsstruktur, der Art und Weise der Einschränkung der sozialen Kommunikation und der allgemeinen Veränderung der sozialen Situation zu charakteristischen Umstrukturierungen der subjektiven Einstellungen, der Motivation und der Willensbildung bis zu grundlegenden Veränderungen der Selbsteinschätzung führen. Sie beginnen dann infolge der engen Wechselbeziehungen zwischen dem Psychischen und den neuralen Regulationsmechanismen auf biotische Prozesse einzuwirken. Die Möglichkeit dieser Rückwirkungen der durch Krankheit und Leiden in Gang kommenden psychischen Veränderungen auf diese Prozesse verpflichtet die Medizin zu eingehenden Forschungen und ärztlichem Handeln, um auf diese psychischen Prozesse Einfluß zu nehmen. Zu letzterem dienen geeignete psychotherapeutische Verfahren und eine bestimmte psychologisch-pädagogische Führung des Patienten. Ein Bereich, in dem die engen Beziehungen zwischen psychischen Einstellungen und somatischen Veränderungen von Krankheitswert besonders in Erscheinung treten, ist der der Neurosen und neurotischen Verhaltensstörungen.

Die Anerkennung der prinzipiell zu beachtenden, wenn auch für verschiedene Zusammenhänge spezifisch zu wertenden Bedeutung des Psychischen bei Krankheit und Leiden des Menschen durch die Medizin bedeutet ein qualitativ neues Verständnis des Menschen als Objekt der

Medizin und von medizinischer Wissenschaft und Praxis. Eine systematische Erforschung der psychosomatischen Zusammenhänge muß sich grundsätzlich von den naiven Verfahren einer zum philosophischen Idealismus führenden spekulativen Sinndeutung von Krankheit und Leiden ebenso wie von mechanisch-materialistischen Auffassungen dieser Zusammenhänge abgrenzen. Grundbedingungen dafür sind

– anzuerkennen, daß die inhaltliche Gestaltung und die Prozeßdynamik psychischer Vorgänge gegenüber den sie tragenden biotischen Strukturen und Mechanismen relativ eigenständig ist (wodurch unter anderem auch eine streng deterministische Zuordnung zwischen Elementen des Psychischen und des somatischen Geschehens ausgeschlossen wird);

– anzuerkennen, daß diese beiden Ebenen wesensmäßig miteinander dialektisch verbunden sind (wodurch gegenseitige Beeinflussungen und Modifikationen des Geschehens von beiden Seiten angenommen werden können);

– anzuerkennen, daß eine spezifische psycholgische Analytik der im Zusammenhang mit Krankheit und Leiden auftretenden psychischen Reaktionen notwendig ist. Dafür hat besonders die Psychoanalyse reiches Erfahrungsmaterial und konzeptionelle Vorschläge vorgelegt.

Jede Menschengesellschaft reagiert auf die gesundheitliche Lage ihrer Mitglieder ideologisch und praktisch. Das ideologische Verhältnis einer Gesellschaft zu Gesundheit und Krankheit sowie zu Sterben und Tod erscheint im Rahmen der in ihr vertretenen wertbestimmten Weltorientierungen.[42] Eine negative Wertung des Kranken sei-

---

42 Vgl. K. Bayertz (Hrsg.): Praktische Philosophie, Reinbek 1991. – E. Kunt: Im

ner Krankheit halber — welche immer es auch sei — ist mit humanistischer Gesittung ebenso unvereinbar wie eine positive Verklärung von Krankheit, Schmerz und Leid. Solche Wertungen erscheinen nicht zuletzt in den Metaphern, in denen über Krankheiten und mit Krankheitsnamen geredet wird.[43] Das praktische Verhältnis einer Gesellschaft zum Gesundheitszustand ihrer Mitglieder offenbart sich in der Entwicklung von Medizin und Hygiene, von Gesundheits- und Sozialpolitik.

Die Medizin ist ein geschichtlich gewordener, differenzierter Komplex spezifischer gesellschaftlicher Aktivitäten, die darauf abzielen, Kranke zu heilen und Gesunde vor Krankheiten zu bewahren. Moderne Medizin umfaßt die medizinische Wissenschaft und die Verfahrensweisen der ärztlichen Tätigkeit. Die Anfänge der Medizin liegen weit zurück in der Menschheitsgeschichte. Stets war den Menschen das Bedürfnis nach Pflege und Hilfe bei Krankheiten eigen. Ihm wurde in der Entstehungszeit der menschlichen Gesellschaft wohl zunächst durch die gegenseitige Hilfe der Gesellschaftsmitglieder entsprochen. Befunde der Verhaltensforschung lassen annehmen, daß sie sich aus der gegenseitigen Körperpflege entwickelt hat, die die gesellig lebenden äffischen Vorfahren des Menschen einander leisteten. Gegenseitige Körperpflege (grooming) ist von den Schimpansen und anderen gesellig lebenden Affenarten wohlbekannt. Sie dient nicht nur dazu, Verunreinigungen von Haut, Fell und Wunden zu entfernen, sondern auch dem Kontakt der Individuen.

Angesicht des Todes, Leipzig/Jena/Berlin 1990. — G. Scherer: Das Problem des Todes in der Philosophie, Darmstadt 1988.
43 Vgl. S. Sontag: Krankheit als Metapher, München/Wien 1978. — S. Sontag: Aids und seine Metaphern, München/Wien 1989.

Stammesgeschichtlich soll sie aus dem Mutter-Kind-Verhalten herzuleiten sein. Aus derartigem Pflegeverhalten dürfte sich mit der Entstehung der auf Arbeit, Sprache und Denken beruhenden menschlichen Sozialität die Pflege und Heilhilfe für Kranke als menschliche Sozialbeziehung und Quellgrund der Medizin herausgebildet haben.[44]

Aus der gegenseitigen Hilfe bei Krankheit entstand mit der vorzugsweisen Ausübung dieser Tätigkeit durch ausgewählte Mitglieder der urgesellschaftlichen Gemeinschaften die Medizin als Bereich besonderer sozialer Aktivitäten. Mit der Erfahrung über Zusammenhänge zwischen Umwelt, Lebensweise und Gesundheit wuchs die Einsicht, daß Vorbeugen besser ist als Heilen. Bereits der altgriechische Philosoph Demokrit von Abdera wußte: »Gesundheit erbitten sich die Menschen in ihren Gebeten von den Göttern; daß es aber in ihrer eigenen Hand liegt, diese zu erhalten, daran denken sie nicht, sondern indem sie durch Unmäßigkeit das Gegenteil davon bewirken, werden sie vermöge ihrer Lüste selbst zu Verrätern an ihrer Gesundheit.«[45] Diese bedingte Teilwahrheit formulierte Demokrit schon genauso absolut wie heutige Gesundheitserzieher.

Als gesellschaftlich geregelter Komplex besonderer sozialer Aktivitäten hat sich die Medizin im Gesamtkonnex soziokultureller Evolution entwickelt, wobei die gegebene Gesellschaftsordnung ihr soziales Profil bestimmt. So hat die Entstehung der Klassengesellschaft die soziale Differenzierung der medizinischen Hilfeleistungen für Ange-

---

44 Vgl. R. Löther (Hrsg.): Tiersozietäten und Menschengesellschaften, Jena 1988, S. 154 ff.
45 W. Nestle: Die Vorsokratiker, Jena 1929, S. 172.

hörige der verschiedenen Klassen und Schichten zur Folge, besonders durch die Kommerzialisierung der Medizin und ihre Integration in die Marktwirtschaft. Durchaus im Spannungsverhältnis damit ist die Medizin, welche Form sie auch annimmt, stets Ausdruck des uralten, bis in die Stammesgeschichte zurückweisenden menschlichen Bedürfnisses nach sozialer Geborgenheit, nach Pflege und Hilfe bei Krankheit und des aus der Erfahrung von Krankheit und Leiden geborenen Interesses, gesund zu bleiben.

Zukunftsweisend wird in der Verfassung der Weltgesundheitsorganisation ein anzustrebendes Gesundheitsideal (keine Definition im logisch-wissenschaftstheoretischen Sinne) und ein Menschenrecht formuliert: »Gesundheit ist der Zustand des vollständigen körperlichen, geistigen und sozialen Wohlbefindens und nicht nur des Freiseins von Krankheit und Gebrechen.

Sich des bestmöglichen Gesundheitszustandes zu erfreuen ist eines der Grundrechte jedes Menschen, ohne Unterschied der Rasse, der Religion, der politischen Überzeugung, der wirtschaftlichen oder sozialen Stellung.«[46]

Menschliche Reproduktion im Übergang

Der Gesundheitszustand der Menschen ist eine Erscheinungsform des Zusammenhangs, der Einheit der biotischen, psychischen und sozialen Bestimmungen ihres Da-

---

46 Verfassung der Weltgesundheitsorganisation. In: Die Weltgesundheitsorganisation, zusammengestellt und eingeleitet von J. Peck (Die Vereinten Nationen und ihre Spezialorganisationen. Dokumente, Bd. 7), Berlin 1976, S. 76.

seins auf der Ebene der Individuen. Auf der Populationsebene wirkt er sich in der sozio-kulturell bedingten und bestimmten Bewegung und Entwicklung auf Bevölkerungen aus, die durch gesellschaftliche Beziehungen verbunden sind. Voraussetzung einer jeden Menschengesellschaft als eines Beziehungsgefüges zwischen menschlichen Individuen ist eine Gesamtheit menschlicher Individuen, die auf einem bestimmten und begrenzten Territorium der festen Erdoberfläche leben, es bevölkern. Durch Beziehungen, in denen die Individuen untereinander stehen, konstituieren sie die Gesellschaft. Die Bevölkerung, verstanden als die Gesamtheit der auf einem bestimmten Territorium eine Gesellschaft bildenden Individuen, ist das Ergebnis der Wechselbeziehungen zwischen den naturgesetzlichen Vorgängen der Fortpflanzung und des Sterbens der Individuen und der sozio-kulturellen Evolution.

In der Bevölkerung stehen die Anzahl der Lebendgeborenen und die Anzahl der Gestorbenen während eines entsprechenden Zeitraumes in einem bestimmten Verhältnis. Aus den Veränderungen dieses Verhältnisses sowie aus den Zu- und Abwanderungen ergibt sich die Dynamik der Bevölkerungsbewegung. Sie vollzieht sich letztlich im Widerspruch zwischen dem Wachstum der Bevölkerung, das aus der Fruchtbarkeit und dem Abstand zwischen den Generationen resultiert, und der Abnahme der Bevölkerung, die daraus resultiert, daß der Mensch von Natur aus sterblich ist. Wie bei anderen Säugetieren gibt es vermutlich auch beim Menschen eine letztlich nur erreichbare Lebensspanne, eine hypothetisch anzunehmende Grenze der Lebensdauer, die genetisch bedingt ist und individuell variiert. Statistisch schwankt sie um einen Mittelwert, der kaum über 80 Jahre liegen dürfte. Das kommt der alten

Menschheitserfahrung nahe, die im 90. Psalm ausgedrückt ist: »Unser Leben währet siebenzig Jahre und wenn's hoch kommt, so sind's achtzig Jahre, und wenn's köstlich gewesen ist, so ist's Mühe und Arbeit gewesen ...«

Auf der menschlichen Reproduktion, der Reproduktion der Bevölkerung, beruht der Fortbestand der Menschheit und die Kontinuität der Menschheitsgeschichte in der Aufeinanderfolge der Generationen. Im umfassenden Verständnis ist menschliche Reproduktion mehr als biotische Fortpflanzung, nämlich die Erzeugung der menschlichen Individuen in der Einheit der biotischen, psychischen, sozialen und kulturellen Dimensionen ihres Daseins als historisch konkret bestimmte Individuen. Die Familie ist die innergesellschaftliche Einheit, die für die menschliche Reproduktion grundlegend und vorherrschend ist.

»Nach der materialistischen Auffassung ist das in letzter Instanz bestimmende Moment in der Geschichte die Produktion und Reproduktion des unmittelbaren Lebens. Diese ist aber selbst wieder doppelter Art. Einerseits die Erzeugung von Lebensmitteln, von Gegenständen der Nahrung, Kleidung, Wohnung und den dazu erforderlichen Werkzeugen, andererseits die Erzeugung von Menschen selbst, die Fortpflanzung der Gattung. Die gesellschaftlichen Einrichtungen, unter denen die Menschen einer bestimmten Geschichtsepoche und eines bestimmten Landes leben, werden bedingt durch beide Arten der Produktion: durch die Entwicklungsstufe einerseits der Arbeit, andererseits der Familie«, schrieb Engels.[47] Er ver-

---

47 F. Engels: Der Ursprung der Familie, des Privateigentums und des Staats. In: K. Marx/F. Engels: Werke, Bd. 21, S. 27/28.

wies auch darauf, daß die Entwicklung der Familie abhängig ist von der Produktivität der Arbeit und zugleich auf diese zurückwirkt. Doch wurde schon von Marx und Engels weitgehend von der doppelten Art der Produktion und Reproduktion und der Erzeugung von Menschen zugunsten der Erzeugung von Lebensmitteln, der Arbeit, abstrahiert[48], und auch später wurde der zitierte Engelssche Theorieansatz nicht zum Forschungsprogramm. Die von ihm nicht zu trennende Problematik der Bevölkerungsentwicklung wurde primär aus der Sicht der politischen Ökonomie in der Auseinandersetzung mit der Malthusschen Bevölkerungstheorie reflektiert[49], nicht aus der Sicht der materialistischen Geschichtsauffassung insgesamt.

Inzwischen haben sich bemerkenswerte Einblicke in grundlegende Zusammenhänge zwischen sozio-kulturellen, speziell sozioökonomischen Prozessen und Prozessen der Bevölkerungsbewegung und -entwicklung ergeben. Dabei zeichnet sich eine Triade von Mustern oder Typen der Bevölkerungsreproduktion ab, »ursprünglicher Typ« oder »Urtyp«, »primitiver Typ« und »moderner Typ« genannt. Zwischen Urtyp und primitivem Typ sowie zwischen primitivem Typ und modernem Typ liegt jeweils ein als »demographische Tansition«, »demographische Transformation« oder »demographische Revolution« bezeichneter Vorgang. In ihm wird historisch kurzzeitig – im Verlauf einiger Generationen – ein Typ der Bevölkerungsreproduktion durch einen anderen abgelöst. Das Wesen dieses Vorgangs kennzeichnet der Demograph Anatoli Wischnewski: »So wie die Revolution auf techni-

---

48 Vgl. Th. Mies: Die Kategorie der doppelten Produktion des Lebens. In: Dialektik, 1991, H. 2.
49 Vgl. R. L. Meek (Hrsg.): Marx und Engels über Malthus, Berlin 1956.

schem Gebiet – die industrielle Revolution oder die wissenschaftlich-technische Revolution – einen Umschwung (um mit Engels zu sprechen) in der ›Erzeugung von Lebensmitteln, von Gegenständen der Nahrung, Kleidung, Wohnung und den dazu erforderlichen Werkzeugen‹ darstellt, ist die demographische Revolution ein Umschwung in der ›Erzeugung von Menschen selbst‹, in der ›Fortpflanzung der Gattung‹.«[50]

Der Urtyp der Bevölkerungsreproduktion entstand mit der Anthropogenese und ist für urgesellschaftliche Sammler- und Jägergemeinschaften kennzeichnend. Er läßt die Bevölkerungszahl im großen und ganzen stagnieren. Sie bleibt nicht einmal immer und überall auf gleicher Höhe. In der Menschheitsgeschichte war es der Reproduktionstyp, nach dem sich insbesondere die altsteinzeitlichen Sammler und Jäger während des Pleistozäns fortpflanzten. Einschneidende Veränderungen des Klimas sowie der Pflanzen- und Tierwelt beendeten diesen Abschnitt der Erdgeschichte. Die Menschen konnten nur mit einer Umwälzung ihrer bisherigen gesellschaftlichen Produktivkräfte die Veränderungen der umgebenden Natur überdauern – Umwälzungen, die insgesamt auf den Begriff der neolithischen oder Agrarrevolution gebracht worden sind. Der Übergang von der Jagd- und Sammelwirtschaft zu Ackerbau und Viehzucht bildete ihr hauptsächliches, aber keineswegs einziges Charakteristikum.

Verbunden mit dem Umschwung in der Entwicklung der Produktivkräfte fand die demographische Transition vom ursprünglichen zum primitiven Typ der Bevölkerungsreproduktion statt. Mit im Vergleich zur Altsteinzeit

---

50 A. G. Wischnewski: Die demographische Revolution. In: Sowjetwissenschaft, Gesellschaftswissenschaftliche Beiträge 26 (1973) 3, S. 693.

verringerter Sterblichkeit und erhöhter Geburtenrate konnte die Bevölkerung langsam, aber beständig zunehmen. Die jungsteinzeitliche Produktivkraftentwicklung und Bevölkerungszunahme bildete die Voraussetzung für die Besiedlung neuer Territorien der Erdoberfläche und für die Entstehung der ersten Staaten und großen Städte, die an Strömen wie Euphrat und Tigris, Nil, Indus und Huangho entstanden. »Immer mehr Wissenschaftler neigen heute zu der Ansicht, daß die Zivilisation nicht nur durch irgendeinen Faktor indiziert wurde, sagen wir, durch die Bewässerung, die zur Gewinnung des Mehrprodukts im Ackerbau und dadurch zur Entstehung des Staates führte. Man betrachtet die Geburt der Zivilisation als Ergebnis der Wechselwirkung mehrerer Faktoren: der natürlichen Umwelt, der ökonomischen Basis, der Bevölkerungszunahme, der Technologie und der sozialen Organisation«, teilt der Archäologe Charles Christopher Lamberg-Karlovsky mit.[51] Er weist darauf hin, daß die Daten aus Ägypten, Mesopotamien und dem Industal eindeutig davon sprechen, daß die Bevölkerungszunahme bei der Entwicklung der Zivilisation eine außerordentlich wichtige Rolle spielte. Der Typ der Bevölkerungsreproduktion, der sich im Ergebnis der ersten demographischen Transition herausbildete, bestand über Jahrtausende fort.

Der Übergang zum modernen Typ der Bevölkerungsreproduktion, die zweite demographische Transition, wurde durch die Herausbildung der kapitalistischen Produktionsweise seit dem Ausgang des Mittelalters vorbereitet und realisierte sich im Zusammenhang mit der industriellen

---

51 C. C. Lamberg-Karlovsky: Wechselwirkungen zwischen den alten Kulturen in West- und Südasien. In: Wissenschaft und Menschheit, Bd. 20, Moskau und Leipzig/Jena/Berlin 1985, S. 80. – Vgl. J. Herbig: Nahrung für die Götter, S. 95 ff.

Revolution des 18./19. Jahrhunderts. Sie ging von der Verringerung der Sterblichkeit aus, die als Voraussetzung und Folge wesentlich mit der kapitalistischen Industrialisierung verknüpft war. Während die Sterblichkeit zurückging, blieb zunächst die Geburtenrate des primitiven Reproduktionstyps erhalten, und jede Generation brachte eine zahlenmäßig stärkere Generation hervor; in Europa und Nordamerika fand eine Bevölkerungsexplosion statt. Zu Beginn des 20. Jahrhunderts setzte dann eine zweite, die demographische Transition komplettierende Phase ein: der Rückgang der Geburtenrate. Nachdem sich bei der Sterblichkeit das Maß des modernen Typs der Bevölkerungsreproduktion eingestellt hatte, geschah dies auch bei der Geburtlichkeit.

Im Konnex der Transition vom primitiven zum modernen Typ der Bevölkerungsreproduktion ist auch die Bevölkerungsexplosion in den Entwicklungsländern zu sehen, die die Bevölkerungsexplosion in Europa und Nordamerika im 19. Jahrhundert bei weitem übertrifft. Der Eintritt in die zweite Phase der Transition, den Rückgang der Geburtenrate, erfolgt noch stärker verzögert und unterliegt Störungen, die es in Europa und Nordamerika nicht gab und die auf eine Verschlechterung der Lebensbedingungen hinauslaufen. Das ist vor allem sozioökonomischer Rückständigkeit geschuldet, die aus der kolonialen Vergangenheit und der wirtschaftlichen Abhängigkeit von den entwickelten Industrieländern resultiert. Sozioökonomische und technisch-technologische Unterentwicklung hat zu relativer Übervölkerung geführt, weil die Menschen unter den gegebenen Produktionsbedingungen die von ihnen benötigten Lebensmittel nicht erzeugen können. Arbeitslosigkeit, Hunger, Elend und fortschreitende Zerstörung der natürlichen Lebensgrundlagen mit erdweiten Folgen gehen Hand in Hand. Der Demograph und Experte für Entwicklungspolitik Jürg A. Hauser betont in seiner fundamentalen Untersuchung dieser Problematik: »Angesichts der Tatsache, daß jedes Entwicklungsland einen Spezialfall für sich darstellt, kann man einerseits gar nicht von *den* Entwicklungsländern sprechen. Andererseits aber, besonders mit dem Blick auf die demo-ökologischen Prozesse, ist sogar die Trennung zwischen Industrie- und Entwicklungsländern eine Fiktion! *Es gibt keine einzelnen Nationen, sondern nur eine Gesamtheit.* Das abgedroschene Sprichwort ›Wir sitzen alle in demselben Boot‹ trifft die Situation mit aller Deutlichkeit.«[52]

Auf die Frage nach den Ursachen der Bevölkerungsexplosion gibt es verschiedene Auskünfte. Viele machen es sich zu leicht, wenn sie meinen, die Fortschritte der Medizin in den Industrieländern und später ihr Export in die Entwicklungsländer habe zum Rückgang der Sterblichkeit geführt. Wesentlich differenzierter beantwortet der Sozialmediziner Thomas McKeown die Frage nach den Ursachen des neuzeitlichen Bevölkerungswachstums. Bezogen auf die in den letzten drei Jahrhunderten wirkenden Haupteinflüsse auf die Gesundheit resümiert er:

»1. Verbesserte Ernährung bildete den frühesten und über den gesamten Zeitraum seit 1700 bedeutsamsten Einfluß.

2. Hygienemaßnahmen sind zumindest für ein Fünftel der Reduktion der Todesrate von der Mitte des 19. Jahrhunderts bis heute verantwortlich. Es ist dies der Anteil, den die über Wasser und Nahrungsmittel übertragbaren Krankheiten am Rückgang der Sterblichkeit haben.

---

52 J. A. Hauser: Bevölkerungs- und Umweltprobleme der Dritten Welt, Bd. 1, Bern/Stuttgart 1990, S. 49.

3. Mit Ausnahme der Pockenimpfung, deren Beitrag klein war, zeigt sich der Einfluß von Schutzimpfung und Behandlung erst im 20. Jahrhundert, und er hatte vor der Einführung von Sulfonamiden im Jahr 1935 nur geringe Auswirkungen auf die nationalen Sterblichkeitsentwicklungen. Seither war dies nicht der einzige, wahrscheinlich sogar nicht einmal der wichtigste Einfluß.
4. Die Veränderung der Reproduktionspraxis, die zu einem Rückgang der Geburtenrate führte, war sehr einschneidend, da sie sicherstellte, daß die Gesundheitsverbesserung, die durch andere Maßnahmen erreicht worden war, nicht durch eine zahlenmäßige Zunahme der Bevölkerung zunichte gemacht wurde.

Fassen wir die Verbesserung der Ernährung und der Hygiene als umweltbedingte Maßnahmen zusammen, so waren umweltbedingte, verhaltensbedingte und behandlungsbedingte Einflüsse für den Rückgang der Sterblichkeit und die erhöhte Lebenserwartung verantwortlich. Sie wirken jeweils ab dem 18., 19. und 20. Jahrhundert, und ihre zeitliche Abfolge kennzeichnet auch die Rangordnung ihrer Wirksamkeit.«[53]

Bezieht sich McKeown auf Europa, hat der Sozialhygieniker Kari Poikolainen für die Entwicklungsländer begründet dagegen Stellung genommen, den Mortalitätsrückgang einfach mit dem Export der modernen Medizin in diese Länder zu erklären. Er verweist darauf, daß sich die Möglichkeiten, medizinische Betreuung zu erhalten, nicht wesentlich verbessert haben. Prophylaktische medizini-

---

53 Th. McKeown: Die Bedeutung der Medizin, Frankfurt a. M. 1982, S. 118/119. – Vgl. A. Labisch: »Von der medizinischen Versorgung zur Gesundheitssicherung«. Bemerkungen zu Thomas McKeowns Buch »Die Bedeutung der Medizin«. In: Soziale Sicherheit 33 (1984) 11.

sche Maßnahmen, deren wichtigste die Bekämpfung der Malaria durch DDT war, setzten erst lange nach dem Beginn des Mortalitätsrückganges ein, waren zudem von begrenzter Wirksamkeit auf die Mortalität. Poikolainen orientiert auf differenzierte Analyse der Mortalität innerhalb der Bevölkerung der Entwicklungsländer und vermutet, daß sich der Mortalitätsrückgang als Begleiterscheinung der allgemeinen sozioökonomischen Entwicklung hauptsächlich in dem Teil der Bevölkerung vollzogen hat, der mit dem modernen, exportorientierten Wirtschaftssektor verbunden ist. Hier sei die Verfügbarkeit lebenserhaltender Maßnahmen und der Ernährungsstandard offenbar günstiger als im traditionellen Sektor der Subsistenzlandwirtschaft.[54]

Seit dem Ausgang des Mittelalters bewegte sich die theoretische und ideologische Reflexion der Bevölkerungsbewegung auf dem Hintergrund gesellschaftlicher Verhältnisse und Interessen nacheinander zwischen Entvölkerungsfurcht und Übervölkerungsfurcht.[55] »Nachdem ich eine so genaue Berechnung angestellt habe, wie sie nur in dieser Frage möglich ist, bin ich zu dem Schluß gekommen, daß die Erde jetzt kaum noch ein Zehntel der Bewohnerzahl gegenüber früheren Zeiten hat. Das erstaunlichste ist, daß sie sich noch täglich mehr entvölkert; wenn das so weitergeht, wird sie in tausend Jahren nur noch eine Wüste sein.

Dies ist die schlimmste Katastrophe ..., die jemals über die Welt hereingebrochen ist«, schrieb Montesquieu im

---

54 Vgl. K. Poikolainen: Veränderungen der Mortalität in den Entwicklungsländern. In: P. Khalatbari (Hrsg.): Demoökonomische Probleme der Entwicklungsländer, Berlin 1979.
55 Vgl. S. Peller: Bevölkerungsproblem und Bevölkerungspolitik in Mittel- und Westeuropa im Wandel der Neuzeit. In: Hippokrates 3 (1930) 1.

112. seiner »Persischen Briefe«.⁵⁶ Im Artikel »Bevölkerung« der »Enzyklopädie« wurde dagegengehalten: »Man hätte Montesquieu im Hinblick auf diese Befürchtung beruhigen können, die Strabon und Diodorus von Sizilien wahrscheinlich wie er, aber früher als er gehabt haben. Die Bevölkerungsdichte jener Teile der Erde, die er überblickt, wird vielleicht noch mehr abnehmen, als sie bis heute abgenommen hat; aber höchstwahrscheinlich wird es, solange die Erde fortbesteht, auch Menschen geben, die sie bewohnen.«⁵⁷

Mit Malthus und seinen Nachfolgern kam dann Übervölkerungsfurcht in Zeiten zu Wort, in denen sie ebensowenig begründet war wie zuvor die Entvölkerungsfurcht. Angesichts heutiger zueinander gegenläufiger Tendenzen nicht nur der Bevölkerungsexplosion in der dritten Welt, sondern auch der Stagnation und Abnahme der Bevölkerung in Industrieländern bei aufgrund der gestiegenen Lebenserwartung wachsendem Anteil von Menschen in höherem Lebensalter bestehen heute beide Gruppen von Befürchtungen nebeneinander. Doch wächst auch das wissenschaftliche Begreifen dessen, wie das biotische, genetisch angelegte Potential in den Individuen, das der menschlichen Reproduktion zugrunde liegt, historisch, sozial und territorial differenziert in Abhängigkeit von den Produktions- und Lebensweisen und den Bedingungen der natürlichen Umwelt realisiert wird. Die Gesamtentwicklung der Erdbevölkerung resultiert aus der Bevölkerungsentwicklung in den einzelnen konkret-historischen Gesellschaften. Deshalb

---

56 Montesquieu: Persische Briefe, Leipzig 1960, S. 244.
57 M. Naumann (Hrsg.): Artikel aus der von Diderot und d'Alembert herausgegebenen Enzyklopädie, Leipzig 1972, S. 877.

gibt es auch kein Patentrezept, und schon gar kein einfaches, für die Lösung der Bevölkerungsprobleme in ihrer Summation als globales Problem, sondern nur je spezifische Problemlösungen aufgrund globalen Denkens und des Wissens um die Komplexität der Zusammenhänge in der je spezifischen Situation.

Was sind Menschenrassen?

In biologischer Hinsicht ist die Menschheit in ihrer erdweiten Verbreitung und vielfältigen Differenziertheit eine Art im Sinne der bekannten biologischen Artdefinition Ernst Mayrs, also eine Gruppe sich tatsächlich oder potentiell kreuzender Populationen, die von anderen solchen Gruppen reproduktiv isoliert ist. Das schließt ein, daß diese Art, die Art Homo sapiens, wie alle anderen solchen Arten eine stammesgeschichtliche und genetische Einheit ist, deren Gene einen integrierten Genpool bilden. Alle heute lebenden Menschen gehören dieser Art an. Wie alle anderen eukaryotischen, sich zweieltrig-geschlechtlich fortpflanzenden Lebewesen auch existieren sie als Angehörige von Populationen, von territorialen Fortpflanzungsgemeinschaften. Diese Populationen sind nicht durch irgendwelche biotischen Schranken voneinander isoliert. Vielmehr ist jederzeit ein Genfluß zwischen ihnen möglich, obwohl diesem Vorgang äußerliche, insbesondere soziokulturelle Barrieren entgegenstehen können. So ist die Spezies Homo sapiens letzten Endes eine einzige große Fortpflanzungsgemeinschaft (Artpopulation), die anderen Arten gegenüber ein geschlossenes genetisches System bildet und zugleich in Teilpopulationen differenziert ist, in genetisch offene Teilsysteme. Menschenrassen sind solche Differenzierungen innerhalb der einen menschlichen Art. In einer für das wissenschaftliche Verständnis der Menschenrassen klassischen Schrift erläutern Leslie C. Dunn und Theodosius Dobzhansky: »Die Menschen unterscheiden sich in der Farbe der Haut, der Augen, der Haare, in der Statur, den Körperproportionen und vielen anderen Merkmalen. Jedes Merkmal ist durch einige, oft durch viele Gene bestimmt. Wie viele Genvarianten es beim Menschen gibt, ist unbekannt; sicherlich sind es viele Hunderte, möglicherweise Tausende. Deshalb haben manche von uns blaue und andere braune Augen, manche haben vorspringende und andere flache Nasen, manche sind groß und andere klein. Solche Unterschiede sind bei den Menschen eines Landes, einer Gegend, einer Stadt, bei Mitgliedern einer Familie selbstverständlich und sogar bei Brüdern und Schwestern alltäglich. Wir nehmen nicht an, daß jede Person mit blauen Augen zu einer anderen Rasse gehört als jede mit braunen Augen. Das wäre absurd, da häufig denselben Eltern braun- und blauäugige Kinder geboren werden. Es kommt jedoch vor, daß manche Gene bei den Bewohnern mancher Gegenden häufiger sind als bei denen anderer. So sind blaue Augen in den meisten Teilen der Vereinigten Staaten sehr häufig, aber in den meisten Teilen von Mexiko ziemlich selten. Diese und ähnliche Differenzen machen es möglich zu sagen, daß die Einwohner der Vereinigten Staaten in allgemeinen von den Einwohnern Mexikos rassisch verschieden sind. *Rassen können als Populationen definiert werden, die sich in der Häufigkeitsverteilung ihrer Gene unterscheiden.*«[58]

So ist die Frage nach den Menschenrassen in biologi-

---

[58] L. C. Dunn/Th. Dobzhansky: Heredity, Race and Society, New York 1946, S. 101. (Hervorhebung – R. L.)

scher Hinsicht die Frage nach der regionalen, geographischen Variabilität innerhalb der Spezies Homo sapiens. Die Differenzierung der Menschen in Rassen ist der Gliederung anderer Arten in Unterarten (Subspezies) und weiteren, weiter oder enger gefaßten Subpopulationen der Artpopulation äquivalent, das heißt, gleich anderen weit verbreiteten Arten weist die kosmopolitische Art Homo sapiens eine genetisch bedingte geographische Variation von Merkmalen ihrer Individuen auf, aufgrund derer man in anderen Arten Unterarten und weitere Differenzierungen bis hin zu lokalen Populationen unterscheidet. Allerdings ist der ursprüngliche Zusammenhang zwischen geographischer Verbreitung und entsprechenden Merkmalsunterschieden bei menschlichen Populationen durch großräumige Wanderungsbewegungen und Durchmischungen von Populationen im Verlauf der Menschheitsgeschichte vielfach überlagert worden und nur schwierig zu rekonstruieren.

Mit der beschreibenden, vergleichenden und klassifizierenden Bestandsaufnahme der geographisch differenzierten Mannigfaltigkeit der Menschen sowie ihrer theoretischen Erklärung befaßt sich die Rassenkunde, ein Teilgebiet der biologischen Anthropologie. Nach körperlichen Merkmalen und Merkmalsmustern der individuellen Phänotypen werden – Unterarten äquivalent – »Großrassen« oder »Rassenkreise« unterschieden und innerhalb dieser »Unter-« oder »Nebenrassen«. Ein insgesamt objektives und allgemein anerkanntes Klassifikationssystem der Menschenrassen gibt es aber nicht. Keines der verschiedenen Systeme ist frei von subjektiven Momenten: Unterschiedliche Auffassungen darüber, was unter »Rasse« zu verstehen und welche Merkmale zu berücksichtigen seien, führen verschiedene Autoren zu verschiedenen Klassifikationen.[59] Weitgehende Übereinstimmung besteht in der Annahme von drei Großrassen: der europiden, der mongoliden und der negriden.

Schlanker Wuchs, reliefreiches Gesicht mit hoher schmaler Nase, schlichtes bis gewelltes Kopfhaar, Neigung zu relativ starker Körperbehaarung und die Tendenz zur Aufhellung der Farbe von Haut und Augen sind körperliche Merkmale und Merkmalskombinationen, die bei den Europiden relativ häufig vorkommen. Mongoliden hingegen sind im allgemeinen untersetzt gebaut, ihr Rumpf ist lang, das Mittelgesicht flach, mit niedriger Nasenwurzel und vorgeschobenen Wangenbeinen. Ihre dunklen Augen haben schmale Lidöffnungen und eine Nasenlidfalte (Mongolenfalte). Das gewöhnlich schwarze Kopfhaar ist fast immer dick, schlicht und straff, während die Körperbehaarung sehr schwach ausgebildet ist. Die helle bis brünette und braune Hautfarbe ist gelblich getönt. Für den besonders unsicher einzugrenzenden negriden Rassenkreis schließlich gelten folgende Eigenschaften als mehr oder weniger charakteristisch: Der Körper ist mittel- bis übermittelgroß, das Gesichtsrelief mäßig scharf, die Nase breit, der Oberkiefer vorspringend, die Lippen sind dick, das Kopfhaar ist kraus bis spiralig, die Körperbehaarung gering. Haut, Haare und Augen sind bei Negriden stark pigmentiert. Die stark verkürzte Kennzeichnung der drei Großrassen nach der Hautfarbe als »weiße«, »gelbe« und »schwarze« Rasse ist zwar alt und einprägsam, aber auch irreführend, da es gerade bei der

---

[59] Vgl. W. P. Aleksejew: Nowyje spory o starych problemach, Moskau 1991. – J. R. Baker: Die Rassen der Menschheit, Herrsching 1989. – Rassenkunde des Menschen. In: F. W. Stoecker/G. Dietrich (Hrsg.): Brockhaus abc Biologie, Leipzig 1986.

Hautfarbe ein breites Spektrum von Schattierungen in jedem Rassenkreis gibt, wobei sich diese erheblich überschneiden.

In jeder Großrasse wird eine Reihe von »Unter-« oder »Nebenrassen« zusammengefaßt bzw. im Rassenkreis eine Reihe von Rassen. Ihre in der Rassenkunde gebräuchlichen Namen sind von geographischen oder ethnischen Namen abgeleitet. Nach dem Vorschlag der Anthropologen Egon von Eickstedt und H. B. Peters aus dem Jahre 1937 werden Rassennamen auf standardisierte Weise gebildet. Dazu gehört die Endung -id, damit sie nicht mit Völkernamen verwechselt werden. Im Sinne der zoologischen Systematik handelt es sich nicht um wissenschaftliche Namen, sondern um umgangssprachliche, um sogenannte Trivialnamen. Der dreigliedrigen zoologischen Nomenklatur für Unterarten gemäß heißt beispielsweise – auf Linné (1758) zurückgehend – die negride Großrasse »Homo sapiens afer« und die mongolide Großrasse »Homo sapiens asiaticus«, während eine weitergehende wissenschaftliche Benamung von Tiergruppen, wie sie innerhalb der menschlichen Großrassen angebracht wäre, in der zoologischen Nomenklatur nicht vorgesehen ist.

Allein mit der Kenntnis der Namen weiß man noch nichts über die so bezeichneten und klassifizierten Menschengruppen. So gibt es diverse europide Rassen keineswegs nur in Europa, sondern auch in weiten Gebieten Afrikas und Asiens sowie der pazifischen Inselwelt, in der die europiden Polynesiden leben. Seit wenigen Jahrhunderten sind Europide auch in Amerika und Australien zu Hause, während mongolide Rassen nicht nur große Teile Asiens besiedeln, sondern auch die Ureinwohner Amerikas bilden. Negride Rassen leben nicht nur in Afrika südlich der Sahara, sondern auch auf Neuguinea und in Melanesien sowie nicht zuletzt in Amerika — Nachkommen der schätzungsweise 12 bis 15 Millionen Männer und Frauen, die vom 17. bis 19. Jahrhundert als Sklaven dorthin verschleppt wurden.[60] Die Australiden, die Ureinwohner Australiens, werden ziemlich übereinstimmend keiner der Großrassen zugeordnet, sondern als eine im Verhältnis zu diesen ursprünglichere Gruppe des Homo sapiens angesehen, der zugleich Ähnlichkeiten mit allen drei großen Gruppen eigen sind.

Studien an menschlichen Fossilien und molekulargenetische Analysen des rezenten Menschen lassen darauf schließen, daß der anatomisch moderne Mensch in Afrika entstanden ist und anfangs noch nicht in Rassen differenziert war. Erst relativ spät, als er von dort aus in den letzten 100 000 Jahren andere Erdteile besiedelte, entwickelte er sich auf verschiedenen Evolutionslinien und bildete in seinen Populationen Rassenunterschiede aus.[61] Für die Entstehung der heutigen Großrassen scheint besonders die jüngste der Kaltzeiten des Eiszeitalters, die Würm-Kaltzeit, die vor ca. 70 000 Jahren begann und vor ca. 10 000 Jahren zu Ende ging, einflußreich gewesen zu sein. »Auf Fossilfunden beruhende rassengeschichtliche Untersuchungen lassen als wahrscheinlich annehmen, daß die Differenzierung in Europide, Mongolide und Negride der Effekt eines räumlichen Isolierungsvorganges während der Würmvereisung gewesen ist. Durch große Eisbarrieren war Eurasien in drei große Lebensräume gegliedert, in denen unterschiedliche Evolutionsbedingungen

---

60 Vgl. J. Meyer: Sklavenhandel, Ravensburg 1990.
61 Vgl. C. B. Stinger: Die Herkunft des anatomisch modernen Menschen. In: Spektrum der Wissenschaft, 1991, H. 2.

herrschten. Es ist anzunehmen, daß sich im westlichen Isolat die Europiden, im Osten die Mongoliden und im Süden die Negriden ausdifferenziert haben.«[62]

Die Merkmalsunterschiede zwischen Menschenrassen sucht man als Anpassungen an die unterschiedlichen Lebensbedingungen zu deuten. So wird ein Zusammenhang zwischen der Hautpigmentierung und der Einstrahlungsintensität von ultraviolettem Licht vermutet. Helle Haut ist in nördlichen Breiten günstiger, um die hier geringe UV-Strahlung auszunutzen und der Gefahr der Vitamin-D-Mangelkrankheit (Rachitis) zu entgehen (wenn auch nicht unter der Dunstglocke moderner Großstädte und industrieller Ballungszentren). Die besonders dunkle Haut von Negriden andererseits scheint der starken Einstrahlung von UV-Licht am Äquator angepaßt zu sein. Die schmale Lidspalte des Auges bei Mongoliden, aber auch bei negriden Khoisaniden gilt als Anpassung an die blendende Lichtfülle, wie sie auf Schneeflächen sowie in Trockensteppen und Wüsten anzutreffen ist. Zurückgeführt wird die Rassendifferenzierung auf Evolutionsfaktoren wie geographische Isolation, Mutationen, Rekombination und natürliche Auslese. Auch an genetische Zufallseffekte in kleinen Populationen und an sexuelle Auslese durch Partnerwahl ist zu denken.

Dabei unterscheidet sich die Rassengeschichte des Menschen von den innerartlichen Differenzierungen seiner tierlichen Stammverwandten jeden Grades durch ihre Verknüpfung mit seiner soziokulturellen Evolution, seinen durch Verhaltensinnovationen erworbenen und durch Lehren und Lernen weitergegebenen kulturellen Tradi-

---

62 Rassenkunde des Menschen. In: F. N. Stoecker/G. Dietrich (Hrsg.): Brockhaus abc Biologie, S. 729.

tionen, seinen Arbeitsgeräten, der Nutzung und Erzeugung des Feuers, Behausungen, Bekleidung und Kenntnissen von der umgebenden Natur. Sie ermöglichten seine Ausbreitung über die Erdoberfläche, deren territorial unterschiedliche Bedingungen das Erscheinungsbild seiner verschiedenen Gruppen durch Variation und Selektion in relativer Isoliertheit formten. Inzwischen ist mit der soziokulturell entstandenen Möglichkeit, Vitamin-D-Präparate einzunehmen, der vermutete Anpassungswert heller Haut in nördlichen Breiten ebenso zurückgegangen wie mit der Erfindung von Schutzbrillen der von schmalen Lidöffnungen in Schnee- wie Sandwüsten. Entwertet so die soziokulturelle Entwicklung körperliche Anpassungen, bestimmt sie auch, was zukünftig aus der Rassendifferenzierung der Menschheit werden wird. Dunn und Dobzhansky bemerken dazu: »Als die Menschen lernten zu reisen, zuerst zu Fuß und dann mit dem Kanu, auf dem Pferderücken, im gedeckten Wagen, auf dem Schiff, im Eisenbahnzug, Automobil und Flugzeug, wurden die Heiraten zwischen Personen mehr und häufig, die in verschiedenen Teilen eines Landes und sogar in weit voneinander entfernten Teilen der Erde geboren wurden. Der Austausch von Genen zwischen den zuvor getrennten Rassen hat Hand in Hand mit der Eroberung des Raumes zugenommen. Unzweifelhaft führt die Zivilisation langsam, aber unerbittlich zum Zusammenbruch der Aufspaltung in Rassen.«[63]

Übrigens zeigen molekularbiologische Befunde, daß die genetische Divergenz zwischen menschlichen Populationen erstaunlich gering ist. »Von den über 150 Protein- und Blutgruppengenorten, die mittels Elektrophorese und

---

63 L. C. Dunn/Th. Dobzhansky: Heredity, Race and Society, S. 113.

ähnlichen Techniken untersucht wurden, sind 75 Prozent quer durch die gesamte Weltpopulation monomorph. Unter den variablen Genorten gibt es keinen Genort, der für verschiedene Allele in verschiedenen ›Rassen‹ fixiert ist«, berichtet der Evolutionsbiologe Douglas F. Futuyma.[64] Teile man die gesamte genetische Variation in die zwischen und die innerhalb der Populationen auf, entfielen etwa 85 Prozent auf die Variation zwischen Individuen innerhalb der Populationen, etwa 8 Prozent auf die Variation zwischen Stämmen innerhalb von »Rassen« und nur 7 bis 9 Prozent auf die Variation zwischen den Groß-»Rassen«.[65] Die durchschnittliche »genetische Distanz« (durch einen populationsgenetischen Index ausgedrückte genetische Verschiedenheit zwischen zwei Populationen), berechnet aufgrund von 62 Proteingenorten, reiche von 0,011 (Europide gegen Mongolide) bis nur 0,029 (Mongolide gegen Negride). Das sei erheblich weniger als die typischerweise zwischen Unterarten anderer Tierspezies gefundene Distanz, die gewöhnlich 0,05 übersteige.

Futuymas Fazit aus der Untersuchung der genetischen Variation lautet, »daß selbst die unterschiedlichsten der

---

64 D. J. Futuyma: Evolutionsbiologie, Basel/Boston/Berlin 1990, S. 590/591.
65 »Etwa 85 Prozent der gesamten genetischen Variation der menschlichen Art findet man zwischen den Individuen, innerhalb einer Nation oder eines Stammes. Dieser Wert ist von der Zuordnung der Nationen zu den einzelnen Rassen natürlich unabhängig. Die verbleibende Variation verteilt sich gleichmäßig auf die zwischen Populationen innerhalb einer Rasse und die zwischen den Hauptrassen. Um es einmal kraß auszudrücken: Sollten nach einer möglichen Weltkatastrophe nur die Afrikaner überleben, blieben immerhin 93 Prozent der genetischen Vielfalt der menschlichen Art erhalten, auch wenn die Art als Ganzes dann von dunklerer Hautfarbe wäre. Wenn es noch schlimmer käme und lediglich das Volk der Xhosa an der Südspitze Afrikas überlebte, blieben immer noch 80 Prozent der menschlichen genetischen Variation bewahrt – vor dem Hintergrund der Evolution unserer Art eine kaum nennenswerte Einbuße«, erläutert Lewontin die Sachlage. (R. Lewontin: Menschen, S. 127/128.)

Völker erst vor kurzem während der menschlichen Geschichte divergierten, daß es insgesamt nur geringe Unterschiede zwischen den ›Rassen‹ gibt, mit Ausnahme der wenigen offensichtlichen Merkmale, anhand deren sie gewöhnlich erkannt werden; daß viele geographisch variablen Merkmale nicht mit den Grenzen der Rassen übereinstimmen; und daß bis zum Beweis des Gegenteils kaum Grund zur Annahme besteht, andere Merkmale als Hautfarbe, Haarform und ähnliches würden wesentlich zwischen den ›Rassen‹ stärker variieren als die Allele an Proteine kodierenden Genorten oder die Struktur der Hand – obwohl weiße Europäer solche Unterschiede unterstellt haben und 200 Jahre lang nach Beweisen für die moralische und intellektuelle Unterlegenheit der Rassen suchten, die sie typologisch definiert haben.«[66]

Populationskonzept gegen Rassismus

Zwischen der biologisch-anthropologischen Erforschung der menschlichen Rassendifferenzierung als objektiver Realität mit naturwissenschaftlichen Methoden und den wesentlich sozioökonomisch bedingten ideologischen Phänomenen des Rassismus mit den daraus resultierenden Praktiken, die von vielfältigen Diskriminierungen bis zum Massenmord reichen, ist strikt zu unterscheiden. Rassismus ist ein Komplex von Auffassungen, in denen behauptet wird, daß es naturgegeben höher- und minderwertige Menschenrassen gebe, und gesellschaftliche

---

[66] D. J. Futuyma: Evolutionsbiologie, S. 592. – Vgl. C. Lévi-Strauss: Rasse und Geschichte. In: A. Lance/M. Regnaut (Hrsg.): Französische Essays der Gegenwart, Berlin 1985.

Herrschafts- und Unterordnungsverhältnisse, Maßnahmen für die »Reinheit« der »höheren« Rasse und die Unterwerfung bis Vertreibung und Vernichtung der »niederen« Rassen gerechtfertigt und gefördert werden.

Vor allem weiße Europäer (mitsamt ihren amerikanischen und südafrikanischen Nachfahren) haben seit dem 18. Jahrhundert ihre sozioökonomischen Interessen in rassistischer Ideologie zum Ausdruck gebracht. Deren Hauptformen sind der antinegride Rassismus, der sich gegen die Schwarzafrikaner und ihre amerikanischen Nachkommen richtet, und der antisemitische (korrekter: antijüdische) Rassismus, der sich gegen andere weiße Europäer richtet, die – wie immer man »Jude« und »Judentum« auch definieren mag – jedenfalls keine biologisch-anthropologisch bestimmbare Menschengruppe sind.[67] Die Grenzen zwischen Rassismus einerseits sowie Ausländerfeindlichkeit und Fremdenhaß andererseits, bei denen soziale Spannungen und Frustrationen und wirtschaftliche Nöte irrational »Sündenböcken« angelastet werden, sind fließend, Ausländerfeindlichkeit und Fremdenhaß ein sozialpsychologischer Nährboden für doktrinären Rassismus.

»Rassismus ist überwiegend ein Ergebnis sozioökonomischer Konflikte in und zwischen Gesellschaften. Der ideologische Schleier besteht aus Vorurteilen, die aus der Tradition seit grauer Vorzeit mitgeschleppt wurden. Sie sind buchstäblich Vorurteile, Klischees, die dem mensch-

---

[67] Vgl. H.-J. Gamm: Das Judentum, Frankfurt a. M./New York 1990. – I. Geiss: Geschichte des Rassismus, Frankfurt a. M. 1988. – G. L. Mosse: Die Geschichte des Rassismus in Europa, Frankfurt a. M. 1990. – L. Poliakov/C. Delacampagne/P. Girard: Über den Rassismus, Frankfurt a. M./Berlin/Wien 1984.

lichen Geist aufgedrückt werden, bevor er sich selbst durch Erfahrung informieren kann«, konstatiert der Historiker Imanuel Geiss.[68] Keine Form von Rassismus hat je irgendeine wissenschaftliche Bestätigung bekommen. Zwar hat es an rassistisch orientierten Anthropologen, Humangenetikern, Psychologen und Vertretern anderer Wissenschaftsdisziplinen im westlichen Kulturkreis nicht gemangelt. Sie haben ihre Fachgebiete ideologisch entstellt und mißbraucht. Doch die Ergebnisse seriöser Rassenforschung widersprechen dem Rassismus entschieden. Vielmehr geben sie Argumente für die Aufklärung über die Menschenrassen, die gegen die Rassenideologie notwendig ist.

Dafür ist von grundsätzlicher Bedeutung, daß das Populationskonzept der Menschenrasse deren essentialistisch-typologische Auffassung überwunden hat. In essentialistisch-typologischer Sicht sind die Individuen von Rassen wie von anderen Gruppen von Lebewesen mehr oder weniger vollkommene Verkörperungen eines zugrunde liegenden Typus als ihres Wesens (lat. *essentia*, daher die Bezeichnung »Essentialismus«), das konstant, unveränderlich ist. Letztlich geht diese Auffassungsweise auf die Ideenlehre des altgriechischen Philosophen Platon zurück. Rasse erscheint aus ihrem Blickwinkel als etwas Statisches, Unveränderliches, die Variation der Individuen lediglich als Abweichungen vom Typus – als dessen unvollständiger Ausdruck. Äußerungen über »*die* Neger«, »*die* Weißen« usw. sind Ausfluß solchen Denkens in essentialistisch-typologischen Schemata.

Was dabei als den Individuen zugrunde liegender Ras-

---

68 I. Geiss: Geschichte des Rassismus, S. 323. – Vgl. U. Kattmann (Hrsg.): Rassen, Wuppertal 1973.

sentypus vorgestellt wird, ist bestenfalls Ergebnis idealisierender Abstraktion aufgrund des Vergleichs von Individuen, weitaus öfter aber sind es Voreingenommenheiten: Verherrlichung der Rasse, zu der man sich zählt, Diskriminierung der anderen. Bei weitem ist nicht jeder Mensch, der essentialistisch-typologisch denkt, ein Rassist, aber Rassisten pflegen so zu denken. Demgegenüber ist das Populationskonzept der Rasse evolutionär, begreift Rasse nicht als Zustand, sondern als Prozeß. Für die Prozeßhaftigkeit von Rasse ist aber gerade grundlegend, daß es sich um variable Populationen aus einmaligen Individuen handelt. Damit wird jedes Urteil, von Vor-Urteilen ganz zu schweigen, gegenstandslos, daß sich über die Variation ihrer Eigenschaften hinwegsetzt.

Was die Eigenschaften der Individuen betrifft, ist für rassistisches Denken im Rahmen essentialistisch-typologischen Denkens spezifizierend, daß es die körperlichen Merkmale, nach denen sich Rassen innerhalb der Menschheit unterscheiden lassen, mit psychischen und kulturellen, insbesondere intellektuellen, charakterlichen und moralischen Qualitäten verknüpft. Auf diese Qualitäten kommt es dem Rassismus eigentlich an, während die Körpermerkmale als Signaturen gelten, als ob sich an Hautfarbe und Schädelform Fähigkeiten, Tugenden und Laster ablesen ließen. Vermittels dieser Unterstellung werden Rassen als »höhere« (= höherwertige, wertvollere) und »niedere« (= minderwertige) eingestuft, »Reinheit« und eugenische »Verbesserung« der »höheren« Rasse gefordert und Rassenmischung für verderblich, weil zum Niedergang der »höheren« Rasse führend, erklärt. Zugunsten des rassistischen Erbfatalismus wird die Bedingtheit und Bestimmtheit der menschlichen Individualität durch Gene *und* Umwelt, soziokulturelle Traditionen, Erziehung und die Willensentscheidungen und Aktivitäten des Individuums selbst ignoriert. Mit Klischees solcher Machart setzt sich die Rassenideologie in entschiedenen Gegensatz zu Humanität, Vernunft und Erfahrung.

Innerhalb jenes Rahmens, der die Zugehörigkeit zur Spezies Homo sapiens erkennen läßt, gleicht kein Mensch dem anderen. Die innerartliche Rassendifferenzierung der Menschheit ist eine Komponente, die zur Vielfalt des Menschseins beiträgt. Es ist die Einsicht in die Einheit der Menschheit und die Verschiedenheit jedes Menschen von jedem anderen, die jede Klassifizierung von Menschen und erst recht jede sich darauf berufende Wertung relativiert und für den einzelnen fragwürdig werden läßt. Daraus gibt es nur eine Konsequenz: gleiche Rechte und Chancen für alle. Eben das ist der vernünftige Sinn dessen, wenn von menschlicher Gleichheit die Rede ist. Zwei Aspekte sind, wie Dobzhansky herausgearbeitet hat, zu beachten: »die Fähigkeit, frei sein Lebensziel und die Richtung seines Strebens zu wählen, und die freie Verfügbarkeit über eine Vielzahl von Umwelten, Erziehungs- und Ausbildungsmöglichkeiten, die zu den unterschiedlichen Anlagen der verschiedenen Menschen passen«.[69] Das ist ein Ideal, das noch nirgendwo verwirklicht wurde. In dieser Hinsicht unterscheiden sich die derzeitigen wie die vorangegangenen Menschengesellschaften nur dadurch, daß sie mehr oder weniger davon entfernt waren und sind. Doch da wir nicht in der besten der denkbaren und auch nicht in der besten der möglichen Welten leben, läßt sich die Erwartung begründen, daß es

---

[69] Th. Dobzhansky: Intelligenz – Vererbung und Umwelt, München 1975, S. 55.

möglich ist, sich ihm so weit anzunähern, wie fehlbare Menschen dies tun können. Dazu gehört es, dem menschheitsspaltenden Rassismus entgegenzutreten, zumal die Menschheit nur durch gemeinsame Anstrengungen auf ihrem Planeten überleben kann. »Der Rassismus leugnet die Einheit der Menschheit in der Fülle ihrer unendlichen Varianten. Eine den Rassismus überwindende Haltung und Politik muß dagegen die Vielfalt der Menschheit in ihrer grundsätzlichen Einheit anerkennen. Das erfordert Toleranz und Relativierung der eigenen als absolut gesetzten Werte und Maßstäbe.«[70]

---

70 I. Geiss: Geschichte des Rassismus, S. 323/324.

Menschheit und Biosphäre

Durch Arbeit, Sprache und Denken im sozialen Verband hat sich die Menschheit aus der Natur hervorgehoben, die sie in der Organismenevolution hervorgebracht hat. Sie hat ihre eigene Welt der gesellschaftlichen Verhältnisse und Institutionen, der materiellen und geistigen Kultur geschaffen. Die Natur aber wurde zur allgemeinen und notwendigen Bedingung ihrer sozio-kulturellen Existenz und Entwicklung. Die Menschen sind in den Bestand und die Bewegung der Natur, ihrer Stoffe, Formen und Kräfte, in das Beziehungsgefüge der Biosphäre des Planeten Erde einbezogen, während sie aus ihr ihre Lebensmittel erzeugen. Aus menschlichen Aktivitäten in der Biosphäre resultiert die sich weiter vertiefende ökologische Krise, die das Überleben und Vorankommen der Menschheit bedroht. Publikationen wie der Brundtland-Report oder der jüngste Bericht des Club of Rome teilen das Nähere mit.[1]

---

[1] Vgl. A. King/B. Schneider: Die Globale Revolution, Hamburg 1991 (Spiegel Spezial 2/1991). – Weltkommission für Umwelt und Entwicklung: Unsere gemeinsame Zukunft, Berlin 1988.

Globale Probleme
und ökologische Krise

In der Erzeugung materieller Güter treffen sich die Ökonomie der Gesellschaft und die Ökologie der Natur und des Menschen. Der Weg des Menschen von Jäger- und Sammlergemeinschaften bis zu industriellen Gesellschaften beruht letztlich darauf, daß die Menschen bei der produktiven Aneignung der Naturbedingungen ihres Daseins in der Aufeinanderfolge ihrer Generationen lernten, Gesetze der Natur zunehmend gründlicher und umfassender auszunutzen, um Naturdinge und -prozesse ihren Zwecken dienstbar zu machen.

Der arbeitsvermittelte Stoffwechsel zwischen Mensch und Natur ist die ständig notwendige Grundlage für die Existenz und Entwicklung der Menschheit. Er war nie widerspruchsfrei und problemlos und wird dies gewiß auch künftig nicht sein. Doch wohnen ihm die gegenwärtigen Konflikte und zugespitzten Widersprüche, die sich erdweit zerstörerisch auf die natürlichen Existenzbedingungen der Menschheit auswirken, keineswegs notwendig inne. Vielmehr ist die gegenwärtige kritische Situation in den Wechselbeziehungen zwischen Menschheit und Biosphäre die Auswirkung eines bestimmten geschichtlichen Entwicklungsstadiums des Stoffwechsels zwischen Mensch und Natur und seiner technisch-technologischen Mittel.

Dieses Stadium begann in der industriellen Revolution im 18./19. Jahrhundert mit der von ihr eingeleiteten Produktivkraftentwicklung und Entfaltung der kapitalistischen Produktionsweise. Luft und Wasser galten als kostenlose Gaben der Natur, die Natur als schier unerschöpfliche Rohstoffquelle. Die damals entstandene industrielle Produktion nach dem Grundschema »Rohstoff – Industriebetrieb – Produkt« wurde durch Raubbau an Naturreichtümern und Ausstoß der (stofflichen und energetischen) Abfälle der Produktion und Konsumtion, der Exkremente des Stoffwechsels zwischen Mensch und Natur, in die natürliche Umwelt komplettiert. Dabei wird die Selbstregulationsfähigkeit von Ökosystemen und der Biosphäre überfordert. Sie geraten aus dem Gleichgewicht, auf das sich der Mensch eingerichtet hat, und reagieren gegen ihn.

Bei allem wissenschaftlich-technischen Fortschritt ist es immer noch der gleiche in der industriellen Revolution entstandene Typ technisch-technologischer Mittel, mit denen die industriellen Gesellschaften den Stoffwechsel des Menschen mit der Natur betreiben, technisch und wirtschaftlich rationell und effektiv, den Eigentümern Gewinn bringend und ökologisch gleichgültig, also rücksichtslos. Inzwischen gibt es Anstrengungen, Umweltschäden zu begrenzen und zu reparieren sowie Umweltkosmetik zu betreiben, die den destruktiven Tendenzen mit wachsendem Abstand hinterherlaufen. Der Abstand wird noch dadurch vergrößert, daß unermeßliche gesellschaftliche Ressourcen für militärische Rüstung vergeudet wurden und werden. Die Länder des einstigen »real existierenden Sozialismus« wurden unter den Bedingungen von Wettrüsten und Kaltem Krieg zu ökologischen Notstandsgebieten, doch auch ihre effizienter wirtschaftenden Kontrahenten blieben ökonomisch und ökologisch angeschlagen zurück. Von grundlegenden praktischen Problemlösungen in Richtung Schadensprävention und Überwindung der von der vorangegangenen Entwicklung hinterlassenen Altlasten ist die kapitalistische Gesellschaft trotz mancher partiellen Linderung noch weit entfernt. In den Entwicklungsländern macht die Naturzerstörung weiter rasche Fortschritte. Ökologischer Umbau der Gesellschaften ist angesagt. Daß dies mittels kapitalistischer Marktwirtschaft gelingen könne, wird inzwischen auch im Establishment der bürgerlichen Gesellschaft bezweifelt. Für das, was an Gefahren aus der Welt zu schaffen und dafür an Problemen zu lösen ist, um das Überleben und Vorankommen der Menschheit zu ermöglichen, hat sich die Bezeichnung »globale Probleme« eingebürgert. Die Listen der globalen Probleme differieren, desgleichen die Klassifikationen. Letztlich läuft alles auf die drei Zeitzünderbomben hinaus, die unter dem gemeinsamen Haus der Menschheit, der Erde, ticken, wie das Anatoli Gromyko und Wladimir Lomejko anschaulich formulierten.[2] Als erste und gefährlichste hinsichtlich des Ausmaßes der ihr innewohnenden Gefahr nannten sie die Bombe des Wettrüstens, das die Menschheit mit dem atomaren Inferno bedroht. Als zweite Zeitbombe führten sie das wachsende Gefälle zwischen dem Lebensniveau der Industrienationen und der Entwicklungsländer an. Dieses sich fortsetzende und weiter anwachsende Mißverhältnis in der Entwicklung verschärfe die sozialen und nationalen Konflikte, trage zur Verschärfung der Spannungen innerhalb der Dritten Welt, zwischen den entwickelten und Entwicklungsländern sowie dazu bei, regionale Krisen heraufzubeschwören, die die Möglichkeit in sich bergen, zum globalen und dabei auch zum mit Kernwaffen ausgetragenen Konflikt zu eskalieren. Schließlich verweisen die Autoren auf die »ökologische Bombe«, Inbegriff all jener Faktoren, die das Beziehungsgefüge der Biosphäre und seine Komponenten wie Boden, Luft und Gewässer sowie

---

2 Vgl. A. Gromyko/W. Lomejko: Neues Denken im Atomzeitalter, Leipzig/Jena/Berlin 1985, S. 169 ff.

die Lebewesen schädigen und damit die natürlichen Existenzgrundlagen der Menschheit zerstören.

Was immer sonst noch als global problematisch anzuführen ist – Bevölkerungsentwicklung, Ernährung, Gesundheit, Rohstoffe, Energie – gewinnt seine Relevanz für die Bewohnbarkeit der Erde und das Überleben der Menschheit durch seine Beziehungen zu diesen drei Zeitbomben. Und der metaphorische Ausdruck der Zeitbombe besagt auch, daß die Menschheit nicht mehr beliebig lange mit diesen vernichtungsschwangeren Prozessen existieren kann, sondern irgendwo in einer gewiß nicht allzu fernen Zukunft Schwellen liegen, die nicht überschritten werden dürfen, wenn die Menschheit davonkommen will. Jenseits dieser Schwellen, auf die sich die Menschheit immer noch zubewegt, gibt es keine Chancen mehr, und es gibt kein sicheres Wissen darüber, wo sie sich befinden. Wir wissen nur, daß es sie gibt und daß wir ihnen täglich näherkommen.

Militärische Hochrüstung und Drohung des nuklearen Infernos, Auseinanderklaffen des Lebensniveaus der Völker mit seinem Konfliktpotential und die Tendenz fortschreitender Destruktion der Biosphäre stehen in wechselseitigen Zusammenhängen. Diese sind zu bedenken, wenn es darum geht, die Gefahren zu überwinden. Vor allem sind Entspannung und Abrüstung in den internationalen Beziehungen die grundlegende Voraussetzung, um nicht nur die Drohung des nuklearen Infernos zu überwinden, sondern um auch die beiden anderen Zeitbomben zu entschärfen, da nur dadurch die Mittel verfügbar werden und die internationalen Beziehungen die Formen annehmen können, die dafür erforderlich sind. Der Zerfall des östlichen Militärblocks hat zwar den Ost-West-Konflikt beseitigt, aber neues Konfliktpotential geschaffen und die

Beziehungen zwischen Staaten und Völkern insgesamt nicht friedvoller werden lassen. Die Zeitbombe des nuklearen Infernos wurde nicht entschärft, eine Annäherung an eine kernwaffenfreie Erde hat nicht stattgefunden und ist nicht in Sicht. Ein etwaiger auf der Nordhalbkugel der Erde geführter Kernwaffenkrieg würde alle Bemühungen um die Verringerung des Entwicklungsgefälles zwischen den Völkern und um den Schutz von Natur und Umwelt gegenstandslos machen. »Nukleare Nacht« und »nuklearer Winter« wären erdweit.[3] Und nach Erwägungen des Molekularbiologen Alexander A. Bajew und des Humangenetikers Nikolai P. Botschkow würden auch für jene Menschen, die eventuell die klimatischen und ökologischen Kataklysmen auf der Südhalbkugel der Erde überstehen könnten, auf Dauer kaum Überlebenschancen bestehen. Sie alle wären als chronisch Kranke zu bezeichnen. Erbkrankheiten, bösartige Geschwülste, Lungenleiden und andere Krankheiten sowie hohe Fehlgeburtsraten würden dazu führen, daß die Existenz der Menschheit 5 bis 6 Generationen nach dem atomaren Inferno besiegelt wäre.[4] Im Falle eines Krieges zwischen hochindustrialisierten Ländern bedürfte es nicht einmal des Einsatzes von Kernwaffen, um eine nukleare Katastrophe zu bewirken. Die auf ihren Ter-

---

3 Vgl. A. Ginsburg: Der Planet Erde in der »postnuklearen« Epoche, Moskau 1988. – R. Löther/G. Peters: Kernwaffenkrieg und Biosphäre. In: G. Banse/ N. Hager/K. Buttker (Hrsg.): Verantwortung aus Wissen, Berlin 1989. – C. Sagan: Atomkriege und Klimakatastrophe, München 1984. – Y. M. Svirezhev: Ecological and Demographic Consequences of a Nuclear War, Berlin 1987.
4 Vgl. A. Bajew/N. P. Botschkow: Jadernaja woina postawit pod somnenije suschtschestwowanije tscheloweka kak biologitscheskowo wida. In: Priroda, 1983, H. 10.

ritorien in Europa befindlichen Kernreaktoren und stationierten Atomwaffen würden dafür ausreichen.

Übrigens begegnet uns hier ein besonderer Typ von wissenschaftlichen Hypothesen, Modellen, Szenarien und Prognosen: Sie werden nicht aufgestellt und begründet, um ihren Wahrheitsgehalt in der Praxis zu prüfen, sondern um ebendies verhindern zu helfen. Andernfalls wäre niemand mehr da, um die Ergebnisse auszuwerten, falls die Voraussetzungen zutreffen, was in hohem Maße wahrscheinlich ist.

Aus der Geschichte des ökologischen Denkens

Nehmen Friedenssicherung, Abrüstung und Entspannung eine Schlüsselstellung unter den globalen Problemen ein, um den Fortbestand und das Vorankommen der Menschheit zu sichern, so bildet die ökologische Problematik im umfassenden Sinne der Wechselbeziehungen zwischen Menschheit und Biosphäre das alles andere übergreifende globale Problem. Das Nachdenken darüber läßt nach dem Platz des Menschen in der Natur und in der Entwicklung der Erde und des Lebens auf ihr fragen. Für die Antwort sind Traditionen des wissenschaftlichen Denkens bedeutsam, wie sie besonders seit dem 18. Jahrhundert in den Wissenschaften von der Erde, vom Leben, vom Menschen und von der Gesellschaft sowie in der philosophischen Reflexion des Verhältnisses von Mensch und Natur zu finden sind.

Sie entstanden in der wissenschaftlichen Beschäftigung mit der Natur der Erde und ihrer Veränderung durch den Menschen, die mit der Herausbildung der kapitalistischen Produktionsweise und der Okkupation der Erde begann.

Zunächst vollzog sie sich innerhalb der beschreibenden, vergleichenden und klassifizierenden Naturgeschichte der drei Reiche (Mineralreich, Pflanzenreich, Tierreich). Sie führte zu fortschreitender Einsicht in das Gefüge der Naturzusammenhänge und ihrer Entwicklung sowie in die Auswirkungen menschlicher Naturveränderung, in die Stellung von Mensch und Gesellschaft in der Natur und die wechselseitigen Beziehungen von Natur, Mensch und Gesellschaft. Dabei hat es nicht an scharfsinnigen und weitblickenden Warnern, Mahnern und Ratgebern gefehlt, die die Anfänge des heutigen Zustandes im Stoffwechsel zwischen Mensch und Natur bemerkten, die Folgen antizipierten und neue Wege wiesen. Doch nachhaltiger Einfluß größeren Ausmaßes blieb ihnen versagt. Einige fragmentarische Andeutungen sollen diese Entwicklung verdeutlichen, an der auch noch viel wissenschaftsgeschichtlich zu erhellen ist.[5]

Bereits Linné reflektierte in der physiko-theologischen Betrachtungsweise seiner Zeit ökologische Sachverhalte wie das biozönotische Gleichgewicht zwischen den Arten, Nahrungsketten, Stoffkreisläufe und das später von Darwin so benannte »Ringen ums Dasein« (»struggle for existence«). In seiner »Rede von den Merkwürdigkeiten der Insekten« (1739) beispielsweise sagte Linné: »Der allmächtige Schöpfer hat alles auf unserm Erdballe in einer

---

5 Vgl. I. Fetscher: Überlebensbedingungen der Menschheit, Berlin 1991. – J. Hermand: Grüne Utopien in Deutschland, Frankfurt a. M. 1991. – I. W. Krut/ I. M. Sabelin: Otscherki istorii predstawleni o wsaimootnoschenii prirody i obschtschestwa, Moskau 1988. – P. C. Mayer-Tasch (Hrsg.): Natur denken, Frankfurt a. M. 1991. – H. Paucke/H. Stubbe: Zur Geschichte, Stellung und Ausrichtung der Ökologie. In: Hercynia, 1986, H. 4. – E. Schramm (Hrsg.): Ökologie-Lesebuch, Frankfurt a. M. 1984. – L. Trepl: Geschichte der Ökologie, Frankfurt a. M. 1987.

so wunderbaren Ordnung eingerichtet, daß nicht ein einziges gefunden wird, das nicht des Beistandes eines anderen zu seinem Unterhalt bedürfte. Der Erdball selbst mit seinen Steinen, Erzen und Sanden bekommt seine Nahrung und seinen Unterhalt von den Elementen. Die Gewächse, Bäume, Kräuter, Gräser und Moose haben ihr Wachstum von dem Erdballe und die Tiere endlich von den Gewächsen. Diese werden am Ende alle wieder in ihre ersten Stoffe verwandelt, die Erde wird eine Nahrung für die Pflanzen, die Pflanzen für die Würmer, die Würmer für die Vögel und die Vögel für die Raubtiere; am Ende wird das Raubtier wieder von den Raubvögeln, die Raubvögel von den Würmern, die Würmer von den Kräutern, die Kräuter von der Erde verzehrt: Ja, der Mensch, dem alles zu seiner Notdurft dienen muß, wird oft die Nahrung des Raubtieres, des Raubvogels, des Raubfisches, des Wurmes oder der Erde. So gehet alles in einem Kreise herum.«[6] In der »Politia naturae« (1760) bemühte sich Linné darum, die »Ordnungsregeln, die in der Natur herrschen«, zu erkennen.

Darwin entzog die ökologischen Zusammenhänge der stationären Kreislauf-Auffassung und teleologischen Interpretation. Er erweiterte und vertiefte die Einblicke in diese Zusammenhänge, die ihm im Bild von der »tangled bank« vor Augen stand, des Stückchens Land mit seiner ineinander verwobenen Tier- und Pflanzenwelt, von dem am Ende seines epochemachenden Werkes »On the Origin of Species« (1859) die Rede ist – eine Schlüsselstelle für Darwins Denken.[7] An vielfältigen Beispielen zeigte er die

---

6 C. v. Linné: Lappländische Reise und andere Schriften, Leipzig 1991, S. 243.
7 Vgl. Ch. Darwin: Die Entstehung der Arten durch natürliche Zuchtwahl, Leipzig 1990, S. 538. – H. E. Gruber: Darwin's »tree of nature« and other images of

mannigfaltigen Interdependenzen zwischen Pflanzen- und Tierarten und dem Menschen. Besonders beeindruckend wirkte seine Darlegung, wie die Samenbildung des Rotklees und der Stiefmütterchen mit der Zahl der Hauskatzen in einem Gebiet zusammenhängt. Für beide Pflanzenarten nahm Darwin an, daß die Befruchtung nur durch blütenbesuchende Hummeln vermittelt wird. Beim Rotklee fand er, daß hundert Blütenköpfe 2700 Samen erbrachten, wenn sie von Hummeln besucht wurden, aber keinen einzigen, wenn die Hummeln ferngehalten wurden. »Wir können deshalb als wahrscheinlich annehmen, daß, wenn in England die ganze Gattung der Hummeln selten würde oder gänzlich verschwände, das gleiche bei den Stiefmütterchen und beim Rotklee einträte. Die Zahl der Hummeln eines Bezirkes hängt großenteils von der Zahl der Feldmäuse ab, die ihre Waben und Nester zerstören. Oberst Newman, der lange die Gewohnheiten der Hummeln beobachtete, glaubt, daß in ganz England mehr als zwei Drittel der Hummelnester von Mäusen zerstört werden. Die Anzahl der Mäuse hängt bekanntlich von der Zahl der Katzen ab. ›In der Nähe von Dörfern und Landstädtchen‹, sagt Newman, ›fand ich die meisten Hummelnester, was ich den Katzen zuschreibe, die die Mäuse vernichten‹«, berichtet Darwin.[8]

---

wide scope. In: J. Wechsler (ed.): On Aesthetics in Science, Cambridge (Mass.)/ London 1978.
8 Ch. Darwin: Die Entstehung der Arten durch natürliche Zuchtwahl, S. 85/86. Der Ökologe Engelbert Schramm kommentiert: »Leider läßt sich ... Darwins Kette nicht mehr wissenschaftlich aufrechterhalten: Längst ist bekannt, daß weder Stiefmütterchen noch Rotklee auf die Hummeln angewiesen sind (das Stiefmütterchen ist selbstbestäubend, Rotklee kann auch von Bienen befruchtet werden). Außerdem wurde der Einfluß von Feldmäusen auf die Zerstörung von

Vor allem aber entdeckte Darwin die im Gefüge der ökologischen Beziehungen stattfindende und zur Evolution der Organismen führende natürliche Auslese. Von Darwins Ideen ging Haeckel aus, als er in seiner »Generellen Morphologie« (1866) begründete, daß die Beziehungen der Lebewesen untereinander und zu ihrer nichtlebenden Umgebung – »alle diejenigen verwickelten Wechselbeziehungen, welche Darwin als die Bedingungen des Kampfes ums Dasein bezeichnete«[9] – das Forschungsgebiet einer eigenen biologischen Teilwissenschaft sein solle, die er »Ökologie« nannte, und die sich dann tatsächlich auch unter diesem Namen etablierte.[10]

Vor der Konstituierung der Ökologie als Wissenschaftsdisziplin hatten ökologische Gesichtspunkte schon in der Biogeographie eine wichtige Rolle gespielt. Ihre Entstehung ist in hohem Maße mit dem Namen Alexander von Humboldts verbunden.[11] Humboldt entwarf darüber hinaus ein Naturbild, das Astronomie, Geologie und Geographie seiner Zeit einbezog. Vor allem in den »Ansichten der Natur« (1808) und im »Kosmos. Entwurf einer physischen Weltbeschreibung« (1845–1863) führte er es einem großen Publikum vor Augen. Sein Streben war es, »die Welterscheinungen als ein Naturganzes aufzufassen, zu zeigen, wie in *einzelnen Gruppen* dieser Erscheinungen

---

Hummelnestern völlig überschätzt. Trotzdem war die Klee-Katzen-Verkettung durch Darwin ein glückliches Ereignis für die Ökologie. Denn mit diesem attraktiven Beispiel konnte Haeckel deutlich machen, wozu eine Ökologie dienen könnte.« (E. Schramm [Hrsg.]: Ökologie-Lesebuch, S. 38.)
9 E. Haeckel: Über Entwicklungsgang und Aufgabe der Zoologie (1869). In: E. Haeckel: Gemeinverständliche Vorträge und Abhandlungen aus dem Gebiete der Entwicklungslehre, Bd. 2, Bonn 1902, S. 20.
10 Vgl. H. J. Müller: Die Begründung der Ökologie als Lehre vom Haushalt der Natur durch Ernst Haeckel. In: Biologische Rundschau 23 (1985) 6.
11 Vgl. I. Jahn: Dem Leben auf der Spur, Leipzig/Jena/Berlin 1969.

die ihnen gemeinsamen Bedingnisse, d.i. das Walten großer Gesetze, erkannt worden sind; wie man von den Gesetzen zu der Erforschung ihres ursächlichen Zusammenhanges aufsteigt.«[12]

In der Nachfolge Humboldts verbindet sich bei dem österreichischen Botaniker Franz Unger Pflanzengeographie mit Paläobotanik, mit dem systematischen Erfassen von Einwirkungen der Tierwelt und des Menschen auf die Flora und dem Bemühen um erd-, lebens- und menschheitsgeschichtliche Erklärung heutiger Vegetation.[13]

Momente der Wechselwirkung von Natur und Gesellschaft bezog Justus von Liebig nachdrücklich in seine wissenschaftliche Arbeit ein. Seine Studien zur Anwendung der Chemie in Landwirtschaft, Physiologie und Pathologie trugen zum Fortschritt der organischen Chemie ebenso bei, wie sie die Entwicklung von Biochemie und Geochemie vorbereiten halfen und die Verbindung der Chemie mit der gesellschaftlichen Praxis förderten. In diesen Studien skizzierte er die großen und miteinander verflochtenen Kreisläufe der chemischen Elemente – die Kreisläufe des Sauerstoffs, des Wasserstoffs, des Kohlenstoffs, des Stickstoffs und andere – zwischen Luft, Wasser, Boden und Lebewesen. Das Leben der Mikroorganismen, Pflanzen, Tiere – der wildlebenden Organismen wie der Kulturpflanzen und Haustiere – und des Menschen sah er in den auf die Strahlung der Sonne zurückgehenden Zyklen stofflicher und energetischer Transformationen. Klare Vorstellungen besaß er über die Rolle der Pflanzen als Produzenten organischer Substanz vermittels der Photosynthese, der Tiere und des Menschen als Konsumenten

---

12 A. v. Humboldt: Kosmos, Bd. 3, Stuttgart 1870, S. 7.
13 Vgl. F. Unger: Versuch einer Geschichte der Pflanzenwelt, Wien 1852.

organischer Substanz und der Mikroorganismen als ihrer Destruenten.

Angesichts der damaligen Bevölkerungszunahme in Europa orientierte Liebig die Landwirtschaft auf eine rationelle Praxis, die auf einer gegebenen Bodenfläche mehr Brot und Fleisch erzeugt. »Die rationelle Praxis erhält den Kreislauf aller Bedingungen des Lebens; die empirische Praxis zerreißt die Kette, welche den Menschen an seine Heimat fesselt, indem sie dem Boden eine Bedingung seiner Fruchtbarkeit nach der anderen raubt«, erklärte er.[14]

Im 19. Jahrhundert waren Auswirkungen der industriellen Revolution auf das Verhältnis von Natur und Gesellschaft immer stärker hervorgetreten. Eine ganze Reihe von Forschern zeigte negative Auswirkungen auf die Natur, warnte nachdrücklich vor drohenden Gefahren und machte auch konstruktive Vorschläge für die Gestaltung der Beziehungen von Mensch und Natur mit Hilfe von Wissenschaft und Technik. Zu den damals erschienenen Untersuchungen gehören unter anderem »Klima und Pflanzenwelt in der Zeit, eine Geschichte beider« (1847) von dem Botaniker und Agrarwissenschaftler Oscar Fraas, Schriften des vielseitigen Naturforschers und Publizisten Emil Adolf Roßmäßler, »Otscherki is istorii truda« (Skizzen aus der Geschichte der Arbeit, 1863) von dem russischen revolutionären Demokraten Dmitri I. Pissarew, »Man and Nature« (1864) von dem US-amerikanischen Diplomaten George Perkins Marsh, die Werke des französischen Geographen und anarchokommunistischen Revolutionärs Elisée Reclus und seiner russischen Fachkollegen und Mitstreiter Pjotr A. Kropotkin und Lew I. Metschnikow sowie

---

14 J. v. Liebig: Chemische Briefe, Bd. 2, Leipzig/Heidelberg 1859, S. 362/363.

des russischen Geographen und Klimatologen Alexander I. Nojejkow.[15]

In den philosophischen und gesellschaftstheoretischen Arbeiten ihrer Zeitgenossen Karl Marx und Friedrich Engels bilden die Beziehungen zwischen Mensch und Natur einen durchgängig vorhandenen Aspekt. Natur und Gesellschaft werden als Einheit begriffen, die vor allem durch die tätige Auseinandersetzung des Menschen mit der Natur vermittelt wird und sich gesellschaftsgeschichtlich realisiert. Eine wichtige Einsicht aus den Untersuchungen von Marx und Engels ist, daß die Natur der Erdoberfläche, die von den Menschen vorgefunden wird, zeitlich und räumlich (historisch und geographisch) fortschreitend eine von den vorangegangenen Generationen bereits veränderte und umgestaltete Natur ist, so daß die Umwelt der Gesellschaft zunehmend den Charakter einer »künstlichen Umwelt« annimmt, wie Antonio Labriola am Ende des 19. Jahrhunderts dies nannte.[16] Aus den negativen Effekten gesellschaftlicher Naturveränderung schloß Engels, »daß wir keineswegs die Natur beherrschen, wie ein Eroberer ein fremdes Volk beherrscht, wie jemand, der außer der Natur steht – sondern daß wir mit Fleisch und Blut und Hirn ihr angehören und mitten in ihr stehen, und daß unsere ganze Herrschaft über sie darin besteht,

---

15 Vgl. K. Friedel/R. Gilsenbach: Das Roßmäßler-Büchlein, Berlin 1965. – S. Kirschke: Elisée Reclus und die Ökologie-Problematik. In: Arbeitsblätter zur Wissenschaftsgeschichte 8, Halle (Saale) 1980. – V. A. Markin: Pjotr Aleksejewitsch Kropotkin, Moskau 1985. – J. G. Sauschkin: Studien zur Geschichte und Methodologie der geographischen Wissenschaften, Gotha/Leipzig 1978, S. 87 ff.
16 Vgl. A. Labriola: Über den historischen Materialismus, Frankfurt a. M. 1974. – O. Lange: Politische Ökonomie, Bd. 1, Berlin 1969, S. 57.

im Vorzug vor allen andern Geschöpfen ihre Gesetze erkennen und richtig anwenden zu können.«[17]

Gerade diese Seite des Marxismus war wohl die geringste Wirksamkeit beschieden. In Stalins simplifizierendem Traktat »Über dialektischen und historischen Materialismus« (1938) hieß es dann zur natürlichen Umwelt, daß das geographische Milieu keinen bestimmenden Einfluß auf den Entwicklungsgang der Gesellschaft ausübe, es beschleunige oder verlangsame ihn lediglich. Weniger das Gesagte als das Nichtgesagte macht die damit gegebene Deformation des historischen Materialismus aus, die die reale Bedeutung der natürlichen Umwelt für die gesellschaftliche Entwicklung ignoriert. Bei Stalins ideologisch folgenreicher Entstellung (auch) dieses Kapitels materialistischer Geschichts- und Gesellschaftsauffassung spielten die Veränderungen des geographischen Milieus durch die Menschengesellschaften und deren Rückwirkungen auf Mensch und Gesellschaft, die von Marx und Engels so tiefgründig erkannt worden waren, keine Rolle. Sprüche wie »Man darf von der Natur keine Gnadengeschenke erwarten, man muß sie ihr entreißen!« – ein dem konkreten Kontext entrissener Satz des Pflanzenzüchters Iwan W. Mitschurin – gehörten zu den geflügelten Worten der Stalin-Ära und charakterisierten den Umgang mit der Natur.

Mit der Einsicht in die Zusammenhänge in der lebenden Natur und in der nichtlebenden Natur der Erde, zwischen ihnen sowie zwischen Erdnatur und Menschheit entstanden die Voraussetzungen für eine synoptische, das Detailwissen zu Integration und Synthese führende Auffassung des komplizierten Beziehungsgefüges, die auch

---

17 F. Engels: Dialektik der Natur. In: K. Marx/F. Engels: Werke, Bd. 20, S. 453.

die kosmische Umwelt des Planeten einbezieht. Richtunggebende Impulse dafür gingen von den Geowissenschaften aus, die es mit der Struktur und Geschichte des Planeten zu tun haben, in die Leben und Menschheit als planetare Erscheinungen einbezogen sind.

Einsichten in die Stellung und Rolle des Lebenden als Komponente des Planeten finden sich in Geologie und Paläontologie seit Ende des 18., Anfang des 19. Jahrhunderts, so unter anderem bei James Hutton, Jean Baptiste de Lamarck, Georges Cuvier, bei Christian Gottfried Ehrenberg und Pieter Harting. Im letzten Viertel des 19. Jahrhunderts begründete der österreichische Geologe Eduard Sueß in »Die Entstehung der Alpen« (1875) und »Das Antlitz der Erde« (Bd. 1, 1883) die Konzeption vom Hüllenaufbau der Erde und führte die Termini »Lithosphäre«, »Hydrosphäre«, »Atmosphäre« und »Biosphäre« ein. Zwischen 1916 und 1945 schuf dann Wladimir I. Wernadski aufgrund seiner geochemischen Forschungen die Lehre von der Biosphäre und ihrer Evolution sowie von der Noosphäre als dem jüngsten Evolutionsstadium der Biosphäre.[18]

---

18 Vgl. R.K.Balandin: Wladimir Wernadski, Moskau 1982. – A.L.Jansin (Hrsg.): Nautschnoje i sozialnoje snatschenije dejatelnosti W.I.Wernadskowo, Moskau 1989. – I.V. Krout: Vladimir Ivanovich Vernadsky 1863–1945. In: Geographers: Biobibliographical Studies, vol. 7, London 1983. – P. Krüger: Wladimir Iwanowitsch Wernadskij, Leipzig 1981. – N.P. Schtscherbak: Wladimir Iwanowitsch Wernadski, Kiew 1981. – A.L.Yanshin/F.T.Yanshina: The scientific heritage of Vladimir Vernadsky. In: Impact of Science of Society, No. 151, Paris 1988.

Das jüngste Evolutionsstadium der Biosphäre

Wernadskis Konzeption der Biosphäre, ihrer Evolution und ihrer durch das Denken und die Arbeit der Menschheit bewirkten Transformation in die Noosphäre als geologisch jüngstes Evolutionsstadium der Biosphäre erhellt die planetare und erdgeschichtliche Dimension der menschlichen Epimorphose, von der am Ende des ersten Kapitels die Rede war, und des arbeitsvermittelten Stoffwechsels zwischen Mensch und Natur mit seinen Manifestationen in der Biosphäre.

Der dieser Konzeption zugrunde liegende Begriff der Biosphäre differiert erheblich von jenen landläufigen Erläuterungen, die etwa besagen, die Biosphäre sei »der Bereich der Erdoberfläche, in dem sich Lebewesen aufhalten«. Im Sinne Wernadskis ist die Biosphäre keineswegs nur der Raum, in dem das Leben vorkommt, sein ihm äußerlicher Behälter. Es ist eine Sphäre, die vom Lebenden selbst gebildet wird, Lithosphäre, Hydrosphäre und Atmosphäre durchdringt, integriert und ihre Beschaffenheit zutiefst bedingt, wie der biogene Ursprung des atmosphärischen Sauerstoffs oder die Lithosphäre als Bereich einstiger Biosphäre, als steinernes Evolutionsprodukt der Biosphäre, demonstrieren.[19]

In der Biosphäre besitzen der Bestand und die Bewegung der chemischen Elemente eine Spezifik, die maßgeblich von der lebenden Materie bestimmt wird. Die Eigenart und Dynamik der chemischen Vorgänge in ihr beruhen wesentlich auf der Ausnutzung der aus dem Weltall einstrahlenden Sonnenenergie durch grüne Pflanzen und Cyanobakterien. Sie leiten die kosmische Strah-

---

19 Vgl. A. V. Lapo: Traces of Bygone Biospheres, Moskau 1987.

lungsenergie der Sonne in die Energieflüsse und Stoffumläufe auf der Erde. Durch die Lebenstätigkeit der Organismen wird die solare Strahlungsenergie in chemische, mechanische, thermische, elektrische und andere Energie umgewandelt. Insgesamt ist die Biosphäre ein gigantisches, vielfältig untergliedertes, thermodynamisch offenes, selbstregulierendes und sich entwickelndes System.

»Die Geschichte von Wissenschaft und Technik kann insgesamt in der Geologie und Biologie als Schaffung einer neuen geologischen Kraft auf unserem Planeten in der Biosphäre betrachtet werden – der menschlichen Arbeit und des menschlichen Denkens. Diese geologische Kraft, die sich langsam geologische Dauer verschafft, erhielt in unserem Jahrhundert deutliche Konturen, und vor unseren Augen verwandelt sich die Biosphäre in, wie Le Roy und Teilhard de Chardin es ausgedrückt haben, die Noosphäre, d. h. sie wird vom wissenschaftlich-technischen Denken umfaßt und geht in ein neues geologisches Stadium über«, konstatierte Wernadski im Jahre 1938.[20]

Zur Herkunft des Ausdrucks »Noosphäre« teilte er mit: »In den Jahren 1922 und 1923 nahm ich in meinen Vorlesungen an der Sorbonne in Paris als Grundlage der Biosphäre *biogeochemische Erscheinungen* an ... Von meiner biogeochemischen Grundlage der Biosphäre ausgehend, führte der französische Mathematiker und Philosoph, der Bergsonianer E. Le Roy, in seinen Vorlesungen am College de France in Paris 1927 den Begriff ›Noosphäre‹ für das moderne Stadium ein, das die Biosphäre geologisch durchlebt. Er betonte dabei, zu dieser Vorstel-

---

20 W. I. Wernadski: Trudy po wseobschtschej istorii nauki, Moskau 1988, S. 271/272.

lung sei er zusammen mit seinem Freund, dem bedeutenden Geologen und Paläontologen Teilhard de Chardiń gelangt ...«[21]

Teilhard de Chardin hatte den Terminus »Noosphäre« bereits 1925 in seiner damals nicht veröffentlichten Arbeit »La vision du passé« (»Die Schau in die Vergangenheit«) gebraucht, Wernadski erstmals 1931. Wernadski übernahm den von ihm inspirierten Noosphäre-Begriff von Le Roy. Bei Teilhard de Chardin wurde er ein Grundbegriff seiner (im 1. Kapitel besprochenen) Evolutionsphilosophie, Wernadski gab ihm einen naturwissenschaftlich-materialistischen Inhalt und stellte ihn zugleich in vielfältige sozial- und geisteswissenschaftliche Bezüge.

Wernadskis Lehre von der Biosphäre und Noosphäre bezieht sich auf die Vergangenheit, die Gegenwart und die Zukunft von Erde, Leben und Menschheit, vereint Struktur-, Prozeß- und Entwicklungsdenken. »Sie ist eine umfassende integrative, interdisziplinäre Richtung in den Geo- und Biowissenschaften, die sich überdies zunehmend mit der globalen Soziologie und den Gesellschaftswissenschaften verbindet. Darin besteht auch die enorme Bedeutung des heutigen komplexen Wissens über die Biosphäre für die Wissenschaft und die heutigen globalen Prognosen, die unter den Bedingungen unkontrollierter technokratischer Tätigkeit des Menschen besonders kritisch ausfallen«, schreibt der Geologe B. Sokolow.[22] Den Übergang der Biosphäre zur Noosphäre begriff Wernadski als naturhistorischen Prozeß, der – einmal erkannt – bewußt voranzutreiben ist als Gestaltung der

---

21 W. I. Wernadski: Filossofskije mysli naturalista, Moskau 1988, S. 509.
22 B. Sokolow: Wernadski und das 20. Jahrhundert. In: Wissenschaftliche Welt 32 (1988) 3, S. 18.

Biosphäre im Interesse einer demokratisch verfaßten und frei denkenden Menschheit, die den Krieg aus dem Leben der Völker verbannt hat.

Für die Forschung ist Wernadskis Lehre von der Biosphäre und Noosphäre theoretische Grundlage disziplinärer und interdisziplinärer empirischer und theoretischer Untersuchungen. Im Bereich der Geo- und Biowissenschaften ist eine wichtige Entwicklungsrichtung theoretischer Arbeit die Verbindung der Theorie der Evolution der Biosphäre mit der von Darwin begründeten biologischen Evolutionstheorie, wobei Bio- und Geoökologie sowie Biogeographie unter dem Evolutionsaspekt integriert werden. Der Genetiker Nikolai V. Timofeeff-Ressovskij, der — wie bei Daniil Granin nachzulesen ist — Wernadski tief verehrte[23], und seine Schüler Woronzow und Jablokow haben dies richtungweisend erörtert.[24] Auch die Theorie der Anthropogenese wird von der Synthese unter dem Aspekt der Evolution der Biosphäre erfaßt.[25] Die Bezugnahme auf die Physik der Selbstorganisation und Evolution als physikalische Rahmentheorie materieller Entwicklung kündigt sich an.[26] Zur Untersuchung der Wechselbeziehungen der Menschheit mit der Biosphäre und ihrer zukünftigen Entwicklung ist Wernadskis Lehre von der Biosphäre und Noosphäre für Natur-, Sozial-, Gei-

---

23 Vgl. D. Granin: Sie nannten ihn Ur, Berlin 1988 (oder: Der Genetiker, Köln 1988).
24 Vgl. N. V. Timofeeff-Ressovsky/N. N. Voroncov/A. N. Jablokov: Kurzer Grundriß der Evolutionstheorie, Jena 1975, S. 306 ff. – Vgl. auch M. Kamschilow: Das Leben auf der Erde, Moskau und Leipzig/Jena/Berlin 1977. – E. I. Koltschinski: Ewoljuzija biosfery, Leningrad 1990. – G. Woitkevich: Origin and Development of Life on Earth, Moskau 1990.
25 Vgl. V. P. Alexeev: The Origin of the Human Race, Moskau 1986.
26 Vgl. H. Neumeister: Geoökologie, Jena 1988, S. 27 ff.

stes- und Technikwissenschaften und ihr Zusammenwirken grundlegend.

Teilweise Übereinstimmung mit der Wernadskischen Auffassung von der Biosphäre weist die vor rund zwei Jahrzehnten ohne deren Kenntnis von dem Chemiker Jim Lovelock und der Biologin Lynn Margulis begründete Gaia-Hypothese auf, die die Erde als lebenden Planeten, als Organismus, betrachtet. »Der Name des lebenden Planeten, Gaia, ist kein Synonym für die Biosphäre. Die Biosphäre ist als der Teil der Erde definiert, in dem Lebewesen normalerweise existieren. Noch weniger ist Gaia mit der Welt der Lebewesen schlechthin gleichzusetzen, welche nur die Gesamtheit aller lebenden Einzelorganismen darstellt. Die Lebewesen und die Biosphäre bilden zusammen einen Teil von Gaia, nicht jedoch ihre Gesamtheit. So wie das Gehäuse Teil einer Schnecke ist, so sind die Felsen, die Luft und die Meere Teil von Gaia. Gaia weist ... einen Kontinuitätsbogen auf, der sich von den Lebensanfängen in der Vergangenheit bis zum Ende von Leben in irgendeiner Zukunft spannt. Als ein gesamtplanetarisches Wesen verfügt Gaia über Eigenschaften, die sich nicht notwendigerweise aus dem Wissen über einzelne Arten oder Populationen von zusammenlebenden Organismen erschließen«, erklärt Lovelock.[27]

Würde man »Gaia« in diesem Zitat gegen »Biosphäre« austauschen, wobei »Biosphäre« im Wernadskischen Sinne und nicht gemäß der von Lovelock angeführten Definition zu verstehen wäre, dann wäre das Zitat eine ak-

---

27 J. Lovelock: Das Gaia-Prinzip, Zürich/München 1991, S. 43. – Vgl. J. Lovelock: Das Atmen der Erde. In: Kursbuch, H. 96, Berlin 1989. – J. Lovelock: Gaia – A new look at life on Earth, Oxford/New York 1989. – F. Pearce: Gaia: a revolution comes of age. In: New Scientist, 17 March 1988.

zeptable Charakteristik der Biosphäre. Wer die Lehre Wernadskis von der Biosphäre kennt, dem bringt die Gaia-Hypothese nichts prinzipiell Neues und viel Ungenaues. Eher verwirrend und zudem völlig überflüssig ist etwa die These, Gaia bzw. die Biosphäre sei ein Organismus, ein Lebewesen, was nicht metaphorisch gemeint ist. Weist doch die Biosphäre eine andere Art systemischer Organisation auf, als sie Lebewesen eigen ist. Vielmehr bildet sie das umfassendste Ökosystem des Planeten, das das Lebende, das als Biostroma, als Gewebe des Lebenden, den Planeten umhüllt, mit Gesteinshülle, Wasserhülle und Lufthülle zu einem Ganzen integriert. Die einzelnen Organismen bilden dabei das basale Integrationsniveau des Lebenden, während die Populationen und Arten sowie die Biozönosen aus verschiedenartigen Populationen und schließlich das Biostroma weitere Strukturebenen des Lebenden darstellen.

Nachdem die Konzeption Wernadskis im Westen bisher kaum über kleine Kreise von Fachwissenschaftlern hinaus bekannt geworden ist, kann die Gaia-Hypothese als ein Anzeichen dafür angesehen werden, daß aufgrund des Entwicklungsstandes der Wissenschaften und der Situation, in der sich Menschheit und Biosphäre befinden, die Zeit für eine derartige komplexe Betrachtungsweise reif ist. Doch wäre es dann auch an der Zeit, die Ideen Wernadskis zur Kenntnis zu nehmen.

Die ökologische Krise, die Nachtigallen und die Wölfe

Von der ökologischen Krise, in der sich die Menschheit befindet, ist viel die Rede. Daß die Menschen diese Krise nur mit einem neuen Denken geistig und praktisch bewältigen, das Überleben und Vorankommen des Menschengeschlechts auf der Erde erreichen können, beginnt sich herumzusprechen. Der Publizist Franz Alt hat darauf hingewiesen: »Das vielgepriesene ›Neue Denken‹ allein wird allerdings nicht ausreichen. Wir müssen tiefer ansetzen. Nur ein tiefes Um-Fühlen wird zu einem wirklichen Um-Denken und schließlich Um-Handeln führen. Je mehr Menschen jetzt die Tiefe der notwendigen Umkehr-Arbeit begreifen, desto rascher werden Politiker und Wirtschaftler zum Um-Handeln gezwungen.«[28] Daran seien einige Überlegungen über subjektive Naturverbundenheit als Bestandteil der Problematik und Literatur als Ausdruck und Förderin subjektiver Naturverbundenheit angeknüpft.

Der Mensch braucht die Natur in allem sozialen und kulturellen Wandel als ewig unerschöpflichen Gegenstand der Arbeit, des Erkennens und des emotional-ästhetischen Erlebens. Wie der Psychologe Sergej L. Rubinstein bemerkt, »bleibt die Natur, auch wenn sie angefangen hat, in der neuen Eigenschaft als *Objekt der Kultur* zutage zu treten, immer in ihrer primären Eigenschaft als *eigentliche Natur* bestehen ... Eine *Kultur,* welche die *Natur* völlig aus dem Leben vertreiben würde, würde sich selbst zerstören und unerträglich werden.«[29]

In den Beziehungen des Menschen zur Natur als Arbeitsgegenstand, Erkenntnisgegenstand und Gegenstand des emotional-ästhetischen Erlebens kommt die subjektive Verbundenheit des Menschen mit der Natur zum

---

28 F. Alt: Brauchen wir einen grünen Adolf? In: D. und I. Kerner: Der Klima-Report, Köln 1990, S. 10/11.
29 S. L. Rubinstein: Probleme der Allgemeinen Psychologie, Berlin 1979, S. 46.

Ausdruck, seine Einstellung und sein Verhalten zu ihr in praktischer Tätigkeit, Begriff und Gefühl sowie ihre weltanschauliche Reflexion in Religion und Philosophie. Damit ist subjektive Naturverbundenheit ein komplexes Phänomen wertbestimmter Weltorientierung. Seine Komponenten beeinflussen sich wechselseitig und entwickeln sich in sozio-kultureller Bedingtheit und Bestimmtheit. Ihren Ursprung und ihre Grundlagen besitzt subjektive Naturverbundenheit in den praktischen Beziehungen der Menschengesellschaften zu ihrer natürlichen Umwelt, zur Landschaft mit ihrer Pflanzen- und Tierwelt, ihren atmosphärischen Erscheinungen und ihrem jahreszeitlichen Wandel.

Gesellschaftliche Arbeitsteilung hat dazu geführt, daß die Erkenntnis der Natur und der Zusammenhänge zwischen Natur, Mensch und Gesellschaft vor allem durch die Wissenschaften für die Gesellschaft geleistet und ihr vermittelt werden, während das emotional-ästhetische Erleben der Natur hauptsächlich durch die Künste nachvollziehbar mitgeteilt wird. Für die Hinführung zur Naturverbundenheit ist die gelungene Synthese beider besonders wirksam. Die lebendige Wahrnehmung des Natürlichen ist jedermann möglich, der über leistungsfähige Sinne und einen wachen Verstand verfügt, Zeit erübrigt und aufmerksam ist. Wissenschaft, Kunst und Weltanschauung gehören zu den gesellschaftlichen Determinanten subjektiver Naturverbundenheit. Industrialisierung, Urbanisation und moderne Verkehrsmittel in Verbindung mit vulgär-utilitaristischer und dem Warenkonsum verhafteter Wertorientierung haben speziell in den industriellen Gesellschaften viele Menschen von der Natur entfernt und entfremdet.

Mangel an subjektiver Naturverbundenheit vereinseitigt und beschränkt die Entfaltung der menschlichen Individualität. Nicht grundlos wurde die Natur eine »kostenlose Lehrerin der Gefühle« genannt, wobei die Kostenlosigkeit inzwischen so problematisch geworden ist wie alles, was früher Gratisgabe der Natur war. Die spezifische Borniertheit, in der sich mangelnde Naturverbundenheit kundgibt, ist die ausschließliche vulgär-utilitaristische Bewertung der Natur vom Standpunkt ihrer Verwertbarkeit für Produktion und Konsum. Von diesem Standpunkt aus erscheint alles als überflüssig, was nicht Rohstoff, eßbar oder sonst unmittelbar nützlich ist, und bei jeder wildlebenden Pflanze, jedem wildlebenden Tier und jedem Pilz am Wegesrand wird nur gefragt, ob sie denn nützlich oder schädlich seien.

Rubinstein schreibt dazu: »Die Beziehungen des Menschen zur Natur auf die Beziehungen des Produzenten zum Produktionsrohstoff zu reduzieren, bedeutet das Leben des Menschen unendlich zu verarmen. Es bedeutet, den ästhetischen Bereich des menschlichen Lebens, der menschlichen Beziehungen zur Welt in seinen Urgründen zu untergraben; mehr noch, es bedeutet, mit dem Verlust der Natur als etwas weder vom Menschen noch von sonst jemandem Geschaffenem, Ewigen, nicht mit den Händen Erzeugten auch die Möglichkeit einzubüßen, sich als Teil dieses großen Ganzen zu fühlen, sich mit ihm vergleichend, seiner eigenen Kleinheit und seiner Größe bewußt zu werden; es bedeutet, das zu verlieren, was der Mensch niemals verlieren darf, wenn er nicht die Fundamente seines geistigen Lebens, gerade das untergraben will, was die Größe des menschlichen Lebens bedingt und es gestattet, die geringfügigen und die ›großen‹ Kleinigkeiten des Lebens entsprechend einzuschätzen.«[30]

Emotional-ästhetische Naturverbundenheit und Klagen über ihren Verlust gehen nicht selten mit Anklagen gegen Naturwissenschaft und Technik einher. »Was sollte in dieser zweiten Hälfte des 20. Jahrhunderts ein Dichter, der in englischer Sprache schreibt, mit Nachtigallen anfangen?«, fragt Aldous Huxley.[31] Resignierend gibt er zur Antwort: »Vor allem ist dazu zu bemerken, daß das Bespritzen englischer Einfassungshecken mit chemischen Unkrautvertilgern den größten Teil ihrer Bevölkerung mit vielerlei Raupen vernichtet hat, mit dem Ergebnis, daß raupenfressende Nachtigallen (zusammen mit raupenfressenden Kuckucken und diesen Ex-Raupen, den Schmetterlingen) nun Seltenheiten in einem Land geworden sind, wo sie einst das weitestverbreitete aller poetischen Rohmaterialien gewesen sind.

... Dank der Wissenschaft und Technologie besitzen wir nun chemische Spritzmittel, welche das Unkraut unter und neben Hecken vertilgen. Die Spritzmittel werden angewendet, das Unkraut wird pünktlich vertilgt – und damit auch die biologische Basis einer langen Tradition poetischen Gefühls und poetischen Ausdrucks. Die Menschen müssen handeln, aber sie sollten nie vergessen, daß sie unfähig sind, die ferneren Folgen ihrer Handlungen vorauszusehen. Kein Unkraut, keine Raupen. Keine Raupen, keine ›Philomel mit Melodey‹, kein ›klagend Anthem‹ oder ›Bezaubern magischer Fenster‹. Unsere Welt ist ein Ort, wo nie jemand etwas für nichts bekommt, wo

---

30 Ebenda, S. 45.
31 A. Huxley: Literatur und Wissenschaft, München o. J. (Übersetzung von A. Huxleys »Literature and Science«, London 1963), S. 122.

auf fast jedem Gebiet jeder Gewinn bezahlt werden muß, entweder sogleich und auf einmal oder mit einer unbestimmt langen Reihe von Raten.«

Huxley exemplifiziert nicht nur im Zusammenhang von Herbiziden und Nachtigallen, wie sich wissenschaftlicher und technischer Fortschritt gegen emotional-ästhetisches Naturerleben wendet, das in Lyrik zum Ausdruck kommt. Er zeigt noch eine zweite Richtung, in der sich die Naturwissenschaft, diesmal vertreten durch die Verhaltensforschung, darauf auswirkt: »Philomele, so ergibt sich, ist nicht Philomele, sondern ihr Gemahl. Und wenn das Nachtigallenmännchen singt, singt es nicht in Schmerz, nicht aus Liebesleidenschaft, nicht in Ekstase, sondern einfach, um anderen Nachtigallenmännchen kundzutun, daß es ein Territorium abgesteckt hat und bereit ist, es gegen alle, die da kommen mögen, zu verteidigen. Und was veranlaßt den männlichen Vogel, zur Nachtzeit zu singen? Eine Leidenschaft für den Mond? Eine Baudelairsche Liebe für Dunkelheit? Durchaus nicht. Wenn er mit Unterbrechungen die Nacht hindurch singt, geschieht das, weil er, wie alle Angehörigen seiner Spezies, die Art von Verdauungssystemen besitzt, die ihn jede vier oder fünf Stunden im Lauf der vierundzwanzig zwingt, Futter zu sich zu nehmen. Während dieser Zeiten der Nahrungsaufnahme warnt er zwischen einer Raupe und der nächsten seine Rivalen (tju, tju, tju) davor, in sein Privatrevier einzudringen.

Wenn die Eier ausgebrütet sind und territorialer Patriotismus nicht mehr notwendig ist, macht eine veränderte Drüsenfunktion im Innern des Körpers des Nachtigallenmännchens allem Singen ein Ende. Ewiger Schmerz und ewige Leidenschaft, die unschändbare Stimme und die ekstatischen Ergüsse verstummen zu einem nur gelegentlich von einem heiseren Krächzen unterbrochenen Schweigen.«[32]

Die Einbußen für die emotional-ästhetische Naturverbundenheit und ihren literarischen Ausdruck, die der englische Schriftsteller so anschaulich vor Augen geführt hat, lassen sich nicht nur beklagen. Sie lassen sich auch als Herausforderung annehmen, um das Um-Fühlen und Um-Denken der Natur gegenüber zu fördern. Dazu gehört die Einsicht, daß der Fortbestand zumindest aller höheren Lebensformen heute vom Menschen abhängt, daß sie insgesamt zumindest als Komponenten der Ökosysteme und der Biosphäre zu den Bedingungen seiner Existenz gehören und daß das Aussterben jener Arten, die heute so massenhaft dahinschwinden, ein unwiederbringlicher Verlust ist. Die Menschheit kann nur überleben, wenn die Biosphäre sie weiterhin beherbergt.

Um diese Einsicht unter die Leute zu bringen, sind wissenschaftliche Kenntnisse vonnöten, unter anderem aus der Ökologie und der Verhaltensforschung. Letztere korrigiert ja nicht nur anthropomorphe Vorstellungen zum Beispiel über die Nachtigall, sondern öffnet sicherlich auch neue Zugänge zu ihr als poetischem Rohmaterial. Und gewiß behält auch jene Nachtigallen-Lyrik ihren poetischen Reiz, die heute so nicht mehr geschrieben werden kann. Zudem, befindet sich die lange Tradition poetischen Gefühls und poetischen Ausdrucks, die die Nachtigall lyrisch verklärt, nicht in einem weiteren Rahmen zusammen mit anderen Traditionen gleichen Charakters, die andere Tierspezies als Verkörperungen des Bösen der Ausrottung preisgaben und -geben? Traditionen, die für das Überleben dieser Tiere heute mühsam abgetragen werden müs-

---

32 Ebenda, S. 126.

sen? Auch das gehört zum Um-Fühlen und Um-Denken. Nicht nur der Nachtigallen, auch zum Beispiel der Wölfe muß sich der Mensch annehmen. Die Verhaltensforschung erarbeitet Grundlagenwissen auch für die Erhaltung gefährdeter und vom Aussterben bedrohter Tierarten. Dazu gehört, daß sie das Bild vom Wolf korrigierte, das ihn zum meistgehaßten und -verfolgten Tier machte.[33]

Hierzulande ist der Wolf zwar längst ausgerottet und lebend nur noch im Gewahrsam der Zoologischen Gärten und Tierparks zu besichtigen. Doch jedes Kind kennt ihn schon aus der Märchensammlung der Brüder Grimm, aus den Märchen vom Rotkäppchen und vom Wolf und den sieben jungen Geißlein als böses Tier, das kleine Mädchen und junge Geißlein belügt, betrügt und auffrißt. Die Zahl der Sprichwörter, Redensarten und geflügelten Worte, in denen der Wolf als bösartig, verlogen, gefräßig, räuberisch, grausam, teuflisch usw. erscheint, ist Legion.[34] Im Neuen Testament der Bibel (Matthäus 7,15) wird gewarnt: »Sehet euch vor vor den falschen Propheten, die in Schafskleidern zu euch kommen, inwendig aber sind sie reißende Wölfe.« Aus einer Komödie des altrömischen Dichters Plautus stammt das geflügelte Wort, daß der Mensch dem Menschen ein Wolf sei (»homo homini lupus«), mit dem Thomas Hobbes in seiner Sozialphilosophie den von ihm angenommenen Urzustand der

---

33 Vgl. D. Bernard: Wolf und Mensch, Saarbrücken 1983. – D. I. Bibikow: Der Wolf, Wittenberg Lutherstadt 1988. – L. Crisler: Wir heulten mit den Wölfen, Wiesbaden 1960. – R. Delort: Der Elefant, die Biene und der heilige Wolf, München/Wien 1987. – R. von Ende: Über Wölfe und Hunde, Berlin 1988. – K. Senglaub: Wölfe – Legende und Wirklichkeit. In: Wissenschaft und Fortschritt 27 (1977) 4. – K. Senglaub: Wildhunde – Haushunde, Leipzig/Jena/Berlin 1981. – E. Zimen: Der Wolf – Verhalten, Ökologie und Mythos, München 1990.
34 Vgl. H.-D. Willkomm: Die Weidmannssprache, Berlin 1986, S. 84ff.

Menschheit als Krieg aller gegen alle (»bellum omnium contra omnes«) kennzeichnete. Ausdrücke wie »Wolfsmoral« und »Wolfsgesetz« (des Kapitalismus) schließen daran an. In Romantiteln wie »Wolf unter Wölfen« von Hans Fallada und »Nackt unter Wölfen« von Bruno Apitz scheint dieses im Tier-Mensch-Vergleich überlieferte Wolfsbild auf und wird bekräftigt.

Erst in jüngster Zeit befinden sich Romanautoren im Gegensatz zu dieser Tradition. Kaum zu fassen, daß es um die gleiche Tierspezies geht, wenn man liest, was Tschingis Aitmatow in »Die Richtstatt« über die blauäugige Wölfin Akbara und ihren Wolf Taschtschainar in der Verflochtenheit von Tier- und Menschenschicksalen erzählt.

Als die Menschen noch in Sippen und Stämmen zusammenlebten und ihren Lebensunterhalt durch Jagen und Sammeln errangen – also während der längsten Zeit bisheriger Menschheitsexistenz – waren Menschen und Wölfe offenbar gut miteinander ausgekommen. Unter den Tieren, die als mythische Ahnen, als Totems, von Menschengruppen galten, Tiere, mit denen die Menschen sich blutsverwandt glaubten, die sie verehrten und von denen sie Beistand und Schutz erwarteten, stand der Wolf weit vorn. Er war Totem unter anderem bei Indianern und Inuit, Turkmenen und Usbeken, Slawen und Germanen. Die Mongolen leiteten ihre Herkunft von einem vom Himmel geborenen Wolf und einer Hirschkuh ab. Als Urmutter der alten Türken galt eine Wölfin. Von Kyros, dem Gründer des altpersischen Reiches, vom deutschen Sagenhelden Diederich von Bern und von Romulus und Remus, den sagenhaften Gründern Roms, wurde überliefert, sie seien von Wölfinnen gesäugt worden. Für Romulus und Remus bezeugten die alten Römer der Wölfin ihren Dank: »Sie wurde alljährlich auf dem Luperkalienfest in Rom verehrt und galt fortan in Italien als Symbol mütterlicher Aufopferung und Fruchtbarkeit, was sogar die Prostitution einschloß: ›Il lupanare‹ heißt auf deutsch das Bordell.«[35]

Der jagende Mensch und der Wolf waren, wie der kanadische Schriftsteller Farley Mowat schreibt, weit davon entfernt, einander feind zu sein. Sie duldeten nicht nur einander, sondern befanden sich sogar in einer Art Symbiose, in der das Leben der Wölfe und der Menschen einander förderlich war, in der sie an der Jagdbeute der jeweils anderen partizipierten. Es gibt Felszeichnungen, auf denen dargestellt ist, wie Wölfe Menschen bei der Jagd unterstützen. Als Jagdgehilfen nahmen die Menschen auch Wölfe in ihren Dienst und in ihren Haushalt auf. Damit begann die Haustierwerdung des Wolfes, bei der er zum Haushund (Canis domesticus) wurde.[36] Wie Mowat berichtet, brachten noch in den vierziger Jahren des 20. Jahrhunderts die Inuit der kanadischen zentralen Arktis, deren Existenz von den nordamerikanischen Rentieren, den Karibus, abhing, Wölfe dazu, in den Jagdgründen ihres Stammes zu leben und sich fortzupflanzen. Die Inuit glaubten, daß diese großen wilden Hunde die Fähigkeit besäßen, die Karibus zu »rufen«.

Die Beziehungen zwischen Menschen und Wölfen änderten sich, als Ackerbau und Viehzucht entstanden. Der Wolf als Feind der Schafe ist sicherlich das in Sprichwörtern, Redensarten und geflügelten Worten am häufigsten ausgedrückte Indiz des Beziehungswandels. »Als sich der Mensch seines Jägererbes zu entledigen begann, um Akkerbauer oder Viehzüchter zu werden, der von Haustie-

---

35 E. Zimen: Der Wolf – Verhalten, Ökologie und Mythos, S. 389.
36 Vgl. E. Zimen: Der Hund, München 1988.

ren abhängig war, gab er sein altes Mitgefühl für den Wolf auf, und bald sah er in seinem einstigen Jagdgefährten einen eingefleischten Feind. Dem zivilisierten Menschen gelang es schließlich, den *wirklichen* Wolf ganz aus seiner Vorstellung zu verdrängen, und er setzte an seine Stelle ein Phantasiebild voll böser Züge, das Furcht und Haß geradezu pathologischer Natur erzeugte«, stellt Mowat fest[37], während der Zoologe Bibikow vermerkt: »Die Furcht vor dem Wolf und der Haß auf ihn erreichten im Mittelalter ihren Höhepunkt. Die Angst vor den wirklichen Wölfen grenzte an Hysterie.«[38] Das Feindbild wirkt bis heute nach.

In einem volkstümlichen Tierbuch aus dem Jahre 1799 steht über den Wolf unter anderem zu lesen: »Der Wolff ist ein grauenhaftes Thier, denn er frisset nicht nur allerhand Vieh, sondern greifet selbst den Menschen an, und verschlingt sie, wenn sie mit einem Rudel sind ...

Seyt den Kriegs-Jahren hat Preußen große Ueberlast von Wölffen, so sich wegen der vielen Leychen, die ihnen eine leckere Speise sind, aus Polen hergezogen.

Marien Lichtmeß 1776 ist der Thurn und Taxissche Bothe zwischen Lilienthal und Grasbergen von Wölffen so übel zugericht, daß er auff den Tod darnieder lag. Aber noch mal guth gegangen.

Im Sommer 1771, wo es sehr dürre war, brachte der Vollhöfer Claus Hinrich Fischer zu Oyten Abends spät seynem Stutpferde Heu auf die Weyde, da nicht genugsam Gras gewachsen.

Als er in den Ortbrook am Achimer Weg kombt, sieht er die Stute alleyn ohne Fohlen. Er suchet also und findet,

---

[37] F. Mowat: Der Untergang der Arche Noah, Reinbek 1990, S. 203.
[38] D. I. Bibikow: Der Wolf, S. 168.

trotz es dunkel war, das Fohlen weyterhin. Als er es streycheln will, springt ein großer Wolff auf, der hatte das Fohlen gantz verschlungen. Der Bauer hat aber seiner Lebtage den Schreck nicht vergessen können, starb auch bald darnach an einem kalten Trunck.

Artzeneien, so man vom Wolffe machet, sind fürtrefflich:

Das Hirn und Blut ist wider das Schlangengifft.

Das Hirn, besonders gekocht und in Wein getruncken, stillt alle Schmertzen; ein Schluck Leber mit Talg feyn gerieben und auf einen kahlen Kopf geschmiert, wachsen die Haare wieder aufs Neue.

Viele Bauren haben den Aberglauben, zwey Wolffsklauen, überzwerch an das Hoftor geheftet, halte Hexen und Diebe fern. – Leichtgläubigkeit und Dummheyt gehn Hand in Hand.

> Der Wolff verschlingt, was es auch sey,
> Ihn stöhret nicht das Wehgeschrey.
> Der Christ dagegen nimmt zu Hertzen
> Sich auch des lieben Nächsten Schmertzen,
> Wir sehn hier höchst verschiedne Triebe,
> Gewissensmangel – Nächstenliebe.«[39]

In der zweiten Hälfte des 20. Jahrhunderts aber schreibt Gawriil Trojepolski in seinem Roman »Weißer Bim Schwarzohr«: »Die letzten Wölfe ziehen über die Erde, und man bringt sie um, diese freiheitsliebenden Wald- und Flurschützer, die die Erde von Unreinem, Aas und Krankheit säubern und das Leben so regeln, daß nur gesunde Nachkommen übrigbleiben. Die letzten Wölfe ... Sie streifen durch Wald und Flur, damit von Echinokok-

---

[39] J. H. Fischbeck: Nathurgeschichte oder kurtzgefaßte Lebensabrisse der hauptsächlichsten wilden Thiere im Herzogthum Bremen, Leipzig 1799, S. 6 ff.

ken befallene Hasen die Krankheit nicht verbreiten und keine Nachkommenschaft zeugen, die schwächlich und fehlerbehaftet wäre, sie streifen durch Wald und Flur, um in Jahren, wo die Mäuse, Verbreiter der Tularämie, sich stark vermehren, diese in großen Mengen zu vertilgen. Es ziehen die letzten Wölfe über die Erde.«[40]

Allerdings spricht nicht nur veränderte Einstellung zum Tier aus diesem Zitat, es bezieht sich auch auf eine Umwelt, die Wölfen noch Lebensraum bietet, während hinter dem zuvor angeführten Zitat unter anderem Erfahrungen mit dem Reagieren der Wölfe auf den Entzug ihrer natürlichen Lebensbedingungen stehen. Dennoch, die Auffassung aus dem Jahre 1799 ist heute noch möglich, aber die andere war damals unmöglich. Ermöglicht wurde sie durch den Fortschritt der Naturwissenschaft, der die problematischen Herbizide hervorbrachte und den Nachtigallengesang ebenso entzauberte, wie er überlieferte Feindbilder vom Wolf demontierte.

Freunde der Hegelschen Dialektik mögen die Sukzession der Wolfsbilder der urgesellschaftlichen Jäger, der Ackerbau und Viehzucht betreibenden und den Wölfen ihren Lebensraum nehmenden Menschen und der durch Ökologie und Verhaltensforschung aufgeklärten Menschen als einen Vorgang der Negation der Negation betrachten. Ob sich das dritte Stadium auch im Überleben der Spezies Canis lupus manifestieren wird, bleibt abzuwarten. Jedenfalls zeigen sich in der im 20. Jahrhundert entstandenen neuen Auffassung vom Wolf Züge der allgemeinen Einstellung zur Natur der Erde, die einen Schimmer von Hoffnung für die Zukunft der Menschheit bedeutet. Es geht darum, die Natur in

---

40 G. Trojepolski: Weißer Bim Schwarzohr, Berlin 1973, S. 167.

ihrer Eigengesetzlichkeit und der Totalität der Beziehungen der Menschen zu ihr als Grundvoraussetzung für das Überleben und das Vorankommen der Menschheit bei der Lösung ihrer schwierigen Existenzprobleme sowie ihrer daraus erwachsenden Pflichten und Verantwortlichkeiten zu begreifen.

Albert Schweitzer hat das Problem der moralischen Verantwortung für das Lebende in der herkömmlichen Moral und Moraltheorie aufgeworfen. Er kritisierte energisch, daß es im europäischen Denken als ein Dogma gelte, daß es die Ethik eigentlich nur mit dem Verhalten des Menschen zum Menschen und zur Gesellschaft zu tun habe. »Wie die Hausfrau, die die Stube gescheuert hat, Sorge trägt, daß die Tür zu ist, damit ja der Hund nicht hereinkomme und das getane Werk durch die Spur seiner Pfoten entstelle, also wachen die europäischen Denker darüber, daß ihnen keine Tiere in der Ethik herumlaufen«, schrieb er sarkastisch.[41] Mit seiner Lehre von der »Ehrfurcht vor dem Leben« ging er gegen diese Beschränktheit an. Inzwischen gibt es eine ganze Reihe von als »ökologische Ethik«, »Umwelt-Ethik«, »Bio-Ethik« und ähnlich benannten Versuchen, von recht unterschiedlichen philosophischen Prämissen aus moralische Verantwortlichkeit der Tier- und Pflanzenwelt, der lebenden Natur und natürlichen Umwelt wie auch dem menschlichen Bios gegenüber zu begründen.[42]

Daß die Ethik in dieser Frage erhebliche Defizite aufweist, ist nicht zu bezweifeln. Mir bleibt aber fraglich, ob

---

[41] A. Schweitzer: Kultur und Ethik (1923). In: A. Schweitzer: Ausgewählte Werke in fünf Bänden, Bd. 2, Berlin 1971, S. 362/363.
[42] Vgl. u. a. K. Bayertz (Hrsg.): Praktische Philosophie, Reinbek 1991. – A. M. und U. Wobus (Hrsg.): Genetik – Zwischen Furcht und Hoffnung, Leipzig/Jena/Berlin 1991.

deshalb im Grundsätzlichen davon abgegangen werden muß, daß es die Ethik mit dem Verhalten des Menschen zum Menschen und zur Gesellschaft zu tun habe, um zu begründen, daß menschliches Tun und Lassen im Umgang mit der Natur (auch) moralisch zu bewerten und zu orientieren ist, oder ob die Ethik nicht primär einer wesentlichen Erweiterung ihres Gesichtskreises bedarf. Sind etwa die Zerstörung der Ozonhülle des Planeten, die die lebensfeindliche kurzwellige Strahlung aus dem Kosmos abfängt, durch industriell erzeugte Fluorchlorkohlenwasserstoffe und andere Gase, der Treibhauseffekt in der Atmosphäre infolge vom Menschen freigesetzten Kohlendioxids, die Vernichtung der tropischen Regenwälder, die fortdauernde Ausrottung der Wölfe oder die Vernichtung der Lebensgrundlagen von Nachtigallen und Schmetterlingen keine Aktivitäten, die sich gegen Mensch und Gesellschaft richten? Und ist das Pflanzen von Bäumen nicht ein für Mensch und Gesellschaft gutes Tun?

Gewiß richten sich solche Aktivitäten nicht direkt und unmittelbar auf Mensch und Gesellschaft, vielmehr wird der Einfluß auf sie durch die Einwirkung auf Naturobjekte vermittelt, die sich in der Wirkungssphäre des Menschen befinden. Eben in dieser Wirkungssphäre, die sich im Gefüge der Naturzusammenhänge befindet, aber gibt es kein eigenverantwortlicher Entscheidung unterliegendes praktisches Verhalten, das sich nicht auf Mensch und Gesellschaft auswirken würde und damit nicht moralischen Maßstäben zu unterwerfen ist. Außerhalb der menschlich-gesellschaftlichen Wirkungssphäre aber treten auch keine moralischen Probleme im Umgang mit der Natur auf. Das Anschauen des gestirnten Nachthimmels beispielsweise tangiert Moral und Ethik gewiß nicht. Davon sollte eine realitätsbezogene moralisch-ethische Reflexion der Beziehungen zwischen Mensch, Gesellschaft und Natur ausgehen. Letztlich geht es immer um den Menschen, sei es als Subjekt, sei es als Objekt, als Nutznießer und als Leidtragender, wenn Natürliches in moralischer Absicht zur Sprache kommt. Die Ethik ist die Vertreterin des Sollens unter den Menschen; sie ist legitimerweise anthropozentrisch. Nur ist dabei an mehr zu denken, als früher bedacht wurde.

Der Mensch ist unvollkommen, aber er kann lernen. Unvollkommenheit heißt auch, nicht fertig, nicht am Ende zu sein. Das weist ihn als Bestandteil einer evolvierenden Welt aus. Die Welt, in der wir leben, ist eine evolvierende Welt. Ihre Zukunft ist nicht festgelegt, sondern als ein Feld von Möglichkeiten angelegt. Im Realisieren von Möglichkeiten, die andere Möglichkeiten ausschließen und neue Möglichkeiten entstehen lassen, vollzieht sich der Übergang vom Gegenwärtigen zum Zukünftigen. Die Analyse des Möglichkeitsfeldes individuellen wie gemeinschaftlichen menschlichen Handelns zeigt Alternativen und ihnen innewohnende Risiken, Risiko verstanden als Einheit von Chance und Gefahr. Sie verlangt Entscheidungen, in die Bedingungen und Interessen, Wissen, Werte und Weisheit eingehen. Zu den Aktivitäten ihrer Realisierung gehört ein ständiger demokratischer Prozeß gesellschaftlichen Lernens, von Kontrolle, Kritik und Selbstkritik, der auf die Realisierung zurückwirkt. Je schlechter dieser gesellschaftliche Lernprozeß funktioniert, um so höher wird das Lehrgeld, das die Menschengesellschaften und die ganze Menschheit zu zahlen haben – von einzelnen Ereignissen des Scheiterns bis zum Preis der Selbstvernichtung der Menschheit. Es ist an der Zeit, daß die Menschen lernen, wie die Menschheit überleben und vorankommen kann.

Irene Dölling

Der Mensch und sein Weib
Frauen- und Männerbilder
Geschichtliche Ursprünge und Perspektiven

252 Seiten · 161, z. T. farbige Abbildungen
Pappband · 48,00 DM · ISBN 3-320-01579-6

Eva verführt Adam im Bunde mit der Schlange. Evas Macht über Adam beruht auf ihrer Sexualität. SIE ist auf das Praktische orientiert. ER bündelt all seine Energie auf die Erkenntnis dessen, »was die Welt im Innersten zusammenhält«. Er hat den Überblick!
Warum diese stereotypen Vorstellungen von »Weiblichkeit« und »Männlichkeit« entstanden sind, welche Veränderungen sie seit »Adams und Evas Zeiten« erfahren haben, warum sie heute noch wirksam sind und wie sie sich auf Bildern unterschiedlichster Art in verschiedenen Jahrhunderten wiederfinden ist Gegenstand dieses anregenden, anspruchsvollen und zugleich vergnüglichen Buches.

Dietz Verlag Berlin
Wallstraße 76–79 · O - 1020 Berlin